《资治通鉴》释要

陈 征 赵麟斌◎著

人民出版社

责任编辑:詹素娟
装帧设计:东方天地

图书在版编目(CIP)数据

《资治通鉴》释要/陈征,赵麟斌 著. —北京:人民出版社,2019.4
ISBN 978－7－01－020673－8

Ⅰ.①资…　Ⅱ.①陈…②赵…　Ⅲ.①中国历史-古代史-编年体
②《资治通鉴》-研究　Ⅳ.①K204.3

中国版本图书馆 CIP 数据核字(2019)第 066533 号

《资治通鉴》释要
ZIZHI TONGJIAN SHIYAO

陈征　赵麟斌　著

人民出版社 出版发行
(100706　北京市东城区隆福寺街 99 号)

北京中科印刷有限公司印刷　新华书店经销

2019 年 4 月第 1 版　2019 年 4 月北京第 1 次印刷
开本:710 毫米×1000 毫米 1/16　印张:30
字数:450 千字

ISBN 978－7－01－020673－8　定价:118.00 元

邮购地址 100706　北京市东城区隆福寺街 99 号
人民东方图书销售中心　电话 (010)65250042　65289539

序

今年我已九十有二了，于耄耋之年回望光阴，不禁感慨系之。无情岁月别样人生，征程如磐映日花红。吾曾于1986年9月写过一曲《诉衷情》：少年读书只见书，字字等云烟。老来读书不见书，书外别有天。 人间事，三更梦，箭中弦。梅花一曲，龙蛇千叠，风雨年年。三十二载已逝去，诗词依旧映心声。

余幼从父夜读古典文史。七岁读论、孟、学、庸；八岁读《诗经》《左传》；九、十岁读《离骚》《史记》《古文观止》。后因病及先父去世，自由阅读，无所凭依。幸喜1946年起在无锡中国文学院读书期间，从朱东润师学《史记》、杜诗、八代诗、《中国文学批评史》及传记文学，从冯振心师学文字学、《老子》、《庄子》、诗选，从李雁晴师学《训诂学》、校勘学、音韵学，从周贻白师学修辞学、戏曲史，从吴白陶师学词选、文选等课程，系统地进行阅读研究，收获甚大。毕业后参加革命，初期做一般行政工作，后由于工作需要，从1949年起，开始讲授政治经济学课程，边学习，边备课，边讲课，全身心地从事经济理论教学和《资本论》的研究工作，迄今已近七十年矣。

从文学到经济学虽有跨界，但中国古曰"文史哲"不分家却是不争的事实。尤其是六年的大学校长生涯，使我对学术与行政的关系有了更深的感悟。2004年，我曾留下一诗言志：世路崎岖不一般，知人论事两皆难。黄金有价情无价，真理从来重泰山。（详见《资红书屋诗词》）

赵麟斌同志于1977年3月入福建师大中文系读书，成绩优异，表现突出，禀赋极高，是我学生中最杰出的高才，毕业后留在校部工作，后被中共福州市委调进鼓楼区委，曾任区委书记、人大主任、市委宣传部副部长、文明办主任，又任福州师范高等专科学校校长，筹建闽江学院后任副院长直至退休。也许是今生注定我与他师徒有缘，1995年至2002年，他又在职攻读政治经济学硕士和博士，我很高兴成为他的导师。我们相识四十年，情谊已续三十载。三年前，时逢麟斌爱徒来访，聊其在学及工作期间深受我教诲与点拨，拟共同出版《〈资治通鉴〉释要》一书，请我写序并修正文稿，情之所至，我欣然应允。

司马光的《资治通鉴》是一部叙录上起周威烈王二十三年（公元前403年），下讫五代周显德六年（959年），因宋神宗御赐名而流芳千古之书。它以其"体例严谨、脉络清晰、网罗宏高、体大思精"著称，诚如宋神宗所言"鉴于往事，有资于治道"。在写作中，我们运用政治学、经济学、历史学、管理学、社会学等多学科的知识底蕴审视，突出以政治、经济、军事为中心的思想，围绕做人和做事这两个亘古不变的立世中心，经过多视角的阐发，实现多学科的融合，让读者仁者见仁，智者见智，增进本书与读者之间的穿越沟通。写作中，我们旨在结合自身的治学经验及人生阅历形成的肺腑之言，不为立世立名，只为今人或后人提供做人处世的良语之辨，从而读之思之践之，做到开卷有益。

《大学》曾云："在明明德，在止于至善。"读书即是要顺应自然规律，从心所欲而不逾矩。初能望文生义，死记硬背，可小成。进能变通运用，巧舌如簧，有一得。终能深入浅出，知行合一，方大就。此书出版倘能达到愿效，则幸甚至哉。

是为序。

陈征

2018年6月于福建师大资红书屋

目　录

1．唯礼定邦

何谓礼？纪纲①是也。

——《资治通鉴》卷一·《周纪》一

【译文】

什么是礼？礼，是纲领、法度。

【注释】

①纪纲，网罟的纲绳。引申为纲领。《吕氏春秋·用民》："用民有纪有纲，壹引其纪，万目皆起，壹引其纲，万目皆张。为民纪纲者何也？"

中国古代九州之内，信息的传递能力与国家的统治能力相对较弱，因而必须借助强化意识形态的方式统治国家。秩序与传统整合的结果选择了礼，礼成为定"九州之序"的根本，也成为帝王统治的重要方式之一；礼治天下秩序呈波状传递，形成了森严的制度。

强调"礼"，实际上更多地是强调一种"名分"。"名"是强调帝王家族与士大夫的等级关系，"份"则强调君臣关系，其终极目标是确定名分而不能僭越权位，形成一种有序性。在金字塔式的社会结构中，每个人代表着"金字塔"中的一个具体地位和作用，不能随意变动。从中国古代发展轨迹可以看出，在许多朝代的末年，"名分"经常遭到严重的破坏，然诸多权臣弑君篡位，但在形式上仍保有君臣"名分"，原因就在于已经形成既定的名分等级思维。"天子"是上天与百姓间唯一的中介人，此等"名分"岂能假人？企图替代者都将成为众矢之的，并鲜有善终者。历史教训告诫后人应以"名分"为先而后天下定，故在封建社会两千多年中，稳定时间十有其八,这其中"名分"起关键作用。

礼,实则名器之总揽。唯器与名,不可以假人,定礼重心在于制名与器。帝王制名器一来应合统治之根本,这样政权的合理性方能得到民众的认可;二来应继自身之特色。以清代为例,清军入关后,统一全国。他们深知落后的民族文明总是要被先进的民族文明取代的历史规律,从顺治皇帝开始,清朝一贯以汉制统治天下,为当时的稳定奠定了基础。再者是传承民族特色。因此,帝王制礼定名分乃本着"远虑而微治",凡事种种,皆以"名器定之"。

唯礼方能定邦,而礼尽智长则天下乱。古者有五贤:美须长大则贤,射御足力则贤,技艺毕恰则贤,巧文辩慧则贤,强毅果敢则贤。此五贤若不加仁,则会智长而礼废,若用此"贤",害人且误国;贤长而礼成,则使国运长祚。

在此,司马光实际上宣扬的是一种贤者有德才能定邦的思想。在政治思想上,司马光强调"德先"。他认为:"聪察强毅之谓才,正直中和之谓德;才者,德之资也;德者,才之帅也。才德全兼谓之圣人,才德兼亡谓之愚人,德胜才谓之君子,才胜德谓之小人。凡取人之术,苟不得圣人,君子而为之。与其得小人,不若得愚人。"在司马光的政治理念里,德超乎一切,德乃成礼之根本;而才具两面性:君子用才为善,小人用才为恶,此乃今人用人之借鉴。古往今来,"修德"成为统治者能成功统治的一个关键。君子不修德,则国之大敌。纵观当下,此亦可为执政及用人之"利器"。

从根本上说,司马光强调德,使才居其下,实际是强调礼。政治的第一步在于图生存,"皮之不存,毛将焉附?"唯有国家存在,社会稳定,才能图发展。从中国历史长河中可以看出,古之盛世,实际上也是礼治贯彻较好的时期。今日之人,不可废礼,加之唯才是举,此乃天作之合。只是这个"礼"应该被赋予新的时代内容。

当然,中国社会用人的"德""才"观,从其传统民族文化和历史延脉中发展而成,与国外(尤其是西方国家)有着截然的不同。

2. 诚信为至善

臣光曰：夫信者，人君之大宝也。国保于民，民保于信。非信无以使民，非民无以守国。是故古之王者不欺四海，霸者不欺四邻，善为国者不欺其民，善为家者不欺其亲。不善者反之：欺其邻国，欺其百姓，甚者欺其兄弟，欺其父子，上不信下，下不信上，上下离心，以至于败。所利不能药其所伤，所获不能补其所亡，岂不哀哉！昔齐桓公不背曹沫之盟，晋文公不贪伐原之利，魏文侯不弃虞人之期，秦孝公不废徙木之赏。此四君者，道非粹白，而商君尤称刻薄，又处战攻之世，天下趋于诈力，犹且不敢忘信以畜其民，况为四海治平之政者哉！

——《资治通鉴》卷二·《周纪》二

【译文】

臣司马光曰：守信，是君主至高无上的法宝。国家靠人民来保卫，人民靠诚信不欺来保护；不讲信则无法使人民服从，没有人民便无法维持国家。所以古代成就王道者不欺骗天下，建立霸业者不欺骗四方邻国，善于治国者不欺骗人民，善于治家者不欺骗亲人。只有蠢人才反其道而行之，欺骗邻国，欺骗百姓，甚至欺骗兄弟、父子。上不信下，下不信上，上下离心，以致一败涂地。靠欺骗所得之利，疗治不了由此带来的创伤，所得到的不能弥补失去的，这岂不令人痛心！当年齐桓公不违背曹沫以胁迫手段订立的盟约，晋文公不贪图攻打原地而遵守信用，魏文侯不背弃与山野之人打猎的约会，秦孝公不收回对移动木杆之人的重赏，这四位君主的治国之道尚称不上完美，而公孙鞅可以说是过于刻薄了，但他们处于你攻我夺的战国乱世,天下尔虞我诈、斗智斗勇之时,尚且不敢忘记树立信誉以养育子民,又何况处在社会安定中的为政者呢!

中国是讲求诚信的国家,诚信是我们的传统美德,正所谓"一诺千金"。诚信无论对于一国之君、为人之臣还是平民百姓来说都至关重要。诚信不仅是一种美德,更是立国之本、执政之基、为人之道。

历代的思想家都强调诚信的重要,如孔子的"民无信不立",孟子的"诚者,天之道也;思诚者,人之道也",足见诚信的重要。文中司马光在记载商鞅的"立木为信"时,对诚信做了论述,还举了许多诚信的例子,以凸显诚信是君主治理国家的至善法宝,只有君信于臣,臣信于民,民保于信,上下齐心,才能安邦治国。若君主失信于民,百姓失信于人,则君臣互相猜疑,百姓互不信任,上下离心,国家必然灭亡。

有人认为偶尔不讲信用会为己带来一些利益,讲信用反而会影响到自身的利益。这是贪图小利之人的狭隘想法,只见眼前的利益,不顾及由此带来的恶果。殊不知,没有人愿意和常不守信用的人合作。失信的人总是以自我为中心,以自己的利益为着眼点,因一些小利不守信誉,甚至不惜牺牲他人的利益。虽然由于不讲信用,可能得到了一些,但是由于失信,终将影响大局和失去人心。

作为领导,更应讲诚信。这不仅可使属下信服于你,同时也为他人做出了示范和榜样。上下以诚相待,形成良好的诚信氛围,使工作、事业、生活都能有更好的发展。在西方国家,往往是以契约形式和法律规制来确保诚信的实现。

3. 过则改之

且古之君子,过则改之;今之君子,过则顺之。

——《资治通鉴》卷三·《周纪》三

【译文】

古代的君子,有了过错就改正错误;现在的君子,有了过错却将错就错。

古人讽世常以古人与时人作比较,用厚古薄今的方式提示当政者谨防"过而顺之"的错误,并应有改过的胸襟和气魄。有两种情况是领导者最不容易接受的,但实践中应有则改之、无则加勉:

一是异己之见且正确者,即那些意见正确但又与领导意见不同的人。战国时,陈轸独吊便是其中的一个例子。帝王好小利而忘大利,好小义而忘大义,利令智昏,不听从他人"难听的"、实则大利大义的看法,还要以维护自身的尊严为借口和遮羞布,即使进谏者血溅殿堂,仍然无动于衷。历代以来,逆鳞者所生无几。

二是异己之见而错误者。领导者兼听则明,容人应视为领导之"本能"。经判断他人观点是错误的,领导者们的表现会各不相同:嗤之以鼻,此乃阻塞言路,后人谁敢步其后尘;他人进谏虽有错,然予以鼓励、赞扬,则言路大开;不理不睬,只能导致进谏者积极性下降。三种不同的态度带来截然不同的后果,而只有领导者知其利害。能容部下之"过",这样才能更有利于发挥部下进谏的积极性。兼听则明,偏听则暗,不仅是领导者应有的胸襟,也是在领导活动中取得良好效果的试金石。

4. 权衡利弊，把握全局

楚欲与齐、韩共伐秦，因欲图周。王使东周武公谓楚令尹昭子曰："周不可图也。"昭子曰："乃图周，则无之；虽然，何不可图？"武公曰："西周之地，绝长补短，不过百里。名为天下共主，裂其地不足以肥国，得其众不足以劲兵。虽然，攻之者名为弑君。然而犹有欲攻之者，见祭器在焉故也。夫虎肉臊而兵利身，人犹攻之；若使泽中之麋蒙虎之皮，人之攻之也必万倍矣。裂楚之地，足以肥国；诎楚之名，足以尊主。今子欲诛残天下之共主，居三代之传器，器南，则兵至矣！"于是楚计辍不行。

——《资治通鉴》卷四·《周纪》四

【译文】

楚国想联合齐国、韩国共同进攻秦国，顺便灭掉周王朝。周王派东周的武公对楚国任令尹职的昭子说："周朝可不能算计。"昭子说："要说算计周朝，那是没有的事。尽管如此，我想问你，周朝为什么不能灭掉？"武公回答："西周现在的地盘，取长补短，也不过方圆一百里。抢占这块地方并不足以使哪个国家富强，得到那里的百姓也不足以壮大军队。但西周却有天下共同拥戴的宗主名义，谁攻打它，谁就是犯上作乱。尽管如此，还是有人想去攻占它，是何原因呢？就是因为古代传下来的祭祀重器在那里。老虎的肉腥臊而又有尖牙利爪，仍有人猎取它；山林中的麋鹿没有爪牙之利，假如再给它披上一张诱人的虎皮，人们猎取它的欲望一定会增加万倍。楚国的情形正是这样，分割楚国的领土，足以使自己富庶；讨伐楚国的名义，又足以有尊崇周王室的声名。楚国要是残害了天下共同拥戴的周王朝，占有了夏、商、周三代相传的礼器,你刚把礼器运回南方,各国证讨的大兵也就到了!"令尹昭子觉得言之有理,于是放弃了楚国原来的打算。

楚国本想图谋周,但听了武公的分析、劝说之后,放弃了那样的想法。周的地方并不大,即使攻占它,也"不足以肥国""不足以劲兵",反而还会落下个"弑君"的恶名,引起众诸侯国愤怒,带来亡国之灾。

就如下棋一样,就当时之势,移动一个棋子,很容易,可下错了一步棋,很可能就此变主动为被动,难以翻身,输了整盘棋。一般的初学者,都只能观察当前局势,都只能看清当时几步棋;学习了一段时间后,慢慢就会谋篇布局、通盘考虑,不仅对自己的战略、战术了然于心,而且对于对方的动向也能知悉,从而运筹帷幄,把握全局。

我们平时对待事物也应如此,特别是在做决策之前,不能都只看眼前,应放眼全局,不局限于一时一地去估量事物的轻重、权衡事物的利弊,而应注重事物的整体效益。决策决定了事物发展的方向,对整个事物的发展起着至关重要的作用,一旦决策失误,带来的后果可能适得其反。所以许多决策都不是一个人想出来的,一般都有一个决策的团队,每个人考虑事物的出发点都不同,都有自己的认知盲点,团队就可以弥补这个不足,群策群力就可以更为周全地作出决断。

那么如何权衡利弊,把握全局? 这就需要:一是把握原则。事物总是有利有弊,有时弊与利的权重也不是太明显,是弊大于利,还是利大于弊,令人疑惑。这时就应把握自己的原则,不违背事物的出发点,选择不影响根本利益的那一项;二是不自以为是,多听旁人的意见,"兼听则明"。无论一个人的知识有多渊博,都不可能万事通,教育的背景、学习的环境,自己的兴趣喜好,都会影响到知识的吸收,形成个人认知的误区。只有舍弃偏见,多听他人意见,才能作出更客观的判断,减少不必要的损失。

5. 法削则国弱

赵田部吏赵奢收租税,平原君家不肯出;赵奢以法治之,杀平原君用事者九人。平原君怒,将杀之。赵奢曰:"君于赵为贵公子,今纵君家而不奉公,则法削,法削则国弱,国弱则诸侯加兵,是无赵也,君安得有此富乎? 以君之贵,奉公如法则上下平,上下平则国强,国强则赵固,而君为贵戚,岂轻于天下邪!"平原君以为贤,言之于王。王使治国赋,国赋大平,民富而府库实。

——《资治通鉴》卷五·《周纪》五

【译文】

赵国征收田赋的官吏赵奢到平原君赵胜家去收租税,他的家人不肯交。赵奢以法处置,杀死平原君家中管事人九名。平原君十分恼怒,想杀死赵奢,赵奢便说:"您在赵国是贵公子,如果纵容家人而不奉公守法,法纪就会削弱,法纪削弱国家也就衰弱,国家衰弱则各国来犯,赵国便不存在了。您还到哪里找现在的富贵呢! 以您的尊贵地位,带头奉公守法则上下一心,上下一心则国家强大,国家强大则赵家江山稳固,而您作为王族贵戚,难道会被各国轻视吗?"平原君认为赵奢很贤明,便介绍给赵王。赵王派他管理国家赋税,于是国家赋税征收顺利,人民富庶而国库充实。

赵奢收租税,平原君家不交,他就杀了平原君家九人,"平原君怒,将杀之"。但赵奢通过谏言,不仅没有被平原君杀害,还受到平原君的赏识,被推荐给赵王,管理国家赋税。赵奢以法为处事的标准,所以理直气壮地执法,并理直气壮地给平原君谏言,论述法对于国家的重要性,对平原君的重要性。在古代,法律由统治者制定,用于规范、管理国家运行和百姓行为,是需共同遵守的行为准则。法律严明,则上下无犯法之人,天下太平,必国富民强。

宏观而言,遵纪守法,就是在实际生活中应遵守公共的行为准则。不同的范围内也有着不同的规则,也就是国人常挂在嘴边的"国有国法,家有家规"。法度不仅仅是约束民众的行为,也为民众立下标杆,明确哪些是应当做的,必须遵守;哪些是不应当做的,不能触犯违规。

法,不仅成为治理国家的利器,同时也是保护国家及民众利益的武器,赵奢的"依法办事"就说明了这一点。

当前,法律反映的是最广大人民的根本利益,是国家代表人民意志实施社会管理的准则,它不仅是处置违法犯罪的依据,也成为我们普通公民保护自己生命、财产安全的法宝。随着社会的发展,法律的作用也越来越突出,包括许多国际问题,都需依靠法律去解决。只有共同遵守,社会才能得以有序发展。

6. 六术五权三至之法

故制号政令,欲严以威;庆赏刑罚,欲必以信;处舍①收藏,欲周以固;徙举进退,欲安以重,欲疾以速;窥敌观变,欲潜以深,欲伍以参;遇敌决战,必行吾所明,无行吾所疑;夫是之谓六术。无欲将而恶废,无急胜而忘败,无威内而轻外,无见其利而不顾其害,凡虑事欲熟而用财欲泰,夫是之谓五权。……可杀而不可使处不完,可杀而不可使击不胜,可杀而不可使欺百姓,夫是之谓三至。

——《资治通鉴》卷六·《秦纪》一

【译文】

所以制度、号令及政策、法令,要严厉而又有威势;奖赏、惩罚,要坚决执行而又有信用;军队驻扎的营垒和收藏物资的军库,要周密而严固;转移、发动、进攻、撤退,要安全而稳重,要敏捷而迅速;侦测敌情,观察变化,要隐蔽而深入,要混入敌方将士之中,多方比较而反复检验;与敌军遭遇,进行决战,一定要根据我方明确有把握的方案行事,不要按照我方还有疑虑的计谋行事;这些称为"六术"(军事上的六种战略、战术)。不要想当将军而又害怕被罢免,不要急于求胜而忘记了有失败的可能,不要对内威慑而对外轻敌,不要见到利益而不顾忌它的害处,凡是考虑问题要仔细周详而使用钱财要慷慨不吝啬,这些称为"五权"(治军治国五种要权衡的事)。……宁可被杀也不可使自己的军队驻扎在守备不完善的地方,宁可被杀也不可使自己的军队打不能取胜的仗,宁可被杀也不可使自己的军队去欺负老百姓,这些称为"三至"(三条最高、守一而不变的原则)。

【注释】

①处舍,指营垒。《荀子·议兵》:"处舍收藏,欲周以固。"杨倞注:"处舍,营垒也。"

荀卿向孝成王等进言涉及六术五权三至之法。

在古代中国,许多领导艺术似乎都可归结于某种"术"之类的东西。而纵观"六术"本身可以看出,"术"实际上是由基本的"威、信、重、明"等因素组成。

"威",无威不可以行令,故"威"居"六术"之首,也是领导能称其为领导的前提所在;失去了"威",纵然领导有诸多"谋",也因在不得其威,难谋其事。"信",这个千百年来人们信奉的"圭臬",在本书的诸多篇目都涉及。"人无信不立"似乎也在告诫当政者"信"的重要。人有了"威",若失去了"信",就是威而不信,甚或淫威了。

"六术"涉及决策与用人方面。决策者应当具备挑战和冒险的特质。诚然,对于"明"之处可以大胆地实行,因为这种风险相对比较小。然而,有些情况下,决策者根本无法预测,只能"摸着石头过河",只能先行试险,这种情况下,就需要决策者的胆识和气魄。

"五权"实际上是用一种极为朴素辩证的方式论证行为过程中应当"瞻前顾后"。例如,"无见其利而不顾其害","利"固然是重要的,但即使是百利而仅一害,可往往就这一害,也会使百利化为乌有。因此,领导者更应关注貌似微小的"害",权衡利弊,否则"五权"之说便仅仅是说法而已。

7. 焚书坑儒

丞相李斯上书曰:"异时诸侯并争,厚招游学①。今天下已定,法令出一,百姓当家则力农工,士则学习法令。教;人闻今下,诸生不师今而学古,以非当世,惑乱黔首,相与非法教;人闻今下,则各以其学议之,入则心非,出则巷议,夸主以为名,异趣以为高,率群下以造谤。如此弗禁,则主势降乎上,党与成乎下。禁之便! 臣请史官非秦记皆烧之;非博士官所职,天下有藏《诗》、《书》百家语者,皆诣守、尉杂烧之。有敢偶语《诗》、《书》,弃市;以古非今者族;吏见知不举,与同罪。令下三十日,不烧,黔为城旦②。所不去者,医药、卜筮、种树之书。若欲有学法令,以吏为师。"制曰:"可。"

——《资治通鉴》卷七·《秦纪》二

【译文】

丞相李斯上书说:"过去诸侯竞相争霸,以厚待招徕游侠和儒生。现在天下已经安定,法律政令统一出自朝廷,老百姓主持家业的就要致力于耕田、手工,读书人就要学习法律政令。但现在的儒生不学习今人的东西,却效法古人,并借此讥刺当下,蛊惑、扰乱民众,相互非难法律政令,并以此教导百姓;一听到有法令下达,就都各用自己的学说加以议论,在朝中时则心里非议,离开朝廷后则在里巷中议论是非,夸饰君主以提高自己的声望,标新立异以显示自己的高明,带领一些人攻击诽谤国家法令。这种情况如不禁止,就势必造成君主的权势减损和臣子间的结党分派。只有禁止这些情况才有利于国家啊! 因此我请求史官将除秦国史书之外的所有书籍全部烧毁;除博士官按职责掌管的书外,天下凡有私藏《诗经》、《尚书》、诸子百家著作的人,一律将他所藏的书交到郡守、郡尉处,一并焚毁;有胆敢间或议论《诗经》、《尚书》的人处以死刑;借古非今的人则诛灭全族;官吏发现这类事情而不举报的,与以上人同罪。此令颁布三十天后仍不将私藏书籍烧毁的,判处墨刑,并罚处当劳役修筑长城四年。不予焚烧的,是医药、占卜、种植方面的书。如果有想学法律政令的人,应当以官吏为师。"秦始皇下制令说:"可以。"

【注释】

①游学,游侠和儒生。《韩非子·五蠹》:"是故服事者简其业,而游学者日众,是世之所以乱也。"

②城旦,古代刑罚名,一种筑城四年的劳役。《墨子·号令》:"以令为除死罪二人,城旦四人。"孙诒让《墨子间诂》引应劭曰:"城旦者,旦起行治城,四岁刑也。"《史记·秦始皇本纪》:"令下三十日不烧,黥为城旦。"裴骃《史记集解》引如淳曰:"《律说》:论决为髡钳,输边筑长城,昼日伺寇虏,夜暮筑长城。城旦,四岁刑。"

　　提起"焚书坑儒",许多人立刻把它与秦始皇联系起来。实际上,在中国历史上,各式各样的"焚书坑儒"并不鲜见。清朝康熙时期的"文字狱"难道不是一种特殊的"焚书坑儒"? 追根究底,不管采取何种方式"焚书坑儒",统治者都追求一种目标:意识形态统一性。

　　在朝代建立之初,意识形态领域往往存在着相互碰撞的思想和观念,各种思潮对统治将产生或利或弊的影响。此时,统治者一般通过外力作用,主要依靠国家机器加以钳制和分解,在形式上实现意识形态的统一。随着国家的稳定与发展,意识形态的建设不再完全依靠外力强压的作用,更多地是采用内化和学习的方式,让民众在心理上接受国家希冀其获得的思想观念。比如科举考试。科举考试对中国意识形态产生的影响是难以估量的。这种"骨髓渗透法"也是历朝历代在总结经验教训中得出的一条通用公式:名利指挥棒。

　　各种方式的"焚书坑儒"给各朝代带来了表面上的思想统一,对国家统一的作用好像也很显著。而恰恰也是这一点,给朝代埋下了覆亡的祸根。由于国家控制思想,思想单一,且这种单一思想日益膨胀,日益僵化,对于国家运作起到负面效应。而国家无法运用其他平行的思想,只能任凭这种僵化思想不断扩散,类似癌细胞扩散,最终只能导致肌体的死亡。随着旧体制的消亡,新的朝代建立,会焕发生命的活力,从而出现"再生的文化"。因此,朝代除了统一思想之外,更应允许(至少不能打击)其他思想的存在(当然应排除明显对统治不利的思想)。这样有利于主导思想在斗争中充满新的活力,不至于与朝代的制度一起日趋僵化。这一点从唐朝时期开放的文化态度可以证明,而这一时期文化的繁荣,并未冲击到国家政权的稳定性。

因此,历朝历代应力戒"焚书坑儒"之外,更应该保留一些与主流思想相碰撞的杂家思想,以保证主流意识形态的生机活力,防止僵化。

8. 馅饼往往是陷阱

东阳少年杀其令,相聚得二万人,欲立婴为王。婴母谓婴曰:"自我为汝家妇,未尝闻汝先世之有贵者。今暴得大名,不祥;不如有所属。事成,犹得封侯;事败,易以亡,非世所指名也。"

——《资治通鉴》卷八·《秦纪》三

【译文】

东阳县的年轻人杀掉了县令,召集到两万人,想要拥立陈婴为王。陈婴的母亲因此对陈婴说:"自从我做你们家的媳妇以来,不曾听说你的祖先中有过地位显赫的人。而今突然获得大名声,不是什么好兆头;不如依附归属于他人。这样,事情成功了,仍然得以封拜侯爵;事情失败了,也容易逃亡,因为不是世人所能指名道姓的人物。"

从当时情景看,陈婴被欲立为王可谓是天上掉下来的"馅饼"。然"馅饼"会从天上掉下来吗?难也。实际上拥陈婴为王者实际上是企图以他为旗号,谋取富贵;若败,陈婴则亡,民众皆散,此不可不谓是陷阱。所以说"馅饼"有时往往就是"陷阱"。

作为领导者,看到"馅饼"似乎应想到这几层意思。其一,有毒乎?试可想象,一个咽下有毒"馅饼"的人会有什么样的结果?但很多人却仍愿意冒险尝试。其二,人间没有"免费的午餐"。今天的"免费午餐",也许明天便成为别人索取的借口和条件了。所谓"拿人家的手短,吃人家的嘴软",便是这一道理。因此"免费的午餐"与"馅饼"并无二致,都是"馅饼"变陷阱之端倪。其三,"馅饼"的获得,需要付力否?

人际关系的往来,都非单向性活动,而是一种双向的活动。获利是需付力的。

诚然,诸多当政者都深知"馅饼"往往是"陷阱",但仍不失时机地往"陷阱"里跳,此中原因,可以归结为一点:利令智昏。在利益面前,人的神经往往处于亢奋状态,忘却了"利"后面的"陷阱"。一些从政者一旦开始接收这样的"馅饼",个体便发生了质变,以后的"利"只是量变罢了。伸手接住免费"馅饼"的时候,请停留一瞬间,也许这一瞬间正是改变你自己的时候。

9. 妇人之仁

项王见人,恭敬慈爱,言语呕呕,人有疾病,涕泣分食饮;至使人,有功当封爵者,印刓①敝,忍不能予;此所谓妇人之仁也。

——《资治通鉴》卷九·《汉纪》一

【译文】

项王待人,谦恭有礼、仁慈爱人,说话温和,别人生了病,他则流着眼泪分给病人吃的和喝的;至于用人方面,当立了功,应当封赏爵位时,他却把刻好的印捏在手里,把玩得磨去了棱角,还舍不得授给人家;这就是人们所说的妇人的仁慈啊。

【注释】

①刓,音 wán,通"玩",摩挲。《史记·郦生陆贾列传》:"项王有倍约之名……为人刻印,刓而不能授;攻城得赂,积而不能赏。"裴骃《史记集解》引臣瓒曰:"项羽吝于爵赏,玩惜侯印,不能以封其人也。"司马贞《史记索隐》:"《汉书》作'玩',言玩惜不忍授人也。"

史上项羽与刘邦逐鹿天下,最后落得乌江自刎的下场,在相当大程度上是其性格使然。项羽缘何会失败,究其根由,其因有二:刚愎自用以及妇人之仁。刚愎自用主要是针对谋士范增等人,随着项羽实力的增长,这种特征越发显著。而妇人之仁主要是对其在治军方面存在的问题而言。

"言语呕呕"。作为领袖,言语应该做到坚定与简洁。从某些方面来讲,坚定的政策执行力效果可能会超乎政策本身。试想一下,作为领导在做指示部署的时候,对执行与否模棱两可,让部下只能以猜测和揣度的方式来领会其本意,这将使政策和措施的执行效果大打折扣。可有人竟还会认为领导们的含糊其辞,属于一种"领导艺术"。"又长又臭的裹脚布"式的语言不应该是领导作风;言语越少,风格简洁,更易让对方领会其真正意图。因此项羽之"言语呕呕",似有婆妈之味。

项羽性格特征是恭敬慈爱,而作为军队最高领袖,关键在于树立威严。虽然说恭敬慈爱从表面上看有利于军心一统,让部下能感受到领导的关怀,然此应属小节,不应成为性格的主体。而一旦成为主要性格,便易缺失君威。缺失君威,统兵之资尽矣。

妇人之仁,乃兵家治军之大忌。对于高级别的将领,物质奖惩作用相对较小,但对于下层的士兵而言,获奖的机会是不可多得的。机会一旦失去,他们可能就失去了上升的可能,从而导致个人战斗动力的丧失。而如果蔓延到整个队伍,那势必会影响到整个军队的战斗力。而项羽竟然无视此点,对于属下有功不舍得奖励,败也不足怪哉。

对领袖而言,妇人之仁足以贻误可能的机会。在楚汉之争中,刘邦就表现极高的领袖气质,"大处着眼,信守然诺,约法三章"便是明证,四年战争之后,终成霸业。而项羽却由于他的妇人之仁,败亡乌江。

10. 同事异情

　　伐赵之役，韩信军于泜水之上而赵不能败。彭城之难，汉王战于睢水之上，士卒皆赴入睢水而楚兵大胜。何则？赵兵出国迎战，见可而进，知难而退，怀内顾之心，无出死之计；韩信军孤在水上，士卒必死，无有二心，此信之所以胜也。汉王深入敌国，置酒高会，士卒逸豫，战心不固；楚以强大之威而丧其国都，士卒皆有愤激之气，救败赴亡之急，以决一旦之命，此汉之所以败也。且韩信选精兵以守，而赵以内顾之士攻之；项羽选精兵以攻，而汉以怠惰之卒应之，此同事而异情者也。

　　　　　　　——《资治通鉴》卷一〇·《汉纪》二

【译文】

　　汉军攻打赵国的战役，韩信率军驻扎在地形不利的水边上，但赵军却无法打败他。彭城之战，汉王也在睢水岸边作战，但士兵却被赶入睢水，楚军大获全胜。这是什么原因呢？赵军离开都城迎战汉军，观察到可以打赢就前进，知道难于取胜就后退，怀着关顾自身存亡的心理，毫无出阵拼死一搏的打算；而韩信的军队孤立无援地驻扎在水边，士兵不进就必死无疑，所以将士们都不怀二心，这就是韩信之所以获胜的原因。汉王深入敌国，摆设酒宴，盛会宾客，士兵们享受安乐，作战之心不坚定；而楚军有着强大的威势却丧失了自己的国都，将士们都很愤怒、激动，急于挽救危败，无所畏惧地奔赴死亡，以决出一时的胜败命运，这便是汉军之所以失败的原因。况且韩信挑选精强兵将来守卫，赵军却用内心有所顾虑的兵士去攻打他；项羽挑选精兵强将发动进攻，汉军却用懈怠散漫的兵士去应对他。这就是所做的事情相同而最终产生不同情况的例子。

韩信军与赵军、汉王兵与楚兵交战,一胜一负。前者因韩信之兵抱有必死之心,故大胜;后者因汉王以安逸之兵对楚愤激之兵,故大败。

为何两次作战结果会如此之悬殊?除了军队的战斗力以及将领的指挥能力之外,最为重要的是"异情"。

这让人想起了斯大林的红场讲话。面对国家生死存亡,斯大林极力渲染民族文化的优秀,并以有如此优秀文化的民族是不可战胜的信心相激励。在此之前,苏军节节败退,红场讲话之后苏军士气大振。同样的军队,同样的将领,前后如此大的差异,是因"异情"而导致结果大相径庭。

而这一点,对于领导者而言,则在于化腐朽为神奇。古人已给了我们诸多经验和教训。《三国演义》中司马昭兵败被困铁笼山,为了激励士兵的战斗力,历数自己在诸多战斗中的指挥错误,并试图以死谢部下的长期追随,同时希望士兵能够将粮饷平分,回家顾妻念子。此一举动,让士兵群情激愤,那种逃兵思想被眼前情景一"震",剩下只是愤怒与满腔的斗志,最终力挫蜀国之兵。此情景教育之方式,也属"异情"作用。曹操之"望梅止渴"也与此类似。

因此,化腐朽为神奇,聚合力量于一点,可以产生巨大的爆发力和乘数的效果。这种激发促使"异情"与领导者个人素质有极大的关联,最为主要的是他们要具有情景判断力。正确的判断力才能对事物发展产生正效应,因为情景不可预设,变化不可能事先预知。而与时迁移,应物变化,才有可能达至较高境界。

11. 地者国之本

地者,国之本也,奈何予之!

——《资治通鉴》卷一一一·《汉纪》三

【译文】

土地是国家的根本,怎么能够给人呢!

地者,土地也。从经济学角度来说,土地永远是稀缺资源,特别于经济繁荣带,这种稀缺性更加突显,这是任何时期的土地都具有的意义。而在古代,土地也是最大的战略资源。试想,假若一个国家没有土地,它何以自存,又凭何种力量与他国对抗。从根本上讲,土地是一种永久性战略物资,粮食等军需之物可能会耗尽,然土地有着永久不老之意义。

所以地者,国之本也。从帝王的角度而言,开疆拓土是帝王最大的事业。作为帝王,如果没有立锥之地,那仅是名义上的帝王。而如果国家的土地四分五裂,那么国本将受到巨大的动摇。从历史上看,国家分裂在表征上便是土地分割。各诸侯王"逐鹿中原"获取更多土地,既是原有一统国家分裂之端,也是新兴国家建立之始。

除天子——皇帝之外,对绝大部分的百姓而言,土地对于他们又是何种地位呢?在中国长达两千多年的封建社会中,土地是农民的命根子,尽管地主对农民存在着相当程度的剥削,但只要这种剥削还在农民可以承受的范围内,农民也只能依附于土地才能生存。

封建社会长期以来的重农主义也给土地的重要性罩上一层浓厚的政治色彩。在土地上耕种的农民,其社会地位明显优于商人,尽管农民相对贫困。而且附着于土地上的农民,也可取得参与政治的一种途径——科举考试,学而优则仕。

历朝历代的农民战争,大都是因为附着土地的农民无法生存而爆发的。由于土地的大量兼并,失去土地的农民人数剧增,土地集中程度日益增大,国家对地方控制力又相当有限,难以运用强制力重新分配。在这种情况下,农民只能以最为极端的方式解决土地问题,以打破这种不正常的土地制度,然后回到土地上。因此,揭竿而起对于长期受愚忠教育的农民而言是一种勇气和本能的冲动,"不在沉默中爆发,就在沉默中死亡"。而农民起义的结果给当朝造成重大创伤,有的甚至还改朝换代。所以国家对土地的处理与分配制度不均或过分偏颇,将会使国本动摇。树根已枯,枝叶何附?

12. 法先法

（曹）参为相国，出入三年，百姓歌之曰："萧何为法，较若①画一；曹参代之，守而勿失，载其清净，民以宁壹。"

——《资治通鉴》卷一二·《汉纪》四

【译文】

曹参担任相国，前后三年，百姓唱歌称颂他说："萧何制法，相较而言整齐一致。曹参接替他，守而不失；乘着清静之势做事，百姓很安心。"

【注释】

①较若，胡三省注曰："较若，犹今较然也。"较然，明显貌。《史记·刺客列传论》："自曹沫至荆轲五人，此其义或成或不成，然其立意较然，不欺其志，名垂后世，岂妄也哉！"司马贞《史记索隐》："较，明也。"唐刘知几《史通·核才》："文之与史，较然异辙。"

"法先法"有其先天优势。先前之法经过国家政权的灌输已经逐步成为文化心理，民众在内心容易接受且不易改变。这种民众业已习惯的"法先法"，在实际的社会运行中会发挥重大作用，大大降低法律运行成本，提高了法律运行效率。我们不能用今天的教育程度和普及性推断并类比古时的教育，特别在封建社会前期，教育还是相当落后，民众对政策认知能力远非今天能比。对执法者而言，一贯性可以使之对法律执行的熟练程度大大增强，有利于保证国家社会的正常运行。

然而，"法先法"除了应有的优势之外，其实也有其不便之处。一朝一代所制定的法令不可能永远不变，也不可能穷尽一切的法令，只能是制定当时或者在未来一阶段内可预测范围内的内容。因之这种先法的局限性将日益突显，所以"法先法"也常被封建开明之士视为保守做法。

尽管如此，作为法令的制定者，"法先法"还是极为必要的。先王之法以精炼为先，越精炼所含内容将更广，自由裁量权空间也越大。因此，从法律种类上讲，法在于全，在于精。而法多却没有执行比没有法律更可怕。世界各国也常常有援用习惯法的情况，如英国等，实际上是"法先法"之典型。

从历史经验上看，"法先法"也存在一些瑕疵，除了"法先法"之外，也应当法时务，根据时务的需要不断从各方面调整和修正法律，使法律与时务能够真正统一起来。如果一味追求"法先法"，最终也可能掉入过时传统的泥淖中。

13. 亡国四因

秦皇帝居灭绝之中而不自知者,何也? 天下莫敢告也。其所以莫敢告者,何也? 亡养老之义,亡辅弼之臣,退诽谤之人,杀直谏之士。

——《资治通鉴》卷一三·《汉纪》五

【译文】

秦始皇处在灭亡之中而自己仍然不知道,为什么? 天下之人不敢告诉他。为何不敢告诉他? 因为(秦王朝)没有尊老养老的道义,没有能够辅佐的大臣,罢免了批评朝政的官员,杀害了敢当面批评谏阻的士人。

中国是一个孝治天下的国家,尊敬老人,赡养双亲,老有所养是中国传统文化的重要组成部分。从现在看,养老也是国家需着重考虑的一大问题。从个人角度而言,每个人都希望自己能老有所养,解除后顾之忧。而在古代,养老更大程度上是个人行为或家庭行为,因之有"多子多福"之说,实际上也有在经验上向老者学习的观念。所以在秦汉时期有"三老"制度,使之发挥安定乡里的作用。因此,不管是政治还是民生意义上的养老,于国都是至关重要的。

中国社会似乎有如此传统,上任帝王驾崩之前,大多指定股肱之臣辅助接班人。但从历史上看,仅有少数的辅弼之臣能得以善终。一是因帝王嫉妒心理,相当部分的辅弼大臣能力强,从政经验比嗣帝王丰富;二是因帝王起用新人,新旧大臣之间相互斗争;三是因辅弼大臣功高盖主。总之,辅弼大臣善终者鲜,而新朝帝王杀辅弼大臣之后,常任用小人,这似乎也成为一条历史定律。帝王"本能"上应该可以辨是非,但却无良举,诛杀辅弼大臣,任用奸佞小人,使国运日衰,这也常常成为一个朝代由盛到衰的转折点。

退诽谤之人,此种人不是指那些说坏话的人,而是古代进谏、规劝("诽谤")帝王的那些人。孔子说,人非圣贤。世间没有完美之人,因此有缺点在所难免,而谏臣常常不是为个人利益而是为大局利益规劝帝王。如若帝王摒弃此类人,不愿听"直言",那么,最终离失败覆亡也就不远了。

杀直谏之士也类似于退"诽谤"之言。如果对于国家政务的得失没有评说者,那么帝王很有可能在刚愎自用中将国家带向衰落的深渊。历史经验告诉我们,那些厌恶"诽谤"和直谏的帝王,其在历史上多难有作为。而善纳谏者则多为明君,如唐太宗李世民、清圣祖康熙皇帝等。

亡养老之义,亡辅弼之臣,退诽谤之人,杀直谏之士,四因合一,国力日衰,亡国还会远吗!

14. 法乃公器

释之曰:"法者,天下公共也。今法如是;更重之,是法不信于民也。"

——《资治通鉴》卷一四·《汉纪》六

【译文】

张释之说:"法,是天下公用的。(这一案件依据)现在的法律就是这样(定罪);现在改变原法、加重刑罚,法律就不能取信于人民了。"

中国封建社会将法称之为"王法"。从学理意义上讲,封建时代的法与当今之法有异有同,封建社会之法称"王法",现代社会之法称"万民之法",尽管二者有异,然都为天下之公器无异也。法乃天下之公器,其施行也由诸多因素决定。

其一,持法者应善。公器之法,大多有裁量之处,而裁量之处由执法者掌握,由执法者的好恶所决定。因而,执法者之善乃为法成其为公器之首要。但若执法者恶,天下公器将变成私人为恶之工具。但执法者除善外,也还应"恶",只不过此"恶"乃惩恶之义,对社会之恶势力应力惩之。

其二,外力施压平衡。施法不因人而异。古之帝王对法拥有无限的解释权,且往往还施法外开恩。长此以往,养成惯性思维,难以形成真正意义上的公正执法,使得法往往如同一纸空文。帝王须有高超的驾驭艺术,驭臣民之于法内。但这一点,又实是难于上青天,此皆因多有顾虑与掣肘之故。

维护法之公器,应重视执法者之道德伦理,这对公器之施用大有裨益。执法者讲求道德良知,有利于形成一种公正心,无公正心则法无公正,法无公正则就会失去意义。

15. 习地形，知民心

（晁）错复言："……臣又闻古之制边县以备敌也，使五家为伍，伍有长；十长一里，里有假士；四里一连，连有假五百；十连一邑，邑有假候。皆择其邑之贤材有护、习地形、知民心者。"

——《资治通鉴》卷一五·《汉纪》七

【译文】

晁错又上书说："……臣又听说古代明君在沿边境的各县创设如下建制来防备敌人：使得每五家为一伍，每伍设置伍长；每十个伍的民户为一里，每里设置假士；每四里为一连，每连设置假五百；每十连为一邑，每邑设置假候，都选择邑中有保护能力、熟悉地形、了解民心的有才德的人担任这些职务。"

中国长期以来一直重视基层领导者的选拔与任用，尽管历朝历代对基层界定不尽相同，然选拔之法相似：习地形，知民心。

中国是大一统国家，国家中央集权制度难以直接渗透到中国社会的最底层。皇权在基层社会仅仅是一种象征，其实施治理的方式多采用自治。然而这也需政治领导者定位：用什么样的人担任基层领导行使管理权力。

从中国发展史中可以看出：基层选官主要基于两点考虑，经济因子和政治因子，也不排除文化因子。经济因子如士绅阶层，他们在基层拥有较多财力，在地方上威望也较高，能真正充当地方的代言人，易于治理地方。而政治因子主要是指在基层社会那些在国家政权中拥有一定政治地位的官僚之亲属，这部分人数量相对较少，主要是对士绅阶层的补充。但同时，选拔基层领导,要遵循利民与利国的原则。首先是能利民,其次能真正贯彻国家意志。试可想象:一位自身才能平庸、对村社事务一无所知的基层官员,办事效率及效果能使民满意乎?

应该指出的是,"习地形"仅仅是选举地方基层领导人的条件之一,关键更在于"知民心"。此举之利有三。其一上情下达,下情上通。领导者必须深知民众之所需,通过各种渠道将信息上传到国家领导层,以利于国家政策因时因地而改变。从民众角度,这有利于保护民众利益;而从国家角度,这有利于国家的政治稳定。因为,民心稳则国家稳。这就是基层领导者的"桥梁"作用。其二是朝代末期,时常发生"民变",实际上国家上层往往只有在"民变"发生时才能有所发觉。因此,基层领导者也起"安全阀"作用。从朝代统治角度看,用意识形态或武力的方式压制"民变",成本高。而发挥基层领导者管理、教育、安抚民众的作用,无疑更有利于统治的稳定。其三,能客观上促进地方经济的发展。作为基层一分子,基层的发展与否与自身关系甚密,因而从客观上他们也"挖空心思"发展经济。在重视利与名的东方国家,这种名利双收的"好事",何乐而不为?

因此,只有选举"知民心"的官员,才能将地方"心"与中央之"心"有机地联系起来,实现对接。否则两"心"紊乱,对朝代稳定危害甚大。

16. 熟知与真知

亚夫曰："高皇帝约：'非刘氏不得王，非有功不得侯。'今信虽皇后兄，无功，侯之，非约也。"帝默然而止。

——《资治通鉴》卷一六·《汉纪》八

【译文】

周亚夫说："高皇帝约定：'不是刘氏宗亲不能封王，不是有立功的人不能封侯。'现在王信虽然是皇后的哥哥，但没有立功，如果封他为侯，就违背了约定。"汉景帝沉默不语，停止了做这件事。

汉景帝拟封皇后兄王信为侯，与丞相周亚夫议，周亚夫以"高皇帝约：'非利民不得王，非有功不得侯。'"为由，打消了汉景帝之想法。实际上，周亚夫是援用了先王之法而劝谏的方式，这当然与中国讲求孝治天下之道有关。所以，周亚夫也是以中国传统文化说服了帝王。

所谓的"祖制"，是指以前帝王制定的制度规章。但当朝帝王也可以制定新的制度，甚至新制度与"祖制"相矛盾、相冲突。一旦当朝皇帝作古，其制度自然也成为"祖制"。可见"祖制"仍可改变。而无论是恪守"祖制"也好，还是更立"新法"也好，其目标都只有一个：维护皇权的至高无上。

所以说，熟知事物仅仅是熟悉事物的表象罢了，而事物的表象常以假象的方式出现，仅认识表象往往会造成适得其反的结果。而真知事物是指认识到暗含于事物背后事物的本质。作为政治领袖将熟知当成真知，可能误己害国。因之，领导者要学会辨别熟知与真知，并适时应对。

17. 权重更应自重

（田）蚡骄侈,治宅甲诸第,田园极膏腴;市买郡县物,相属于道;多受四方赂遗;其家金玉、妇女、狗马、声乐、玩好,不可胜数。

——《资治通鉴》卷一七·《汉纪》九

【译文】

武安侯田蚡（任丞相）骄横奢侈:修建的住宅比所有官员的住宅都豪华,占有的田地和园圃最肥沃;从各郡各县购买的物品,在道路上运送连续不断;大多是接受各地的贿赂;他家的金玉、美女、游畋的狗马、音乐器械、古董器物,多得数不过来。

汉武帝时代,国舅田蚡任宰相,权倾朝野。田蚡凭借国舅地位,权重而不自重,最终落了个暴亡的下场。

中国政治发展似乎遵循这么一条规律:权重之臣最终的结局大多是"恶终",而少有"善终"。如郭子仪那样善始善终者,在中国历史上实属罕见,大多数权重之人最后被主上诛杀的例子举不胜举。究其原因,无外乎有三。

其一,外力对权重之人的制约形同虚设,甚至制约机制本身被其利用。而当权力失去控制之时,绝对的权力导致绝对的腐败。

其二,狗仗人势。权重之人大多得势于当朝帝王之宠幸,时时处处依旨行事,借天子之手而掩天下,附势者亦日益增多,而这些势力日益成为强势。但物极必反。

其三,从文化上讲,中国是一种崇尚权力的国度,权力的拥有者成为社会强势而使"民畏"。这种文化劣根性加剧了对权力的崇拜。然教训时时警醒当权者,权重更应自重,否则"午门问斩"的可能性将随时发生。权重之人自重与否,其实群众的眼光是雪亮的,在他们的眼里,时时关注着权重之人如何用权,是合法用权,还是弄权。违背民意者终究为民所摒弃。东汉末年董卓等人的下场可谓鲜活如昨,历历在目。

中国人有着优于其他民族的学习能力:效仿。历朝历代时常出现"腐败网",其实也在于对腐败行为的相互效仿。杜绝这种现象之方法,很重要的一条就在于权重之人的自重,以免上行下效,恶风流散。选择名利,还是选择名节;选择历史褒扬,还是选择历史骂名,权重之人须自重。

18. 治国八法

公孙弘对策曰："……是故因能任官,则分职治;去无用之言,则事情得;不作无用之器,则赋敛省;不夺民时,不妨民力,则百姓富;有德者进,无德者退,则朝廷尊;有功者上,无功者下,则群臣逡;罚当罪,则奸邪止;赏当贤,则臣下劝。凡此八者,治之本也。"

——《资治通鉴》卷一八·《汉纪》一〇

【译文】

川人公孙弘在考试时答道:"……所以,根据人的才能而委任的官职,就能各司其职,做好工作;抛弃无用的虚言,就能了解事情的真相;不制作无用的器物,就可以减少对百姓的赋税;不在农忙季节征发役夫,不妨害民力,百姓就会富裕;有德的人受到重用,无德的人被罢免,朝廷就尊贵威严;有功劳的人升职,无功劳的人降级,群臣就会明白退让的道理;判处刑罚与罪过相应,就能制止犯罪;给予奖赏与贤能相符,就能劝勉臣子。这八项,是治理国家的根本。"

《资治通鉴》所载"治国八法"涉及领袖治国的方方面面。治国之首在于治人,治人之首在于用人,用人在于用德才之人。唯有用德才之人,治人才能公正,而吏治正则天下正,吏治乱则天下乱。所以"八治"之中凭能任官,各司其职,则固国之本也。

领导语言应该成为领导的一大艺术。故去无用之言,则事情得。凡事应抓其重点并简明扼要阐述之。而无用之言,往往误事。作为领导者,关键问题在于判断何为"无用之言",何为"有用之言"。从历史上看,许多平庸之领导者往往误解有用之言,将忠言作为无用之言,又将谄媚之言视为"忠耳之言",岂不悲哉。

民生问题一直是中国历代有为帝王所关注的重点。首先表现为不与民争利,减少赋税,以固民心。而统治后期常是因与民争利而激民反。其次表现为民作主或为民请命。"父母官"经常成为中国官僚的代名词,"为官一任,造福一方"。除了为民作主,最高境界还在于为民造福,为民福祉而努力。

德则成为评判中国官僚的一重要标准。在历朝历代和平安定时期,德成为选拔官员的重要标准,因为此时官员主要在于守成而不在于创业,而守成之人首先决定于德,无德难以守成。故安定时期以德守成为主。而战乱与朝廷危难时期,非有济世之才难以救国,故此时应以才为主。从理想形态上看,德才兼备为最优。然人无完人,因此不同时期着力点应是不同的,不可千篇一律。

"八法"之中仍将赏罚分明视为法宝。实际上,中国许多朝代的灭亡源于对赏罚制度的破坏,它打乱了原有利益的分配体制。既然利益分配平衡被打破了,那么就需要建立新的平衡体系,而这种新的体系建立就需要通过改朝换代,或者通过内部的改革进行。因此,领导者掌握治国之"八法",对于政权稳定、维护国家统治秩序的正常运行的确很重要。

19. 辨言

上默然不许,曰:"吾久不闻汲黯之言,今又复妄发矣。"

——《资治通鉴》卷一九·《汉纪》一一

【译文】

汉武帝沉默不语,没有应许。后来说道:"我很久没听到汲黯的言语了,如今你又在这里胡说八道!"

帝王作为最终的裁决者,对于臣下之言,必须有判断,有辨别,不能一味地认为是妄言。语言是思维的外壳,众多的交流都是通过语言加以沟通。所以有效地获取语言信息成为提升领导力的一大关键。而这其中,"辨言"至关重要。"辨言",然后才能辨真伪、明是非,然后也才能作出正确的决断。

话,可区分为真话与假话,这是最基本的分类标准,领导者首先应能区分这两类话。从臣下进谏角度而言,似乎有共性:真话都是带着"刺头"的话,几乎都是难听的。而讲真话,对臣下来说,成本与风险都很高,可能得不偿失。因此真话往往较易判定。领导们往往希望能听到多方面的信息,而下属恰恰抓住这一点。"假话顺耳,当心耳背"。假话的一个特点似乎都是相当顺耳,然而顺耳之假话多了,就听不到真正的声音。因此辨言之真假,实与领导的态度有很大关系。

激将之言。许多人视之为恶言,其实应辩证看待。应当说,相当多激将之言是对方所设计的语言圈套,特别适宜于对待那些心性容易激动者,而像三国时司马懿对待激将之言出奇的冷静实为罕见。激将法还有一目标:激起斗志。这是古代臣下经常采用的进谏方式,其效果往往较为显著。

诌媚之言。对于诌媚之言,我们不多加描述。而实际生活过程中相当多的领导对此类言语不加辨认,心知乃诌媚之言,仍听之任之,实是因"面子"之故。

忠言。似乎所有人对忠言都表现出崇敬之情,而实际上忠言也有两类。一类酷似忠言,是主观为大众、客观为自己的假忠言。从言语的表面看,似乎是为公众谋福利,然其实质却更多出自于私心。这种私心完全是一种正常的心理状态,只是私心不能以牺牲公共利益为前提。二类是真正意义上的忠言,真正为民众着想,为巩固政权着想。此言对帝王而言,才是真正意义上的忠言,应是多多益善。

作为领导者,先辨言而后听言,实则是领导第一关,也是提升领导力的关键。信息错误将对后续的领导工作产生负面影响,甚至导致毁灭性后果。须知一言可以兴邦,一言亦可覆邦。

20. "红人"之祸

御史大夫（张）汤，智足以拒谏，诈足以饰非，务巧佞之语，辩数之辞，非肯正直为天下言，专阿主意。主意所不欲，因而毁之；主意所欲，因而誉之。好兴事，舞文法，内怀诈以御主心，外挟贼吏以为威重。

——《资治通鉴》卷二〇·《汉纪》一二

【译文】

御史大夫张汤，他的智谋足以拒绝规劝，狡诈足以掩饰错误。他致力于说投机取巧阿谀奉承的话和使用奸诈花巧的言辞，却不肯正直地为天下人说话，只是一心迎合主上的意思。凡是主上所不想要的，他就乘机诋毁；凡是主上所想要的，他就乘机称赞。他还喜欢制造事端，玩弄法律条文，在朝内心怀奸诈地左右主上的心意，在朝外依仗酷吏来建立自己的威权。

中国历史上有妇人之祸，而今我们提"红人"之祸，意在提醒领导身边的那些"红人"，实际上他们随时都有灭顶之灾，需要引起警惕。

封建时代皇帝身边"红人"类型很多，而又以顺帝意而成为"红人"者居多，类似魏征与帝王"对抗"而成为"红人"者少之又少，故"红人"之祸始于"红人"成其为"红人"之缘由。

"红人"成其为"红人"，方式、渠道各异，曲意奉上者居多，而恰恰这一点为以后埋下祸根。帝王可以根据需要调换"红人"，同僚可以抓住红人之"小辫子"而使其成为"黑人"。

政治平衡在帝王之术中一直占据重要地位。帝王为维护自身权威，对臣下采用"拉锯式"和"蹊跷板"的控制方式,保持臣下势力相当,以达到互相钳制的目的,而帝王身边的"红人"正好起着平衡木的作用。当势力一方处于劣势并将濒临灭亡时,"红人"多出于此;反之当权力一方过度膨胀,并最终影响到皇权之时,"红人"可能在瞬间转为阶下囚。因此,从政治平衡角度上看,"红人"往往是帝王在政治平衡棋局上的一颗"棋子"。而这颗"子"如何安排,完全是政治需要,这其中帝王个人意志的作用最大,因而"红人"之祸非是他本人所能控制的。

同时,"红人"代替者的出现也会使其祸在眉睫。"红人"完全有可能因一时疏忽而授人以柄,其地位被他人替代,此也为其致祸之一缘由。

此外,也源于中国人的"红眼病"。相对于"红人"的就是失意之人。而不管从数量上还是从势力上,失意之人往往多于"红人"。因而,"红人"容易成为失意之人的眼中钉、肉中刺。众矢之的使"红人"在同僚集团中面临很大压力。这种群起而攻之的局面往往使得"红人"难以抵御和招架。

因此,"红人"虽盛极一时,但危机也是时时存在的。从政治平衡到个人代替等,无不渗透着被杀和危机。因此,"红人"也应自珍以避祸。

21. 非常之功需非常之人

上（汉武帝）以名臣文武欲尽，乃下诏曰："盖有非常之功，必待非常之人。故马或奔踶①而致千里，士或有负俗②之累而立功名。夫泛驾③之马，跅④弛之士，亦在御之而已。其令州、郡察吏、民有茂才、异等可为将、相及使绝国者。"

——《资治通鉴》卷二一·《汉纪》一三

【译文】

汉武帝因朝中有名的文武贤臣快要没有了，于是颁布诏书说："凡是非同寻常的功业，一定依靠非同寻常的人才去完成。所以有的马虽然凶暴不驯，但也能奔驰千里；有的士人虽然有与世俗不相谐的牵累，却能建功立业。无论是不受驾驭的马，还是放荡不循规矩的人，都在于如何驾驭而已。我现命令各州、郡长官考察本地官吏和百姓中是否有才干优秀或德才突出，能够胜任将帅和丞相之职及能够出使遥远国家的人。"

【注释】

①踶，音dì。奔踶，谓马乘时即奔跑，立时则踢人。《汉书·武帝纪》："故马或奔踶而致千里，士或有负俗之累而立功名。"颜师古注："踶，踢也。奔，走也。奔踶者，乘之即奔，立则踶人也。"

②负俗，谓与世俗不相谐。三国魏嵇康《卜疑集》："若先生者，文明在中，见素表璞，内不愧心，外不负俗，交不为利，仕不谋禄。"《世说新语·赏誉》："后来出人郗嘉宾。"刘孝标注引南朝宋檀道鸾《续晋阳秋》："超少有才气，越世负俗，不循常检。"

③泛驾，翻车。亦喻不受驾驭。《汉书·武帝纪》："夫泛驾之马，跅弛之士，亦在御之而已。"颜师古注："泛，覆也……覆驾者，言马有逸气而不循轨辙也。"清侯方域《答孙生书》："放之不知其千里，息焉则止于闲，非是则踢之啮之，且泛驾矣。"

④跅,音 tuò。跅弛,放荡不循规矩。《汉书·武帝纪》:"夫泛驾之马,跅弛之士,亦在御之而已。"颜师古注:"跅者,跅落无检局也。弛者,放废不遵礼度也。"宋陈亮《戊申再上孝宗皇帝书》:"才者以跅弛而弃,不才者以平稳而用。"

面对国家贤才不断地减少,汉武帝广为征集人才,在当时历史条件来说,不可谓不是一种进步之举,并且面对当时和匈奴的矛盾关系,汉武帝也希望出现类似卫青这样的非常之才。这一诏书在今天看来仍有其现实意义。

非常之功需非常之人,这是时势造英雄、英雄应时势的生动说明。

在和平时期,从国家的治理来说,主要是保证政权能够平稳运作,每个官员能够根据国家既定的方针办事,保证国家大政方针能够有效实施,并且在平稳运行中有所进步。所以在这一时期对人才的要求主要是"顺"才,即能够顺从最高统治者的意志,将维护统治作为大任,因而对人才的冒险精神等要求相对较少。

但是在国家治乱时期,特别是面对内忧外患的时候,国家必须要有一批敢于突破现状的人才。

如在汉武帝时期,对外须有一批能征善战的将领,以保证与匈奴作战赢得胜利。而对于这类人才,完全可以不按原有的程序、方式提拔,可以越级提拔,将能力突出者直接提拔到关键岗位。典型的例子之一就是霍去病十九岁就成了军队的统帅。而在内政上,则需有特殊才能的人才能处理好国家大事,如汉武帝大力提拔的有理财才能的桑弘羊等。

因此,内政外交上非常之事,必须依靠非常之人加以处理;一旦作出良好的处理,便会成就非常之功。这是一个逻辑过程。

22. 无咎无誉是无为

三月,赵敬肃王彭祖薨。彭祖取江都易王所幸淖姬,生男,号淖子。时淖姬兄为汉宦者,上召问:"淖子何如?"对曰:"为人多欲。"上曰:"多欲不宜君国子民。"问武始侯昌,曰:"无咎无誉。"上曰:"如是可矣。"遣使者立昌为赵王。

——《资治通鉴》卷二二·《汉纪》一四

【译文】

三月,赵王刘彭祖去世。刘彭祖娶的是江都易王刘非的宠姬淖姬,生了一个儿子,取名刘淖子。当时淖姬的哥哥是皇宫中的宦官,汉武帝便召他询问:"淖子为人怎么样?"淖姬的哥哥回答说:"他为人欲望太多。"汉武帝说:"欲望太多的人不适合当国君管理百姓。"又问武始侯刘昌的情况,淖姬的哥哥说:"刘昌既无过错,也没有值得称颂的地方。"汉武帝说:"这样就可以了。"于是派使臣立刘昌为赵王。

赵敬肃王彭祖薨,汉武帝欲从他的子嗣中选子以立王,淖子因"为人多欲"未立为王,昌因"无咎无誉"而被立为王。

无咎无誉,多因无为。没有参与任何政事活动,或者参与政事活动没有任何作为,自然会是无咎无誉。而这种无咎无誉要么是因平庸无能,要么是因明哲保身。虽然咎誉与否,处于不同派系的人会有不同的评价,但利民与否应为其根本的标准。

就选人、用人而言,领导者应力弃无咎无誉者,而用有咎有誉或无咎有誉之人。从理想模式上看,无咎有誉之人,领导最应提拔和使用,但此类人不是神仙就是圣人,能做到"天下无咎之"难矣。

大多数政治官僚属于有咎有誉,对此类人的选用应"慎"。这部分人往往有某些方面的能力,在某些"区间"表现比较突出。从表象上讲,某些方面能力突出,可能就会多有"政绩",但人无完人。故用人用其长,避其短,只要利民,少有的"咎"也可宽宥之。

对有咎无誉之人,领导应慎思,不能人云亦云,应辩证分析,防止犯"一棍子打死"的错误。因为某部分人在某个时期只能以有咎无誉的形象出现,实际上却可能是冤假错案。而能正确使用有咎无誉之人,使其有积极作为,此乃领导艺术。

盖从咎誉而言,唯独无咎无誉之平庸之人不可用,而其他三类人可视情形而用之。所以在用咎誉之人时应多加斟酌,少受蒙蔽。

23. 明德教民

李德裕论曰:人君之德,莫大于至明,明以照奸,则百邪不能蔽矣。

——《资治通鉴》卷二三·《汉纪》一五

【译文】

李德裕评论说:君主最大的德,莫过于圣明之至（明察秋毫）,圣明足以洞悉奸诈,那么任何邪恶都无法隐藏了。

人君至明,奸邪就会暴露无遗? 实则未必。历史告诉我们,从整体上讲,一个朝代前三四位君主相对而言较为开明,个人的判断力较强,对事物能明察,故天下多为大治少乱,此时公正的力量大于邪恶的力量。

然某些朝代后几位君主,从各种条件上看,应该优于他们的先辈,有些皇子年纪不大便参与政治,从政经验不谓不丰富。然从实际情形看,他们诸多人都成为"无德"的皇帝,此是为何?

物以类聚,人以群分。正邪力量总是相对而生。古往今来,政治也一直是正邪之间的斗争,那么为何邪恶势力没有被完全消灭? 在朝代前期,皇权控制能力较强,而随着皇权控制力的不断下降,邪恶力量也会不断超越公正的力量。在朝代后期,各种政治势力如宦官、外戚、权臣先后交替当政,他们大权独揽,遮蔽圣听,使帝王与外界的信息沟通减少,甚至隔绝。以错误信息为依据,也就只能是越来越昏庸,越来越昏暗了。

人君之德还应有何为? 教民为本。以至明之德教育民众,使整个社会形成一种敬天法祖的思想,在社会中形成"法治"思想,以达到德治。故君主之至明,达至正制邪,实非易事。故教民以辅君主,方能治国而日臻大治。

24. 不可负社稷

（霍）光谢曰："王行自绝于天，臣宁负王，不敢负社稷！愿王自爱，臣长不复左右。"光涕泣而去。

——《资治通鉴》卷二四·《汉纪》一六

【译文】

霍光道歉说："大王的行为是自我了断于上天，我宁可辜负大王，也不敢辜负社稷！希望大王自重，我不能再常侍奉于大王的左右了。"霍光说完洒泪离开。

昌邑王为帝之后，荒淫迷惑，失帝王礼仪，乱汉家制度，在霍光等大臣建议下，皇太后诏废之。霍光认为："王行自绝于天，臣宁负王，不敢负社稷！"此乃君轻民重之典范。

为天子者，理应顾神器，视子民。顾神器，造万代基业，皇族权力延绵不断；视子民，庇护百姓，创千秋之伟业。此二举，乃为君主之重。而昌邑王废此二举，只顾自身，所以被废。作为最高统治者，他的责任本来就包括治理国家，造福百姓。孟子"民为重，社稷次之，君为轻"的民本思想，最终决定了昌邑王的"去留"。假若在废立中，霍光遵循"宁负社稷不负王"的思想，那将是另一种景象。

不负王，王得以继续王天下，实际上是默认或肯定了他的所作所为。若君明，则万事明；然君不明，此国家祸之端也。君王昏庸之举不仅破坏国家朝政制度，也为后继者提供了"效尤"的"榜样"，上行下效，以至国将不国。

负社稷,则必为百姓所弃。一个政权若是没有得到百姓拥戴,那么朝代的生存无异于"海市蜃楼"。而负社稷,弃国家之大利于不顾,致百姓生存于不顾,此不乱何堪?

中国的百姓始终是一个特别能忍受的阶层,非是到生存不下去之时,很少有反抗者,抑或反抗也仅是"星火"罢了。虽然有圣贤倡导"民为重",但在实际政治中又将民众视为草芥。此国不亡,天理何存?

霍光之举合民心、顺天意,所以他的政治作为也为后人所称道。但霍光废帝也潜存政治阴影,并为后世所曲解利用。如汉末董卓废灵帝而立献帝。故权臣废帝若是施之不当,则成为权臣实现其政治强权的一种方式。故废帝应为谨慎之举,需三思而行。否则,名为宁负王不负天下,而实为己之私利。东汉的灭亡便是最好的明鉴。

25. 治国如理绳

渤海太守龚遂入为水衡都尉……召见，问："何以治渤海，息其盗贼？"对曰："海濒遐远，不沾圣化，其民困于饥寒而吏不恤，故使陛下赤子①盗弄陛下之兵于潢池②中耳。今欲使臣胜之邪，将安之也？"上曰："选用贤良，固欲安之也。"遂曰："臣闻治乱民犹治乱绳，不可急也；惟缓之，然后可治。"

——《资治通鉴》卷二五·《汉纪》一七

【译文】

勃海太守龚遂调入朝中担任水衡都尉……汉宣帝召见他时，问他说："你用什么办法来治理勃海郡，平息那里的强盗贼寇呢？"龚遂说："勃海郡地处海滨，远离京师，蒙受不到圣明君主的教化，当地百姓为饥饿寒冷所困苦，而地方官吏却不加体恤，所以才使得陛下的子民盗取陛下的兵器，在池塘中耍弄。如今陛下是要派我镇压他们呢？还是安抚他们呢？"汉宣帝说："我选拔任用有德行才能的人，当然是要安抚他们了。"龚遂说："我听说，治理作乱的百姓，就如同整理一团乱绳一般，不能着急，只有先将紧张的局势缓和下来，然后才能治理。"

【注释】

①赤子，本义为婴儿，如《尚书·康诰》："若保赤子，惟民其康乂。"孔颖达疏："子生赤色，故言赤子。"又如《汉书·贾谊传》："故自为赤子而教固已行矣。"颜师古注："赤子，言其新生未有眉发，其色赤。"又如清李慈铭《越缦堂读书记·槎庵小乘》："尺字古通用赤……赤子者谓始生小儿仅长一尺也。"此处比喻百姓，人民。宋胡铨《上高宗封事》："祖宗数百年之赤子，尽为左衽。"清刘大櫆《祭尹少宰文》："泰山乔狱，忽然

崩摧。斯文何托,赤子畴依?"

②潢池,即池塘。明唐顺之《海上凯歌赠汤将军》诗之二:"自咤一身都是胆,欲将巨海作潢池。"《汉书·循吏传·龚遂》:"海濒遐远,不沾圣化,其民困于饥寒而吏不恤,故使陛下赤子盗弄陛下之兵于潢池中耳。"后因此有"潢池弄兵"。"潢池弄兵"谓叛乱,造反。宋楼钥《论帅臣不可轻出奏议》:"水旱、饥馑,既不能免,潢池弄兵,安保其无。"康有为《大同书》甲部第六章:"其有边烽传警,潢池弄兵,敌国外患之来,群盗满山之变。"亦作"潢池盗弄"。清纪昀《阅微草堂笔记·滦阳续录二》:"猬锋螗斧,潢池盗弄何为哉!"亦省作"潢池"。唐杨炯《遂州长江县先圣孔子庙堂碑》:"绝磴奸豪,每纵潢池之虣。"清冯桂芬《许烈姬传》:"军兴以来,潢池反正。"

世人皆以盛世为誉,然盛世需治乱方可达到,故治乱为致盛之本。而乱世有如一箩筐乱绳,千头万绪,若急而救之,只能是越治越乱,以至难治甚至大乱。故此,乱世之中百业待兴,如理乱绳,宜先理清线索,辨明主次,顺序而行,以一绳为纲,全力以赴将之理顺,以此相类,将各绳逐次捋直,由此万绳皆理于顺。所以,治乱也不应百业同治,而应抓住百业之根本,并通过帮带方式,以先治带后治,而后达至全治。此治理乱世所应循之法。

另外,治乱之世应有准则、有根本。在乱世时期,制度执行的不确定性造成许多问题,故制度规范应为治乱之根本。从历史上看,许多王朝都没有重视这一问题,多是头痛医头、脚病医脚,而没有从根本上解决"乱"的缘由。

制规范以治乱,乃其一义也。其另一义,乱世之中各种规则的相互冲突也需要治,故理解治"乱绳",绝非仅是喻义的诠释,更多也可从引申意加以阐述,其道理也都是相类相通的。

26. 君圣则臣贤

上（汉宣帝）闻褒有俊才，召见，使为《圣主得贤臣颂》。其辞曰："……及其遇明君、遭圣主也，运筹合上意，谏诤即见听，进退得关其忠，任职得行其术，剖符①锡壤而光祖考。故世必有圣知之君，而后有贤明之臣。"

——《资治通鉴》卷二六·《汉纪》一八

【译文】

汉宣帝听说王褒有卓越的才能，召见他，命他作了一篇《圣主得贤臣颂》。文中说到："……直到遇到贤明的君主，遇到英明的天子，制定的策略和筹划都符合主上的心意，直言规劝立即被主上接受，无论升降都能显示他的忠心，担任官职也能施展他的本领，接受君王赐给的封爵和土地而光宗耀祖。所以，世间一定是先有圣明智慧的君王，然后才有贤能的臣子。"

【注释】

①剖符，犹剖竹。古代帝王分封诸侯、功臣时，以竹符为信证，剖分为二，君臣各执其一，后因以"剖符"、"剖竹"为分封、授官之称。《战国策·秦策三》："穰侯使者操王之重，决裂诸侯，剖符于天下，征敌伐国，莫敢不听。"《史记·韩信卢绾列传》："遂与剖符为韩王，王颍川。"明皇甫汸《过武城言子祠作》诗："剖符辞帝京，腰章宰名赵。"

君圣臣贤，此国之大义也。国有圣君，则有贤臣。君圣则国政清明，政治稳定，国家整体呈"正直"状态。即在政治平衡中，正直势力强于邪恶势力，国家的政治制度能够较好地运行。这种形势有利于"强"臣出，特别是贤臣出，此乃大环境使然。

领袖应充分利用自身判断力,有伯乐而后才有千里马。应当说,历朝历代贤人不可谓不多,然贤人能成为贤臣凤毛麟角,何故?识贤人者少。而圣君乃为世之伯乐,识别贤人之能力有过于常人,如汉武帝敢提拔年仅十九岁的霍去病便是证明。此谓君圣于前而臣贤于后。

对圣君而言,能用贤臣是国之大事。任贤,能够趋舍省而巧施善,则力少而效众,从根本上有利于国家的政治稳定和百姓的安居乐业。然世之千里马常有,而伯乐不常有。封建帝王可谓多矣,然有为之君少之又少,多少帝王身后有"昏君"之称,亲小人,远贤臣,将国家运作于股掌之间,而自身又被小人玩弄于股掌之间,这是君暗于前,臣佞于后。实际上,由于制度和环境的原因,许多本为贤人、有潜能成为贤臣者,却因帝王昏聩只能为佞臣,实为历史之遗憾。

君圣臣贤,此盛国之道。有智慧的君主能够真正驾驭臣下,政治决策也能得到稳定的贯彻。而君昏臣暗之时,政治不稳定,国家之神器为臣下所觊觎,权力为下属所侵蚀,如此形成恶性循环,则国焉能久乎?

是故领导个人能力对国家的正常运作不可谓不重要。领导有若身背烧灼的沸腾之鼎,稍有不慎,则害己误国。特别是没有贤人为帮手,鼎翻人亡随时可能发生。而一人自负天下,其能久乎?

27. 君臣相配，自然之势

班固赞曰："……故《经》谓君为元首，臣为股肱，明其一体相
待而成也。是故君臣相配，古今常道，自然之势也。"

——《资治通鉴》卷二七·《汉纪》一九

【译文】

班固赞颂说："……所以《经》将君王比喻为头颅，将臣子比喻为大腿
和胳膊，表明君臣一体相辅相成。所以君臣之间的密切配合，是古今不变
的法则，是自然而然的规律。"

国家是天下人的国家，君王一人也不能承担起国家运作的所有大任，
而应造才以符国家之用。故君与臣下各司其职，为国政运行之常理；君与
臣一道治国，实为自然之道。于君而言，如执牛耳，国家大事皆集决于上，
主要制定国家的大政方针；而于股肱之臣，则进言献策，有辅君之职；国之
人臣，则按部就班，履行职责。

古之君臣相配的情况大致有三类：一为君臣皆强；二为君臣皆弱；三为
君臣其中有一强。

于君臣皆强而言，君臣相配，强强联合，从道理上讲对于国家应有裨
益，能够较好地治理国家，如唐太宗时的贞观之治。然君臣皆强也有不利，
强臣往往导致帝王至高无上的权力受到影响，集权的权威受到挑战。故在
君强臣强情况下，臣下容易为主上所嫉妒。是故二者皆强，如何相处，取决
于主上之气度，而为臣下者不可与君争强。

于君臣皆弱而言，此类相配最为弱势，与治国极为不利。这种情况常

出现于朝代的末期,并且几乎成为共同规律。君臣皆弱时,往往会有一小部分有着"特殊才能"的臣下,使朝廷状况发生根本性的改变,然因君臣皆弱,他们却无以应对。此相配乃自取灭亡之法。

于君弱臣强而言,从中国历史上看,此类情况较多。这种情况也较为复杂。一是强臣为贤臣和忠臣,在君弱形势下能够力挽狂澜,如三国时代的诸葛亮,对国家和朝廷的忠诚彪炳千秋。二是强臣为佞臣和奸臣,此类君臣相配,则为国家之大不幸,百姓之大不幸。

是故君臣相配,自然之势。但是,不同的君与不同的臣之相配,国运走势自然也不同。

28. 内忧与外患

诏曰:"……夫万民之饥饿与远蛮之不讨,危孰大焉?"

——《资治通鉴》卷二八·《汉纪》二〇

【译文】

(汉元帝)下诏书说:"……上万百姓的饥荒问题与远方的蛮夷没有征讨相比,哪个危险更大呢?"

诏中内忧"万民之饥饿",外患"远蛮之不讨",而此二者孰重孰轻?运用唯物辩证法分析,内忧犹事物之根本,须先决之;而外患犹如枝叶,而后处之。然事物主次矛盾地位时有变更,应需根据实际情况适时应对。

领导人须知内忧与外患之关系。如果不优先处理民众生存问题,保证国家最基层社会的安定,那么政权的稳定性将受到威胁。对国家而言,基层乱则终将引起国乱。因此,此内忧需优先决之,待地方稳定之后,国家再集中财力、物力、人力打击外患。此时外患已成为主要的问题,亟须解决。而领导人的全部精力若只是用于处理外患,放弃或者忽视对内忧的处理,其结果会与前者截然相反,国家内耗产生的损失将使国家集中力量打击外患的努力大打折扣,最终导致外患不除而内忧加剧,真正产生内忧外患的恶果。

然事物都有其特殊的一面。循常理而言,国家应优先解决内忧,同时兼顾外患,待国家实力殷实之后而击败之。汉朝皇帝基本上采用这种方式。汉初搞和亲政策,而后和亲政策与武力反击相结合,最后直接采用武力攻打之,从根本上解决匈奴的边境威胁。

外患涉及种族存亡的时候,性质就发生了根本性变化,最为典型的是抗日战争全面爆发之前,此时已是民族存亡之际,蒋介石却仍是"攘外必先安内",依然"围剿"中国共产党所领导的革命根据地。以毛泽东为代表的中国共产党人,抓住中华民族与日本帝国主义之间的矛盾是当时中国社会最为主要的矛盾,积极促成抗日民族统一战线的形成,推动实现全民抗战,并最终赢得抗日战争的伟大胜利。

是故内忧重于外患,内忧应先于外患处之,乃为政之根本。然时变则势变,势变则机变,不应生搬硬套,不可墨守成规。

29. 大治用心

太子少傅匡衡上疏曰:"臣闻治乱安危之机,在乎审所用心。盖受命之王,务在创业垂统,传之无穷;继体之君,心存于承宣先王之德而褒大其功。"

——《资治通鉴》卷二九·《汉纪》二一

【译文】

太子少傅匡衡上书说:"我听说安定与动乱的关键,在于人主是不是慎重用心。接受天的旨意的君王,任务在于创立功业,传给后代子孙,使它无穷无尽地传下去。而继任的君王,心思要放到继承发扬祖先的恩德和褒扬广大祖先的功勋上。"

匡衡认为,治乱安危,全在用心。而用心之根本在于四心,用二心,戒一心,则创业垂统之业成矣。

专心治国。作为一国之君,虽有天子之名,然也是血肉之躯,故喜怒哀乐及爱好亦皆有之。而古往今来,多少帝王于爱好之中丧失帝位或国家。政治的残酷使得对于帝王的要求也最为严苛,帝王几乎不能有深于国政之爱好,而酒与性乃为最烈危害。历史似乎总是这样,帝王于执政之初较为专心,随着皇权控制日益成熟,便有不少帝王逐渐荒废朝政,将心思转向声色犬马。故专心治国为用心之第一要义。

恒心治国。专心治国,一时较易胜任,然一辈子专心致志,何其难也。所以一国之君专心治国较易,而恒心治国甚为罕见。如清代雍正皇帝在位十三年间,日夜工作,几乎没有其他生活之爱好,这样的帝王甚少。无恒心者无恒政,唐玄宗李隆基在位前期尽心从政,故有"开元盛世",后期遂沉溺于酒色之中,最终导致"安史之乱"。

仅有恒心与专心还不够。帝王为政,更需信心。无信心,如何在错综复杂的政治形势中纵横捭阖。最为典型的是蜀国后主刘禅,年轻登基,几乎年无一策,原因固有诸葛亮之辅助,而根本恐怕也在自己信心不足。所以在诸葛亮逝世之后,虽也勉强度过了 29 个春秋,但最终成为魏国的阶下囚。

三心之外,戒骄之心也很可贵。胜利则易生骄心,骄心生,则人难有新成就,甚或终致失败。古往今来,多少君主在执政前期皆勤政为民,为国创业倾注所有精力,然执政后期,好大喜功,忽视或丧失前期谦虚谨慎的作风。因此,治国之用心,需多心合一,不可一心多用。唯此,国家大治,百姓安定,方为可能。

30. 记人之功, 忘人之过

太中大夫谷永上疏讼汤曰:"……《周书》曰:'记人之功,忘人之过,宜为君者也。'"

——《资治通鉴》卷三〇·《汉纪》二二

【译文】

太中大夫谷永上书为陈汤辩护说:"……《周书》说:'能记住别人的功绩,而忘掉别人的过错,这是适合当君王的人。'"

君者应有记人之功、忘人之过的气度,此利国利民之事。

记人之功。中国社会长期以来有"无功不受禄"的说法,故"有功受禄"似乎也是一种传统。部下有功,则应记之以功,颁之以赏,以资激励。而这一激励在君主制国家的效果甚为明显,臣下深感主上之恩,而后斗志更为旺盛。特别在战争时期,及时奖励对军队和军心的稳定有着根本性的功效。

若主上对臣下之功视而不见,则易引起臣下猜忌。传统社会是一个依附性的社会,尽管这种依附性程度各异,然若主上对臣下有功不赏,则容易引起臣下离心,特别是军队的将领离心,在某些关键时刻会给国家带来毁灭性的灾难。此外,臣下有功不记,无功之人也就不求进取,使得战斗力整体下降,于国于政极为不利。

忘人之过,乃君主气度之根本标志。记人之功易,忘人之过难。忘人之过需有过人之处。忘人之过,实际上是给有过之人改过自新的机会,在其心理上也可形成一种压力,促其从根本上认识到他人之宽容,以促其知错而改正,知耻而后勇,此激励内心潜能的作用很大。

若君主不能忘人之过,则至少应公正待人之过。实际上,部分领导者不仅不能忘人之过,还常以他人之过为最大借口,时时不忘给他人(下属)"穿小鞋",为己之私而废公法。更有甚者,打击有才而无过之人,陋风遗世,于今不绝。而公正地对待他人之过乃为中策,此可绝他人之口实而突显公正之形象,且易形成严明于法的气氛,于国家统治亦有利。

是故,记人之功,忘人之过,乃为君子;忘人之功,记人之过,乃为小人。君为何者乎?

31. 淫乱不能归于酒

上顾指画而问（班）伯曰："纣为无道，至于是虖？"对曰："……《诗》、《书》淫乱之戒，其原皆在于酒！"

——《资治通鉴》卷三一·《汉纪》二三

【译文】

汉成帝探望（久病初愈的）班伯，指着（画着商纣王和妲己作长夜之乐的）画问班伯说："商纣王荒淫无道，到了这种地步了？"班伯回答说："……《诗经》《尚书》对道德败坏者的告诫，认为它的源头都在于喝酒。"

古人将淫乱归因于酒，有以偏概全之弊。

酒，确可乱性以致淫乱。在中国，对性是相当隐晦的，也相当忌讳。古往今来，有多少豪杰死于淫乱之中。的确，对从政者而言，可能会因淫乱而丧失政治前途，故领导者对酒当慎之又慎。

但俗语云：无酒不成宴。中国是一个酒文化历史悠久的国度，酒是古代礼仪的重要组成部分。所以，若让从政者完全"弃"酒，难哉！

除酒外，能起淫乱之意还因有二。其一，人之本能。然为何有些人表现明显，而有些人没有表现，这与人的克制力有关。有些人克制力相对薄弱，易受外界影响，固易起淫乱之意，也易转化为淫乱之行为。

其二，利益引淫乱之心。人与人之关系，其中就有利益关系。因利益而起淫乱的事例举不胜举。故领导、特别是男性领导，需对此有十足的警惕心理：无事献殷勤，非奸即盗。

是故酒可以淫乱，而淫乱却非皆源于酒。领导除对此有警觉，更应警惕无形之"酒"，它对人们的伤害也许更大于——酒。

32. 教先于法

犍为郡于水滨得古磬十六枚,议者以为善祥。刘向因是说上:"……教化,此恃以为治也;刑法,所以助治也;今废此恃而独立其所助,非所以致太平也。"

——《资治通鉴》卷三二·《汉纪》二四

【译文】

犍为郡有人在水边得到十六枚古磬,议论的人认为这是一种吉兆。刘向因此向成帝进言:"……政教风化,是治理国家的依靠,而刑法是治理国家的辅助;而现在舍弃了依靠,而偏偏把辅助树立起来,这不是用来达到天下太平的方法啊。"

教化先于刑法,是儒家的政治理念。

古之教化,目的在于形成和建立符合统治的思想道德体系和法律意识。这样,民众可以将道德和法律习惯融入心理,并在日常生活中遵守国之法度与约定俗成之道德。

如若先刑法而后教化,于民有二不公。古语云:不知者不为罪。由于信息传递困难,造成信息闭塞,普通百姓不知法、不懂法,在古时为常事,此其一。其二,不教而诛,民心不服。没有教育就先施刑法,民心难服,民怨沸腾,最终造成的结果是民群起而攻之,此刑法之失也。应当说,先教化后刑法并非就不再教化,先教化后刑法也并非就不重视刑法。"教化,所恃以为治也",是为主;"刑法,所以助治也",是为辅。教化、刑法并行不悖,相辅相成。

33. 非常之谋应非常之变

议郎耿育上疏言："……故世必有非常之变,然后乃有非常之谋。"

——《资治通鉴》卷三三·《汉纪》二五

【译文】

议郎耿育上书说:"……所以,世上一定先有不同寻常的变化,然后才有不同寻常的计谋。"

以非常之谋应非常之变,达至安平。

对于领导者而言,是否拥有非常之谋至关重要。按常理,一般人对于简单而机械的事务都较易调和处理,而对与时俱变的事务则需通过正确的判断和果断的决心加以处置,特别是当国家在某些领域出现重大危机,且危机毫无历史先例之时,这种应变措施至关重要。出现突发性事件,应对措施迅速有效,有利于保护民生,有利于社会稳定。如四川汶川等地之强震,中央政府反应迅速,措施得力,最大限度地减少了人民生命财产的损失,在国际上赢得了良好的形象,也为社会后续发展、民众后续生活打下了良好的基础。

在非常之谋实施过程中,保证政治行为的合法性,至关重要。一旦非常之谋是以非法、非理的方式运作,则会给以后政治稳定带来明显的负面作用。故非常之谋应对非常之变,需为合法或合理之谋,一旦突破这两条杠杠,那么非常之谋终将归于失败。

34. 民生多艰

谏大夫渤海鲍宣上书曰："……今民有七亡:阴阳不和,水旱为灾,一亡也;县官重责,更赋租税,二亡也;贪吏并①公,受取不已,三亡也;豪强大姓,蚕食亡厌,四亡也;苛吏繇役,失农桑时,五亡也;部落鼓鸣,男女遮列②,六亡也;盗贼劫略,取民财物,七亡也。七亡尚可,又有七死:酷吏殴杀,一死也;治狱深刻③,二死也;冤陷亡辜,三死也;盗贼横发,四死也;怨雠相残,五死也;岁恶饥饿,六死也;时气④疾疫,七死也。民有七亡而无一得,欲望国安,诚难;民有七死而无一生,欲望刑措⑤,诚难。"

——《资治通鉴》卷三四·《汉纪》二六

【译文】

谏大夫渤海人鲍宣上书说:"……现在百姓有七失:阴阳不调和,出现水旱灾害,这是一失;国家加重责罚,又征收各种租税,这是二失;贪官污吏依傍公家,贪污受贿不已,这是三失;有权有势的大族,逐渐侵占小民土地没有满足的时候,这是四失;酷吏滥发徭役,耽误农耕和蚕桑的时节,这是五失;为了取乐,在村落鸣鼓示警有盗贼,男女列队遮拦,这是六失;强盗毛贼抢劫掠夺,夺取百姓的财物,这是七失。七失尚且可以勉强忍受,然而还有七死:被酷吏殴打致死,这是一死;由于案件审理过于严峻苛刻而死,这是二死;无罪的人被冤枉陷害而死,这是三死;强盗毛贼突起劫财残杀而死,这为四死;相互怨恨仇视的人互相残杀而死,这是五死;荒年饥馑而饿死,这是六死;时疫、疾病流行染病而死,这是七死。百姓有七失而没有一得,想让国家安定,实在困难;百姓有七条死路而没有一条生路,想要无人犯法,废弃刑法,也实在困难。"

【注释】

①并,音 bàng 通"傍"。依傍,依靠。

②遮列,亦作"遮迣",亦作"遮进",亦作"遮厉",列队遮拦。《汉书·鲍宣传》:"凡民有七亡……部落鼓鸣,男女遮进,六亡也。"颜师古注:"晋灼曰:'迣,古列字也。'言闻桴鼓之声以为有盗贼,皆当遮列而追捕。"《文选·颜延之〈赭白马赋〉》:"进迫遮迣,却属挐辂。"李善注引服虔《通俗文》:"天子出,虎贲伺非常,谓之遮迣。"《周礼·夏官·大司马》"遂以搜田,有司表貉,誓民,鼓,遂围禁"。唐贾公彦疏:"按《山虞》皆云,使地之民守其厉禁,谓遮厉之禁,不得非时入也。"明王祎《厄辞》卷一:"民有七亡……部落团结,男女遮列,六亡也。"

③深刻,严峻苛刻。《史记·酷吏列传》:"是时赵禹、张汤以深刻为九卿矣。"唐李翰《蒙求》诗:"张汤巧诋,杜周深刻。"

④时气,时疫。宋欧阳修《与王发运书》:"寻而入夏,京师旱疫,家人类染时气。"《老残游记》第十五回:"谁知这个女婿去年七月,感了时气,到了八月半边,就一命呜呼哀哉死了。"

⑤刑措,亦作"刑错",亦作"刑厝",置刑法而不用。《荀子·议兵》:"传曰:'威厉而不试,刑错而不用。'"《史记·周本纪》:"故成康之际,天下安宁,刑错四十余年不用。"裴骃《史记集解》引应劭曰:"错,置也。民不犯法,无所置刑。"《汉书·文帝纪赞》:"断狱数百,几致刑措。"

天灾人祸,于民而言,实为非生之道。然天灾虽人力不可免,但来年却犹可望。而人祸,实为官吏之祸,政府的苛捐杂税、严刑峻法,对民众生计造成巨大的危害,此人为之祸长此以往,则民无望矣。

中国农业长期靠天吃饭,农业丰收与否与气候有密切关系。歉收年国家应采取措施,积极救助民生,维护社会稳定。而人祸是以吏治腐败为根源。政治腐败最根本在于吏治腐败,吏治腐败又会引发政治腐败综合征,而受此危害最甚者为民众。吏治腐败使得民不聊生,民众生活于黑暗的政治环境中,"欲望国安,诚难"。为政者当以此为鉴。

35. 奖惩不避亲

甄邯白太后下诏曰:"'无偏无党,王道荡荡。'君有安宗庙之功,不可以骨肉故蔽隐不扬,君其勿辞!"

——《资治通鉴》卷三五·《汉纪》二七

【译文】

甄邯向太后报告,太后下诏说:"'不偏向,不结党,圣王之道,宽广坦荡。'你有安定国家的大功,不能因为你是我的骨肉亲戚,就遮掩而不加宣扬,请你不要推辞了。"

撇却史实如何不论,褒扬确也当不避亲人,以示公正。

在中国历史上,奖不避亲似乎较难做到,因为在外人看来,似乎有为己之利的嫌疑。奖多了,外人视为为己;奖少了,外人视为做作。实是举棋不定,难以决断。而不多不少,做到适度、适当,其标准、尺度,确实不好拿捏。

古代领导,常以奖励树立权威。特别于军队,若奖避亲,于军心之稳定有较大影响,因士兵常以主帅公正为斗志,以激发更大的战斗力。

与奖不避亲相对应的是惩不避亲。相对前者,似乎后者的难度较小。在有为的领导者之中,几乎是惩不避亲,如大义灭亲。在封建道德看来,大义灭亲似乎与儒家道德相违背,因为儒家强调"亲亲",强调"子为父隐"、"父为子隐"。然在以法为公器的社会里,惩不避亲,用法公正,容易树立威信。从中国国情而言,领导之亲犯法似乎可以从轻发落,并理所当然,就是因为对权势公正的不信任,进而对法的公正不信任。

奖惩皆应不避亲,问题在于是否公平、公正,而不在于是亲人还是他人,不在于是领导还是百姓。

36. 夺权

太保舜奏言:"天下闻公不受千乘之土,辞万金之币,莫不乡化。蜀郡男子路建等辍讼,惭怍而退,虽文王却虞、芮①,何以加!宜报告天下。"奏可。于是孔光愈恐,固称疾辞位。太后诏:"太师毋朝,十日一入省中,置几杖,赐餐十七物,然后归,官属按职如故。"

——《资治通鉴》卷三六·《汉纪》二八

【译文】

太保王舜奏报:"全国百姓听到您安汉公不接受可以出一千辆兵车方圆百里的封地,推辞万斤黄铜的礼物,没有人不趋从教化。蜀郡男子路建等人停止诉讼,羞愧地离去了,即使周文王感化退却虞人、芮人,也不能超过安汉公!应当把这些事情宣告全国。"奏请之事被允准。当时太师孔光越来越恐惧,坚决称病辞去职位。太后下诏说:"太师不要再参加朝会,只要每十天入宫一次,宫廷当为你置备几案手杖,赏赐吃十七种食物,然后再回家;太师府的属官和原来一样各行其职。"

【注释】

①虞、芮,周初二国名。相传两国有人曾因争地兴讼,到周求西伯姬昌平断。《史记·周本纪》:"于是虞芮之人有狱不能决,乃如周。入界,耕者皆让畔,民俗皆让长。虞芮之人未见西伯,皆惭,相谓曰:'吾所争,周人所耻,何往为,只取辱耳。'遂还,俱让而去。"颜师古《汉书注》曰:"虞、芮,二国名也,并在河之东,二国之君争田不平,闻文王之德,乃往断焉。入周之境,则耕者让畔,行者让路,乃相谓曰:'我小人也,不可以履君子之庭。'遂相让以其所争为闲田而退。"

政治斗争在和平时期更多表现为对权势的掌控。而在政治斗争中，各个派系的最终胜负，则取决于对权势掌控的层次和程度。在中国历史进程中，夺权方式花样百出，而素以明升暗降"文明"而隐晦。

最为残酷的，也是大多数权夺利斗的方式，就是从肉体上消灭政敌，这是最为简单的，也是最低层次的。在派系斗争中，将某派系党魁推上历史的断头台，使其团体失去领导人而树倒猢狲散。越是野蛮的时代，运用这种方式的范围越广、频率越高。

而另一种较为温和的夺权方式：致仕养老。在封建社会，入仕者到一定年龄后可以致仕回家养老。而政见不同往往给权力场中的对手以可乘之机，是故一些清流派多不愿与政客为伍，故常辞官，主动让权。

分权，是为夺权的一种微妙方式。在封建时代，长期以来位极人臣的宰相的设置便遵循着分权的轨迹，从秦朝开始，朝廷设总揽政务的宰相，到隋唐三省六部制，到明废宰相制，分权成为夺权的一种"高超"的方式，特别是对兵权。最高政治者时常以分权达到制衡并最终控制朝廷的目的。

明升暗降是夺权的最高境界。明升，在他人看来，以为权势会随官职上升而上升，实则不然。权势上升与否与实际权力控制密切相关，虽与职位也有相当关系，然与之不成正相关。故古之人常对政治对手施以明升暗降，表面上使其"更上一层楼"，而实际上是"跌下百层楼"。明升暗降的方式常表现为赋虚位与挂虚名，此二类职位有名无实。故夺权之术在于因时而用，因人而异。

正当合理的权力配置或再分配，需要公平、公正、公开的政治生态环境，需要有民主、法律的制度来保障。

37. 制常易必乱

莽以《周官》、《王制》之文,置卒正、连率、大尹,职如太守;又置州牧、部监二十五人。分长安城旁六乡,置帅各一人。分三辅①为六尉郡;河东、河内、弘农、河南、颍川、南阳为六队郡。更名河南大尹曰保忠信卿。益河南属县满三十,置六郊州长各一人,人主五县。及它官名悉改。大郡至分为五,合百二十有五郡。九州之内,县二千二百有三。又仿古六服②为惟城、惟宁、惟翰、惟屏、惟垣、惟藩,各以其方为称,总为万国焉。其后,岁复变更,一郡至五易名,而还复其故。吏民不能纪,每下诏书,辄系其故名云。

——《资治通鉴》卷三七·《汉纪》二九

【译文】

王莽根据《周官》和《王制》的记载,设置卒正、连率、大尹,职务像太守一样。又设置州牧、部监二十五人。把长安城郊区划分为六乡,每乡设置乡帅一人。把长安城所辖地区划分为六尉郡,把河内郡、河东郡、弘农郡、河南郡、颍川郡、南阳郡作为六队郡。把河南郡大尹改名叫保忠信卿。增加河南郡属县至三十个,设置六郊州长各一人,每人管辖五县。其他官名全都改动。还将大郡划分,最多的划分为五个郡,合计共一百二十五个郡。九州岛的范围内,有二千二百零三个县。又模仿古代的六服,把国土划分为惟城、惟宁、惟翰、惟屏、惟垣、惟籓,各按照它们的方位来称呼,总共有一万个封国。这以后,每年都有变动,一个郡甚至五次改动名称,而后又回复到原来的名称。官吏和平民无法记忆,每次下诏书,都要在新名之下附记原来的名称。

①三辅,西汉治理京畿地区的三个职官的合称。亦指其所辖地区。汉初京畿官称内史,景帝二年分置左、右内史,与主爵中尉（后改都尉）合称三辅。武帝太初元年更名主爵都尉为右扶风,右内史为京兆尹,左内史为左冯翊,治所皆在长安城中。《汉书·景帝纪》:"三辅举不如法令者,皆上丞相御史请之。"颜师古注:"此三辅者,谓主爵中尉及左右内史也。"

②卜服,周王畿以外的诸侯邦国曰服,其等次有六:侯服、甸服、男服、采服、卫服、蛮服。《周礼·秋官·大行人》:"邦畿方千里,其外方五百里谓之侯服,岁壹见,其贡祀物;又其外方五百里谓之甸服,二岁壹见,其贡嫔物;又其外方五百里谓之男服,三岁壹见,其贡器物;又其外方五百里谓之采服,四岁壹见,其贡服物;又其外方五百里谓之卫服,五岁壹见,其贡材物;又其外方五百里谓之要服,六岁壹见,其贡货物。"孔颖达疏:"要服,蛮服也者,《职方》云'蛮服',要、蛮义一也。"王莽曾仿行六服之制。《汉书·王莽传》:"公作甸侯,是为惟城;诸在侯服,是为惟宁;在采、任诸侯,是为惟翰;在宾服,是为惟屏;在揆文教,奋武卫,是为惟垣;在九州岛岛之外,是为惟藩;各以其方为称,总为万国焉。"惟城、惟宁、惟翰、惟屏、惟垣、惟藩,皆取自《诗·大雅·板》。后用以指全国各地。

王莽改制未获成功,除其他各种原因外,与国家制度和政策的频繁变更有直接必然的关系。

对于政策而言,稳定性、连续性显然是非常重要的。从执法者角度而言,政策与法规的稳定性,使执法者有着明确的准则,并在长期执法过程中不断熟悉,形成一定的惯性思维,有利于执法。而政策和制度不断地更改,执法者需须不断地学习和执行新的制度和法律,从表面上看,这似乎也符合时变而法变的原则。然过于频繁的变更却会导致执行时疲于应付、举足失措的境地。不仅新政策难以施行,即便施行也多会浮于表面或流于形式。

从国民心理角度而言,国家制度时常变更,使其依法办事也会变得更加困难,会使得民众出现怨愤情绪。民动则国摇,这也是汉末王莽改制难获成功的一大原因。

在每个朝代末年,几乎都存在着国家制度变更过于频繁的问题,使得百姓对国家的稳定信心不足,极大地影响国家生活的方方面面。特别是经济的稳定性受到相当大的冲击,将从根本上打击甚至瓦解国家的基础。故领导者应与时而变,然变得过于频繁则将弄巧成拙。

38. 为生而战

缤使族人嘉招说新市、平林兵，与其帅王凤、陈牧西击长聚；进屠唐子乡，又杀湖阳尉。军中分财物不均，众恚恨，欲反攻诸刘。秀敛宗人所得物，悉以与之，众乃悦。

——《资治通鉴》卷三八·《汉纪》三〇

【译文】

刘缤让同族人刘嘉招去说服新市、平林兵，与他们的首领王凤、陈牧一起向西攻打长聚；进攻唐子乡杀死了很多人，又杀死了湖阳尉。由于军中分配财物不公平，众人充满愤恨之气，打算反击刘姓家族的部队。刘秀收抚同宗族人所得到的财物，全部给他们，他们才高兴了。

战争是一种相当残酷的血肉之躯的搏斗。然人怀各志，古之百姓大多因生而战，揭竿而起大多源于揭不开锅，他们参与战争的目的并非在于夺权，而在于警告政权，要以民为本，使民能够生存，这是百姓参与战争的根本所求。但同时，即使在战争过程中，作为领导者也不能忽视百姓之根本要求，实际也是最起码的要求，即生存的要求。如果战争或其结果不能给他们的生存提供一线生机，那么百姓就会舍弃战争，逃离战争。故领导者在战争中也应考虑他们的诉求，所获之物分与百姓，使百姓为新生政权而斗志更盛。

作为领导者，或者起义领导者，他们并非为生而战（或许在战争前期，他们的想法是为生而战）。然战争到了一定程度，战争的目的在于夺取政权。故领导者为权而战，百姓为生而战。领导者若一味地追求为权而战，而忽视了百姓为生而战,将产生不可逆转的后果。

在各种各样的斗争过程中,实力较强派系在最后较量中胜出而夺取政权,政治力量的对比出现新的变化,为一己之私的战争领袖可能于瞬间丧失了逐鹿中原的资本,而善待民者则成为新时期的主导,人心向背也出现新态势。古人经验表明,财物不均则众恚恨,财物平均则众喜悦。实际上,财物分配的均寡,只是量的问题,而这于"心存高远、志向远大"的领导者而言,实在算不得是一个问题,因为他们的目标不在于几多的金银财宝,而在于至高无上的权力。而恰恰就是这样一个问题的见识高低,决定了他们后来的政治命运和人生走向:锱铢必较,贪占钱财,最后是人财两空;慷慨大度,散尽钱物,最后人财两得。这也可谓是政治历史上一个值得深思的现象。

39. 刑法严明安民心

（刘）秀舍中儿犯法，军市令颍川祭遵格杀之，秀怒，命收遵。主簿陈副谏曰："明公常欲众军整齐，今遵奉法不避，是教令所行也。"乃贳①之，以为刺奸将军，谓诸将曰："当备祭遵！吾舍中儿犯法尚杀之，必不私诸卿也。"

——《资治通鉴》卷三九·《汉纪》三一

【译文】

刘秀家里的年轻仆人犯了法，军市令颍川人祭遵把他打死了。刘秀大怒，命人逮捕了祭遵。主簿陈副规劝说："您常要求军队军纪整肃，现在祭遵奉行法令毫不回避，这是您的教化命令得到了贯彻执行呀！"刘秀于是赦免了祭遵，任用他当督察奸吏的将军，并对各位将军说："你们应该小心防备祭遵！我家里的小仆人犯法，祭遵尚且把他杀了，祭遵一定不会偏袒你们啊。"

【注释】

①贳，音 shì，赦免，宽恕。《汉书·张敞传》："因贳其罪。"

刘秀因舍中儿被诛而发怒，因陈副劝谏，不仅赦免且提拔了祭遵，是用人行事之计谋也。祭遵不畏强权，执法时连刘秀家中的人也不放过，可见其心之公正，胆量之过人，而这仅是第一层面。

祭遵的做法使刘秀发现祭遵是个真正的执法者，他能诛杀皇帝身边的人，必不轻饶其他人，这样可将自己难以办理的事情委托给他。

封建社会讲求人情，这也成为领导者惩处下属的绊脚石，所以常常因顾忌人情而误事。而在战争年代这一非常时期,领导者过分忽视情与理,实际上也是一种"自杀式"行为。但如何能够较好地将法置于情理之上,平衡各种关系,协调各种矛盾,并保持舆论与政治的平衡,这确实也是一门政治学问。

内儒外法似乎成为古往今来帝王的治国之道,并因时不同而采用不同的方式。和平时期以儒主法辅,战争时期则以法主儒辅。诛亲虽有锥心之痛,但尚有成事之机。故刑法严明可以定军心,可以树军威。军威稳则国稳,国稳则民心安,民心安则天下太平。

40. 贰臣与忠臣

夏,四月,虎牙大将军盖延督驸马都尉马武等四将军击刘永,破之;遂围永于睢阳。故更始将苏茂反,杀淮阳太守潘蹇,据广乐而臣于永;永以茂为大司马、淮阳王。

——《资治通鉴》卷四〇·《汉纪》三二

【译文】

夏季,四月,虎牙大将军盖延督、驸马、都尉、马武等四位将军进攻刘永,打败了刘永,并把他围困在睢阳。原更始朝将领苏茂叛变,杀了淮阳太守潘蹇,占据广乐而向刘永称臣;刘永任用苏茂当大司马,封淮阳王。

一臣事二主,谓之贰臣。趋利避害是人的本能。追求政治前途者也都有着趋利避害的各种表现,然从政者,趋利应有其度,所以义利之争也常由此引发。义与利二者不在于不可得兼,在于如何得兼。然义利常相冲突,因此从政者便面临着更大的道德选择。而这一选择造就了忠臣与贰臣之名分区别。

忠臣者,选择为国之义,故常于改朝换代之际不投降新朝,为旧朝而终,被后人赞以忠义之臣。而贰臣者,不仅把投降新朝看作是“识时务”,甚至还得意地自认为是“俊杰”,然此类人内心深处实际是为利而舍义。如明清之际吴三桂的表现在汉人眼里就是不忠不义的代名词。

诸多贰臣的一生表明,利益的驱使使得他们始终是欲壑难平并由此见利忘义,如汉末吕布,为了更大利益不断地卖主求荣,由贰臣变成“三臣”、“四臣”。而忠于国家乃为做臣民之本分,趋利之本能应服从这样的本分。为臣者,不能因帝王昏暗而改事其主,劝帝王重振其国,乃臣之大义。而贪图私利、屈从他人,不时背信弃义,不时改换门庭,有如鸡鸣狗盗之徒,实不足与语耳。

41. 不应仅是清官

　　王良后历沛郡太守、大司徒司直,在位恭俭,布被瓦器,妻子不入官舍。后以病归,一岁复徵,至荥阳,疾笃,不任进道,过其友人。友人不肯见,曰:"不有忠言奇谋而取大位,何其往来屑屑不惮烦也!"遂拒之。

——《资治通鉴》卷四一·《汉纪》三三

【译文】

　　王良后来历任沛郡太守、大司徒司直,在位时恭谨俭约,用的是布制的被子和粗拙的陶器,妻子儿女从来不进官署。后来因病返回故乡,一年后又被征召,走到荥阳,病情加重,不能再上路,于是去拜访朋友。那位朋友不愿意见他,说:"没有忠直之言和非凡的谋略却取得显贵的官位,这样来来去去怎么不怕厌烦呢!"于是拒绝王良登门。

　　由此看来,王良为政恭俭,两袖清风,确为清官。然领导者仅仅是清官就可以了吗?应不是。清官,是领导者为政的最基本要求。除此之外,领导者应为国出谋划策,应为国有所作为,故王良被拒并非偶然。

　　清官,从吏治的角度而言,是政治清明的表现。领导者本身是清官,则能为下属做表率,为国家政治奠定良好的基础。然对一般官僚而言,为政之第一要求,必须能够有所作为。领导者,身负国家之重任,岂可对己只要求为清官罢了。官是为天下人之官,天下人之官就应为天下人谋福利。

　　其一,领导者应有魄力,能从国家社稷出发,在任何时刻,特别是关键时候能够为国家出谋划策;在和平时代能够保持国家政治稳定,巩固历代基业;而于非常时期,则应有非常之谋以应其变,此为能臣也。

其二,领导之责任还在于规劝为上者,使其能够听取正确的意见并加以实施,此为忠臣也。

其三,领导除应对为上者负责外,更应本着君轻民重的思维,为民请命,以民为中心,考虑民众的真正需求与困难,不能仅从自身政治前途和让上峰高兴的方式来思考问题。若此真能为民者,则为民臣。

是故,为政者,清官是第一步,但根本在于为国家计,为百姓计。是故,为政者,特别是领导者,应以国以民为重,而非仅以清正为名。

42. 以臣为师

　　司空掾陈元上疏曰："臣闻师臣者帝,宾臣者霸。故武王以太公为师,齐桓以夷吾为仲父,近则高帝优相国之礼,太宗假宰辅之权。及亡新王莽,遭汉中衰,专操国柄以偷天下,况己自喻,不信群臣,夺公辅之任,损宰相之威,以刺举为明①,激讦②为直,至乃陪仆告其君长,子弟变其父兄,罔密法峻,大臣无所措手足;然不能禁董忠之谋,身为世戮。方今四方尚扰,天下未一,百姓观听,咸张耳目。陛下宜修文、武之圣典,袭祖宗之遗德,劳心下士,屈节待贤,诚不宜使有司察公辅之名。"

　　　　　　　　　　——《资治通鉴》卷四二·《汉纪》三四

【译文】

　　司空掾陈元上书说:"我听说把臣子当作老师的人可以称帝;把臣子当作宾客的人可以称霸。所以周武王把姜太公当作老师,齐桓公把管夷吾当作仲父,近代汉高祖对相国萧何特别优待礼遇,汉文帝授予宰相申屠嘉生杀予夺的权力。到王莽时,逢汉朝中道衰落,王莽专擅把持国家权柄,窃国篡位。他以自己作比方,不信任群臣,剥夺三公四辅的职权,降低宰相的威严,把揭发隐私当作高明,把激烈地斥责过失作为正直,以至于奴仆告发主人、儿子、弟弟告发父亲、哥哥,法网严密,刑法苛刻,大臣们都不知道怎么办;然而仍不能禁止董忠的叛变,王莽自己也遭世人杀戮。现在各处仍然纷扰不安,天下没有统一,百姓全都睁大眼睛观看,竖起耳朵倾听。陛下应当提倡周文王、周武王时代的经典法则,承袭祖先留下的德泽,费尽心思屈身结交贤士,屈身对待有才德的人,实在不应派有关部门考察三公四辅的名声。"

【注释】

①刺举,检举。《史记·田叔列传》:"天下郡太守多为奸利,三河尤甚,臣请先刺举三河。"《资治通鉴·晋明帝太宁元年》:"泛公糟粕书生,刺举小才,不思国家大计。"胡三省注:"刺者,以直伤人;举者,招人之过。"

②激讦,激烈率直地揭发、斥责别人的隐私及过失。汉崔瑗《司隶校尉箴》:"是故履上位者,无云我贵,苟任激讦,平阳玄默,以式百辟。"《后汉书·杨震传》:"今赵腾所坐,激讦谤语为罪,与手刃犯法有差。"

以臣为师,乃可以成大业。

作为君王,特别是执政的早期,因其年龄较小和从政经验不足,多向臣下学习是为上策。从实际情况看,臣下一般经过多年历练,从政经验丰富,特别是国家重臣,经历多少政治风雨与斗争之后仍立于不败之地,帝王向他们学习至关重要。而帝王在执政后期,更需要向臣下学习,因为此时的帝王已有比较丰富的从政经验,加之皇权的至高无上,容易刚愎自用(连唐太宗晚年也犯此错误),同此仍能向下学习更显必要,也更显帝王气度。而这一点在大多数帝王身上难以找寻,特别是在前期有为的皇帝中更难以找寻。政治上有所成就,很容易使他们犯经验主义错误,出现思想僵化。

三人行,必有吾师焉。普通人之间,互相学习,似乎难度并不大。然作为一国之君的帝王在"三人行"中,还肯学习他人的长处吗?以天子之尊能够"放下架子"以他人为师者,少之又少。实际上,从长远来看,这种以臣为师的方式对政治发展大有裨益。尺有所短,寸有所长。而身为君王能屈尊求教,更有良好的示范作用,有助于形成良好的政治氛围。

帝王以臣为师,会有礼贤下士之美誉,也有利于人才的招揽。中国古代存在这样的特点:许多有特殊才能的人常常"隐"在深山林野之中。而这些人可能有辅国之才干,如诸葛亮等。帝王以臣为师,将从心理上触动此类人,使他们有可能"出山"参与政治,使更多有才能的人参与国家建设。对民众而言,帝王以臣为师,客观上有利于社会教化。是故帝王以臣为师,于己,于国家,于黎民,有百利而无一害,何乐而不为耶?

43. 仁法皆施

怀县大姓李子春二孙杀人，怀令赵熹穷治其奸，二孙自杀，收系子春。京师贵戚为请者数十，熹终不听。及良病，上临视之，问所欲言，良曰："素与李子春厚，今犯罪，怀令赵熹欲杀之，愿乞其命。"帝曰："吏奉法律，不可枉也。更道它所欲。"良无复言。既薨，上追思良，乃贳出子春，迁熹为平原太守。

——《资治通鉴》卷四三·《汉纪》三五

【译文】

怀县大族李子春的两个孙子杀人，怀县县令赵熹极力查究惩办凶犯，两个孙子自杀，李子春被拘禁。京城的帝王的亲族有数十人替李子春说情，赵熹始终不答应。及至刘良病重，刘秀亲自去探望他，问他想说什么话，刘良说："我一向和李子春交往深厚，现在他犯了罪，怀县县令赵熹要杀他，我希望乞求饶他一命。"刘秀说："官吏尊奉刑法律令，不能违反。请另外说其他的愿望。"刘良不再说话。刘秀去世后，刘秀追念刘良，才赦免释放了李子春。同时，提拔赵熹为平原太守。

赵熹公正执法，刑上贵戚，此为良臣，因其他篇章多涉此题，故此略去。

作为帝王，面对百官，实际上也如面对着自身的手心手背，如何奖惩，颇费斟酌。汉光武帝思刘良之功，故赦免其好友李子春之罪，说明他能够以情对待先亡之人。但他似乎也很清楚，不能以情治天下，如赦免李子春，将难免产生恶劣影响，国家的法度将可能被破坏。

赵熹被提拔为平原太守，实际也是发出了一种政治信号，执法公正之人将会得到提拔。况且活人之升迁与将死之人之请求,意义不同,前者对以后政治发展的作用甚大。而对将死之人之请求前后两种不同的处置办法,客观上也是在警示那些有功之人:有功属于过去,以后都应唯法是从。

在这一事件中,可见光武帝睿智的政治思想与高超的行政能力。采用"赦免"方式了断功臣之请,同时也采用政治平衡之术,一边是赦免,一边是升迁,此两全其美之事,何不乐哉。

是故领导者应以仁、法并举,适时用仁,适时用法。中国是一个人情社会,单单讲法,许多事情都不好办,所以仁法并施方为上策,在本质上也符合国民心理。但在当今社会,不能再以情代法,不能简单以权代法,科学、民主、法制才是文明、进步、现代化最为根本的保证。

44. 妻贤夫祸少

　　甲子，立贵人马氏为皇后，皇子炟为太子。后，援之女也，光武时，以选入太子宫，能奉承阴后，傍接同列，礼则修备，上下安之，遂见宠异；及帝即位，为贵人。时后前母姊女贾氏亦以选入，生皇子炟。帝以后无子，命养之，谓曰："人未必当自生子，但患爱养不至耳！"后于是尽心抚育，劳悴过于所生。太子亦孝性淳笃，母子慈爱，始终无纤介之间。后常以皇嗣未广，荐达左右，若恐不及。后宫有进见者，每加慰纳；若数所宠引，辄加隆遇。及有司奏立长秋宫，帝未有所言，皇太后曰："马贵人德冠后宫，即其人也。"后既正位宫闱，愈自谦肃，好读书。常衣大练①，裙不加缘；朔望诸姬主朝请，望见后袍衣疏粗，以为绮縠②，就视，乃笑。后曰："此缯③特宜染色，故用之耳。"群臣奏事有难平者，帝数以试后，后辄分解趣理，各得其情，然未尝以家私干政事。帝由是宠敬，始终无衰焉。

　　　　　　　　　　——《资治通鉴》卷四四·《汉纪》三六

【译文】

　　二月甲子（十九日），将贵人马氏立为皇后，皇子刘炟立为太子。马皇后是马援的女儿，光武帝时被选入太子宫，能够侍奉阴皇后，广为交接同辈，礼数周全，与上下相处和睦，于是受到特别的宠爱；到了明帝即位，便将她立为贵人。当时她的异母姐姐的女儿贾氏也被选入太子宫，生下儿子刘炟；明帝因马氏没有儿子，便命她抱养刘炟，对她说："人不一定非得亲自生儿子，只担心爱护养育不尽心罢了。"于是马氏竭尽心力地抚养照料刘炟，辛苦劳累胜过亲母对待亲子。太子刘炟孝顺的德行也质朴厚重，于是母慈子爱,两人一直毫无细微的嫌隙。马氏常因明帝子嗣不多,向明帝推荐引进身边的美女,唯恐做得不周全。每当后宫有晋见的人,马氏总是加以安抚招纳;如果有人被多次召幸,就给予优厚的待遇。到了有关官员上书建议选立皇后,明帝还没有说话,阴太后便说:"马贵人在后宫中品德最佳,就选这个人吧。"马氏登上皇后之位以后,越发自谦恭庄敬,爱好读书。她常穿粗帛之服,裙脚不加边饰;每月初一、十五,嫔妃和公主们入宫朝见马皇后,远远看见皇后衣着简单粗糙,还以为是特制的丝织品,走近一看,才笑了起来。皇后说:"这种丝织物特别适于染色,所以用它啊。"百官上书中有难以决定的事项,明帝曾多次用来试探皇后的才识。皇后即分析推理,都契合情理,然而她从不用家人私事干预政务。明帝因此对她既宠爱又敬重,一直没有衰减。

【注释】

①练,将生的丝帛煮得柔软洁白。《淮南子·说林》:"墨子见练丝而泣之。"亦指练过的洁白熟绢。《论衡·累害》:"青蝇所污,常在练素。"

②绮縠,绫绸绉纱之类,丝织品的总称。《战国策·齐策四》:"士三食不得餍,而君鹅鹜有余食;下宫糅罗纨,曳绮縠,而士不得以为缘。"唐陈鸿《东城老父传》:"输于王府,江淮绮縠,巴蜀锦绣,后宫玩好而已。"

③缯,音 zēng,丝织物的总称。《列子·汤问》:"不待缯纩而衣。"

汉明帝立马贵人为皇后。而马贵人何由而为正宫?是因为她入选太子宫后,"能奉阴后,傍接同列,礼则修备,上下安之";是因为她对养子尽心抚养,处处为明帝着想;是因为她好读书,勤俭以示天下,并且还能为帝解决难以抉择之事。

帝王妻者,数量极多,姻亲关系,也使她们很易形成一股强大的政治势力。而皇后贤良对于王朝政治颇为重要,不仅可树立为人妻之榜样,还有利于后宫治理,有利于皇帝处理朝政。另外,后宫不能干政,后宫干政往往成为朝政混乱或朝代灭亡的导火线。东汉时期,后宫干政与乱政的案例屡见不鲜,这也成为东汉灭亡的一个重要原因。

盖为帝王之妻,其贤,则国治民安;其乱,则祸国殃民。依此类推,为臣之妻,其贤,则为官清正;其不贤,则身败名裂。为民之妻,其贤,则家庭和睦;其不贤,则家无宁日。

45. 为善最乐

春,正月,东平王苍与诸王俱来朝,月余,还国。帝临送归宫,凄然怀思,乃遣使手诏赐东平国中傅曰:"辞别之后,独坐不乐,因就车归,伏轼而吟,瞻望永怀,实劳我心。诵及《采菽》,以增叹息。日者问东平王:'处家何等最乐?'王言:'为善最乐。'其言甚大,副是要腹矣。今送列侯印十九枚,诸王子年五岁已上能趋拜者,皆令带之。"

——《资治通鉴》卷四五·《汉纪》三七

【译文】

春季,正月,东平王刘苍和各位亲王一同进京朝见,一个多月后,返回封国。明帝亲自送行,回到皇宫后,凄凉思念,便亲手动笔写诏书,派使者送给东平国中傅,诏书上说:"分别之后,我一个人坐着,心里不快乐,于是乘车回去。俯身靠在车前的横木低吟,远望长思,实在是让我忧心。朗诵到《诗经·采菽》之章,更增加我的叹息。日前我曾问东平王:'待在家里做什么事最快乐?'东平王说:'做善事最快乐。'这句话口气很大,正与他的腰围肚量相称。如今送去众位侯爵的印信十九枚,东平王的儿子们年满五岁并懂得行礼的,让他们全都佩带印信。"

为善,一直被视为道德教化最为根本的思想境界。而为君王者何以达至乐?为善三部曲,方可达至乐。

一善待其亲。无善待其亲者何以善待天下。亲,是人际关系中与己最近之人。善待其最亲,使最亲者乐,推己由人,人人都以此事之,则国家为为善之国。故善待其亲,以善为本,乃乐之端也。

二善待其臣。为帝王者,除其亲外,与己关系之亲近者应为臣工。有几类臣工尤应善待,一为先朝之老臣。一朝天子一朝臣,新朝新气象,但善待先朝之臣可显现出君王应有气度。二为功勋卓著之臣。有功之臣常易居功自傲,历朝历代都有这样的人,帝王能够善待其人而不加诛杀,此为仁君之所为。三为异己之臣。在各种各样的政治斗争中,会有各种各样的政治对象。善于对待甚至重用曾经反对过自己的人,团结一切可以团结的力量,对于执政施政也是意义重大。

三善待其民。民为重,君为轻。古语讲民与君是水与舟的关系。帝王善待其民,此民乃为平和之水,乘舟则易渡江;而虐待其民,则水为翻腾之水,乘舟则易倾覆。与民善,则民乐,己亦乐;与民恶,则民恶,己亦恶。水可载舟,亦可覆舟。

盖帝王善待其亲,其家其乐融融,有利帝位巩固与绵延后代,此为最乐。不善待臣工,则臣何以为国尽瘁?臣不乐,君终难乐。民乃国家基石,其不乐,君怎能乐?故善待人者最乐,此双赢之举也。

46. 用善去恶

臣光曰：……是故知善而不能用，知恶而不能去，人主之深戒也。

——《资治通鉴》卷四六·《汉纪》三八

【译文】

臣司马光认为："……因此已知良臣而不能任用，已知恶人而不能铲除，这是君主的大戒。"

为什么每个朝代最终都以不同的方式走向衰落及至灭亡？这是一个历史的难题。

在朝代之初，前朝留下的是千疮百孔的烂摊子，激发新朝励精图治，而后甚或出现盛世。但为何盛世之后又会转为没落呢？是统治者从政经验不足？非也。朝代经历越长，从政经验越多。是国之没有能臣？非也。没有一个时代没有能人，只是质量与数量上之差异。那是什么原因导致王朝衰落及至灭亡？这其中善恶之争应为王朝盛衰缘由之一。

在朝代初期，君王们多深知国家基业来之不易，故勤政爱民，以善为本。不仅在政治上用善言，而且在各种政策中用善举，故国家能兴盛。而后继者对先帝创业之艰难，只是想象与回忆，视坐天下为理所当然之事，对政权的珍惜程度明显下降。

前朝都有前车之鉴，但为何后朝又屡屡重蹈覆辙？就是因对各种各样的善言不能采纳，对各种善举不能褒奖，对各种恶言没有去除，对各种恶行没有制止，"恶"不断积累，最终使"恶"形成行为习惯。这样，国家便逐步由盛转衰以至灭亡。知善能用，国有将兴之象；为恶不除，国有灭亡之灾。

47. 富不可骄，贵不可傲

宪客崔骃以书戒（窦）宪曰："《传》曰：生而富者骄，生而贵者傲。"

——《资治通鉴》卷四七·《汉纪》三九

【译文】

窦宪的门客崔骃用书信告诫窦宪说："《传》说：'生来就富有的人骄横，生来就尊贵的人倨傲。'"

常言道："富不过三代"，但是贵也有不过三代的吗？

纵观中国历史，富得过三代的人的确相当稀罕。一般而言，第一代创业，后继者守成，而第三代则败业。为何富人之"富源"容易断绝？

其一，中国传统经验式管理具有很大的局限性、主观性，容易造成定势思维，形成僵化思想，不能因时而变，使家族终至衰败。

从根本上讲，第一代创业者经历由苦变甜、由贫到富的过程，他们忆苦思甜，励精图治；后继者不知贫困是何滋味，不知艰苦是何滋味，所以不知珍惜来之不易的富贵；而隔代后继者因其环境更优越，相当部分人更是失去了进取心。

此外，中国还有分家的传统，随着子嗣的增多，原有财富不断分散、减少，代数越多，财富相对越少。所以，富得过三代，确为不易。

生而贵易傲，名望、地位、财富、特权的世袭性，使得诸多皇亲国戚认定自己享有富贵是天经地义、理所当然，并以此为傲。官宦们也因其地位、权力，在心理上自认为比百姓高出一等。殊不知权位如浮云，富贵如流水，搞不好，往往都难以长久。

48. 恩义不忍亏

帝手诏曰："……朕奉事十年,深惟大义,礼,臣子无贬尊上之文,恩不忍离,义不忍亏。"

——《资治通鉴》卷四八·《汉纪》四〇

【译文】

和帝亲手写诏书说:"……我(将她当作母亲)侍奉了十年,深思母子大义:依据礼制,为臣、为子的人没有贬斥尊长的道理,恩情不忍心割断,情义不忍心减少。"

传统中国的民众长期以来相信因果报应,这与汉代以来佛教逐步在中国盛行有关。古语云:投之以桃,报之以李。讲的也是恩恩相报,强调一种用恩互惠的原则。

但有些人将恩视为他人理应给予的好处,故对他人之恩视为草芥,此乃无报恩德之人,他们更多关注的只是自身利益。更有甚者恩将仇报。只要是妨碍自身"发展",只要是危及自身利益,哪怕是施恩之人,也统在清除之列,此为忘恩负义之突出表现。另一类人是以德报怨。与恩将仇报相反,做人不计前嫌,与人为善,这样的品行,值得学习。

义乃国家名节之本,国家有名节在于义,人有名节首倡义,故义乃国与民之本。义主要与利相对应,义利应合和。仅顾利而忘义者为义亏,而顾义弃利者为全义。义利二者得兼为上策,然时常难以实现。重义轻利者有之,见利忘义者也有之。前者乃人之大义,后者乃人之小义,而恩合义全乃人之本。

49. 卖官鬻爵

三公以国用未足,奏令吏民入钱谷得为关内侯、虎贲、羽林郎、五官、大夫、官府吏、缇骑、营士各有差。

——《资治通鉴》卷四九·《汉纪》四一

【译文】

三公因国家经费不足,上书请求准许官吏和百姓在缴纳钱财和谷物之后,能够分等级地成为关内侯、虎贲、羽林郎、五官、大夫、政府官吏、缇骑武士、五校营士。

卖官鬻爵的公开化,是国势衰微的萤火之光。

卖官鬻爵,在一些朝代,几乎从朝代初便开始了,也即朝代伊始,吏治整顿与吏治腐败的斗争就相当激烈。卖官鬻爵亦与朝代一起,经历萌芽、发展直至灭亡的过程。朝代初,卖官鬻爵成为朝廷重点打击的吏治问题,因此那时的这种行为皆为"私下"进行,尚未公开化,但渐渐就成为公开的秘密,愈演愈烈。随着朝代中盛转衰,财政紧张,便出现了公开化的卖官鬻爵,尽管此类"官"与通过科举考试而入仕的"官"在诸多方面有差异,但随着则政危机日益突出,卖官之风最终与朝代一并进入了坟墓。

卖官与买官:此亡己之道,亦为亡国之道。这些卖官、买官者终将会被钉在历史的耻辱柱上。

50. 荐异才，致威信

汝南太守山阳王龚，政崇温和，好才爱士。以袁阆为功曹，引进郡人黄宪、陈蕃等；宪虽不屈，蕃遂就吏。阆不修异操而致名当时，蕃性气高明，龚皆礼之，由是群士莫不归心。

——《资治通鉴》卷五〇·《汉纪》四二

【译文】

汝南太守山阳人王龚，为官崇尚宽厚谦和，喜爱人才贤士。他任命袁阆为功曹，举荐本郡人黄宪、陈蕃等；尽管黄宪不肯服从征召，陈蕃却因此就任官职。袁阆不以标新立异而在当时获得名声，陈蕃则性格脾气高亢爽朗，王龚对他们全都以礼相待，因此士人中没有不诚心归附王龚的。

此可谓荐异人、致威信之举。王龚通过推荐并大胆使用在某些方面为世人不易认可的奇才，在实践上树立起更高的威信。

对人才，不同的人会有不同的看法。人才能用与否关键在于能否被安置在合适的"位子"上。有些人在某方面确实是人才，但此类人才倘有余，则不为人所重；而某些方面缺少的人才，则容易被采用。人才适位而用，王龚之举与相符合。

适时、适用人才，才能够真正发挥人才本身的作用。

众所周知，教育是衡量一国综合实力的重要方面，而评价教育的标准之一在于评介人才，故有用之才需及时用之。一般而言，这时被推荐而使用的人才，他们都能应用自身的一技之长为国效力。中国有"以天下为己任"的传统，效忠国家、为民效力，很多人当作是自己的历史责任，特别是某些特殊的贤才一旦被引用,对国家的兴盛甚至会有决定性的作用。

此外,这种荐才而用会产生涟漪效应,领导者的开明会使士人归心。中国古代信息沟通很不便利,有些贤者不入仕,宁可一生于"竹林"中研究时政,而这部分人中有匡扶社稷之才,不可小觑。若这部分人心归朝廷,服务国家,对于九州大地的民众而言,可喜可贺。若领导者能够以开明的方式吸纳一些特殊人才,会在朝廷形成一种风气或影响,使更多士人愿为效力,客观上也为个人的名声增添几分风采,如王龚青史留名。同时,以名望让朝廷之士与"竹林之贤"归心,领导者能更好地树立威信,也能在用人方面形成良性循环,万众归心。

51. 君之有政

帝引公卿所举敦朴之士,使之对策,及特问以当世之敝,为政所宜。李固对曰:"……夫人君之有政,犹水之有堤防;堤防完全,虽遭雨水霖潦,不能为变。政教一立,暂遭凶年,不足为忧。诚令堤防穿漏,万夫同力,不能复救;政教一坏,贤智驰骛,不能复还。今堤防虽坚,渐有孔穴。譬之一人之身,本朝者,心腹也,州、郡者,四支也,心腹痛则四支不举。故臣之所忧,在腹心之疾,非四支之患也。"

——《资治通鉴》卷五一·《汉纪》四三

【译文】

汉顺帝召集三公九卿荐举的敦厚朴素之士,让他们就政事、经义等设问对答,并专门向他们询问当代的弊病和应该如何为政。李固回答说:"……君王管理妥善,犹如河川有了堤防。堤防完整,即使遭遇大雨,积水成涝,也不会成灾。政治和教化一经确立,姑且遇到荒年,也不足以成为忧患。如果让堤防穿孔,虽万人同心协力,也无法再挽救;政治和教化一旦败坏,即令贤人智士上下奔走,也不能再恢复;现在,堤防虽然坚固,但已渐渐有了洞孔。犹如一个人的身体,朝廷是心脏和腹部,州郡是四肢,心脏和腹部发生病痛,那么四肢不能举动。所以,我所忧虑的,在于心脏和腹部的疾病,不是四肢的毛病。"

汉顺帝在征询"当世之敝,为政所宜"时,李固提出,为人君主"有政",类似于水有堤防,"有政"在于预防,防范于未然。若待于之颓败再挽救时，则晚矣。

国家顺畅实行统治，关键之一在于制定制度，制度成为一切政治得以运行的根本原则。从一般意义上讲，制度有硬制度与软制度之分。软制度主要包括长期以来沉淀下来的民俗、习性、道德等方面的内容，它们已成为一种自律、自觉，国家难以用强制力加以规定，是一种约定俗成之规。硬制度较为明确地规定国家在政治、经济等各方面的内容，并要求民众在社会生活的各个方面加以遵守。这种人为规定制度，不全是在长期的社会生活中形成，而是因时而变。同时完备的硬制度，使国家的运行更具有规范性和有效性。

然"千里之堤，溃于蚁穴"，更何况任何制度都不可能是尽善尽美、万无一失。倘若在制度方面出现漏洞，人们又墨守成规，对这种现象熟视无睹、习以为常，那结果可想而知。

故君主"有政"，需防微杜渐。刘备在临终时交代后主：勿以善小而不为，勿以恶小而为之。点滴漏洞渐渐扩大，终成大祸。所以在制度上不断完备、完善，才能保证"堤防"安全，才能将"堤防"崩溃的可能性降至最低。

52. 善不可称己，过不可归人

　　此等既怨，又希望冀旨，遂共作飞章诬奏（李）固曰："……山陵未成，违矫旧政，善则称己，过则归君；斥逐近臣，不得侍送。作威作福，莫固之甚矣！"

——《资治通鉴》卷五二·《汉纪》四四

【译文】

　　这批被免职的官吏既对李固怨恨，又迎合梁冀的意思，于是共同写了报告急事的奏章捏造罪名，向君王告发李固说："……冲帝的陵园还没有建成，就违反原来的朝政，将功劳归于自己，过失归于君王；驱逐君王身边亲近的大臣，使他们不能侍奉送葬。滥用权势，独断专横，没有李固这样厉害的了！"

　　汉顺帝时，李固为政，罢黜奸佞，故梁冀深忌之，诬奏李固"善则称己，过则归君"。撇开李固为政不论，单只讨论"善则称己，过则归君"。

　　善称己、过归君，隐藏祸端，即易招致杀身之祸。中国是一个以维护权威而著称的国家，许多人都是以面子为重（固然厚脸皮之徒也不在少数）。所以面子在很多中国人眼里与生命一样珍贵。"爱面子"成了维护面子的最好武器。自己确曾有功与为善，并将其归于己，也无可厚非。然即使是国之重臣也仍只是帝王之仆役，维护皇权的面子便是维护自身的面子，而与之争面子则百害而无一利。皇权因为没有得到面子怀恨于心，臣下虽获面子却终日惶惶不得安宁。这样在政治上就为自己埋下了杀身之祸。因为与主上争面子，等于以身试刀。事情往往是这样的，人们在处理事情时，一般都会经过理性思考,但感性冲动会使理性思考中断或错位。对习惯于新账、旧账一起算的中国人来说,主上此时一旦发起脾气,此等臣下在以后的政治生涯中恐没有"安稳觉"可睡了。这对个人可持续发展也是一种冲击。

对帝王而言,所谓的有功与为善,也只不过是臣下应当履行的责任和义务罢了,故此为政之人应明了这种情形。一个生命已经不复存在的贤能之才,其能力与作为再大,也只能留给历史和后人去想象了。而完全不顾事实,一味地只是"过归己、善称君",那则是另当别论了。

作为领导者,对于下属"善称己、过归君"之行为亦当有容忍的风度。领导与下属应多多换位思考,这样就能避免许多的矛盾和误解,增加更多的宽容与谅解,有利于形成良好的工作关系和工作氛围。

53. 严治宽乱

涿郡举崔寔，诣公车，称病，不对策；退而论世事，名曰《政论》。其辞曰："……凡为天下者，自非上德，严之则治，宽之则乱。"

——《资治通鉴》卷五三·《汉纪》四五

【译文】

涿郡太守推荐崔寔，崔寔前往公车衙门时，假托有病，没有参加皇帝策问的考试；回乡后撰写了一篇评论当代政事的文章，篇名叫《政论》。文章说："……凡是治理天下的君主，如果不是具有最好的品德，采用严厉的手段，国家就安定；采用宽纵的手段，国家就混乱。"

崔寔所谓"严之则活，宽之则乱"，其实不然。

严治，在一般人的理解之中，大多是以严厉之手段（法律、行政等）治理国家，但此解有失偏颇。国家的法度已成为一种既定的事实和民众遵循的准则，而所谓的严治，又经常是有意或无意地以破坏国家既定法律为前提的。这种治理方式经常出现于这种背景之下，国家在某方面出现了重大的动乱（包括政治、经济、自然灾害等诸多方面），治乱成为迫在眉睫之事，此时就常以"一阵风"、"一刀切"的严治方式来治乱，似乎也能取得较好的效果。然这种方式只是治标之举，不会触及治乱之源。"野火烧不尽，春风吹又生"。"一阵风"过后乱仍为乱，甚或愈演愈烈。

实际上，治理国家不能如上所述一味地搞"一阵风"式的严治，而应严格依国家法度运行。要依法行政，依法行事，而不能仅凭领导意志，更不能仅凭领导的一时兴起。

　　宽之则乱，其实也未必。中国政治虽然历来崇尚儒家思想，而在各个历史阶段也曾出现这样的情况：儒、道、法合而为一，其中就有缘于道家的无为而治。国家以"消极"的态度（并非是不加治理）而非积极主动施政，轻徭薄赋，与民休息，同样也能将国家治理得有条不紊。这是宽治的一种方式，历史上不乏颇有成效的例证。

　　但总的讲来，不管是严治，还是宽治，主要还在于于法有据，主要还在于公平、公正。失之于此，无论何种治理方式都难以收到成效，甚至还会适得其反。而严与宽都应与时势变化相适应并各有侧重，不能顾此失彼。

54. 除奸清道

尚书责（范）滂所劾猥多，疑有私故。滂对曰："臣之所举，自非叨秽奸暴，深为民害，岂以污简札哉！间以会日迫促，故先举所急，其未审者，方更参实。臣闻农夫去草，嘉谷必茂；忠臣除奸，王道以清。"

——《资治通鉴》卷五四·《汉纪》四六

【译文】

尚书责备范滂弹劾得太滥太多，怀疑他有私人恩怨；范滂回答说："我所检举的官吏，倘若不是贪婪卑鄙、奸恶横暴，严重危害百姓，怎么会让他们来玷污我的奏章啊！暗自认为因迫于朝会的日期太紧，所以先检举急待惩处的，还有一些没有查清的，将另外验证核实后再行弹劾。我听说农夫除去杂草，庄稼必定茂盛；忠君之臣铲除奸佞之臣，王道因此清平。"

奸臣乃为一般意义上的统称，其有着广义与狭义之区别。从狭义上说，奸臣与忠臣相对，他们害国误民，常常将公利化为私利，抑或将他人之利化为己利，陷害忠臣，肆虐百姓。而广义之奸臣还包括：一为佞臣，佞臣与忠臣相反。二为阿臣，乃阿谀奉承之臣。三为庸臣，在其位不谋其政之臣。

而判明忠奸，既易且难。所谓易，即以他们的言行是为公为私，即可立断；所谓难，即许多奸臣的言行，又常是以冠冕堂皇的名义和面貌出现，一时难以辨识。但可以肯定的是：到底忠奸与否，历史都终将会判明。

55. 为政三不惑

　　五月，丙戌，太尉杨秉薨。秉为人，清白寡欲，尝称"我有三不惑：酒、色、财也"。

——《资治通鉴》卷五五·《汉纪》四七

【译文】

　　五月丙戌（二十二日），太尉杨秉去世。杨秉为人品行纯洁、欲望很少，曾经自称"我三不：不饮酒，不近女色，不贪财。"

　　作为领导者能做到这"三不惑"实属不易。

　　酒、色、财，是当今社会尤其是官场、商场上经常提及的词汇。在前面篇目中也曾对酒做过一些分析。我们并不认为酒定能乱性，酒能乱性是有前提条件的。对于一般人而言，酒后是没有机会、没有条件去乱性的，能乱性者大多是有权势的，他们或可使人升官，或可使人发财，或可使人出名。酒与乱性非直接之关系。

　　色字头上一把刀，告诉了人们一个道理："色"能杀人。"色"在许多人的眼中是一个既熟悉而又陌生的字眼。对于一般领导者而言，"色"足以亡身，有多少领导者因为"色"而身败名裂。而对于最高领导者而言，沉溺于女色则足以亡国。遍数历朝历代灭亡之因，于"色"亡国者实不在少数，亡国之君也都多与"色"字有关。

　　而财，人人好之，然君子取之有道，小人取之无道。取之有道，谓之正当、合理、合法之财；取之无道，则是通过各种非法手段获取不义之财。对于领导者而言，贪求不义之财不仅会受到道德的谴责，还可能要付出身份、名誉、地位甚至性命的代价。而他们索求不义之财的方式,不外乎贪污受贿。这种现象愈演愈烈,则民不堪其苦,国不堪其忧。

但"三不惑"皆应源于权不惑,权不惑为三者之本。因为酒、色、财也多和使权、弄权有关。所以要想真正做到"三不惑",如何看待权力,如何使用权力,至关重要。权力需有约束,权力需有制衡,权力需有监督,这当然是最为根本的,是使领导们能真正做到"三不惑"的根本保证。但同时也特别需要领导们在权力面前,在酒、色、财面前,保持清醒和自省。

56. 破釜沉舟与士气

　　帝许之，悉听如所上。颎于是将兵万余人，赍十五日粮，从彭阳直指高平，与先零诸种战于逢义山。虏兵盛，颎众皆恐。颎乃令军中长镞利刃，长矛三重，挟以强弩，列轻骑为左右翼，谓将士曰："今去家数千里，进则事成，走必尽死，努力共功名！"因大呼，众皆应声腾赴，驰骑于傍，突而击之，虏众大溃，斩首八千余级。太后赐诏书褒美曰："须东羌尽定，当并录功勤；今且赐颎钱二十万，以家一人为郎中。"敕中藏府调金钱、彩物增助军费，拜颎破羌将军。

——《资治通鉴》卷五六·《汉纪》四八

【译文】

　　（桓）帝批准，完全采纳段颎所提出的上述计划。于是，段颎率军一万余人，携带十五日粮食，从彭阳直接插到高平，在逢义山跟先零等部羌民决战。羌军强大，段部众都很恐惧。段便下令军中，使用长箭头和锋利的大刀，前面排列三重举着长矛的步兵，挟持着强劲有力能够射远的弓弩，两边排列着轻装的骑兵，掩护着左右两翼。他激励将士说："现在，我们远离家乡数千里，向前进则事情成功，逃走一定大家全死，共同努力争取功名！"于是大声呐喊，全军亦跟随呐喊，步兵和骑兵同时发动攻击，先零羌军崩溃，段军队斩杀羌众八千余人。窦太后下诏褒奖说："等到东羌全部平定，再合并论功行赏。现在，暂时赏赐段钱二十万，任命段家一人为郎中。"并且，命令中藏府调拨金钱等钱帛财物，帮助军费，擢升段为破羌将军。

建宁元年，段颎已平定西羌，而东羌还连年动荡，汉灵帝为之忧虑，所以就与段颎谋划如何平定东羌。段颎深入分析了东羌局势后，建议汉灵帝若要平定东羌就必须"长矛挟胁，白刃加颈耳"，汉灵帝被段颎说服，于是段颎开始了平定东羌之战。我们暂且不论段颎平定东羌的方式是否符合人道，只看他行事方式，打仗原本就是一件非常艰苦的事情，且平定羌族更要远离家乡，而段颎只带了十五天的粮草，就上路了。可以看出，段颎对于平定东羌有迫切的希望，而且怀着必胜的决心，孤注一掷，从思想上鼓舞士气，将军队的战斗力发挥到极致。

　　这件事很容易使人想到项羽的"破釜沉舟"，当年项羽为了替赵王解围，渡过漳河后，没有给自己的军队留下任何退路，战士个个如下山猛虎，与秦军苦战，楚军最后以少胜多，大败秦军。

　　"破釜沉舟"的目的就是断了人们有路可退的念头，克服心存侥幸的心理，将自己置于绝境，从而激发义无反顾、勇往直前的精神斗志。"破釜沉舟"的做法虽有助于将某些能力发挥到极致，但也不能盲目照搬套用，因为不是任何事情都适用的。在很多情形下，一点都不留后路，一点都不留余地，是十分危险的。俗话说得好："饭吃七分饱，话说七分足。"只有当事情别无选择时，才可考虑采取这种做法。否则，反而会让自己处于被动状态。项羽的"破釜沉舟"，实际上也不是鲁莽行事，而是经过缜密考虑。当时的秦国经过陈胜、吴广起义军的打击和各国旧贵族重新聚集力量进行反抗后，已经岌岌可危了。在以前楚军与秦军的战争中，也是楚军胜得多。项羽也是在充分衡量自己军队的战斗力后，才敢作出这样的决定的。

　　所以，如果自身的能力与要完成的目标相差太远，采用"破釜沉舟"反而会加速自己的失败。只有在实力相差不大，并且目标明确、计划周全、准备充分的情况下，"破釜沉舟"才可以激发士气、激发斗志、激发潜力，并最大限度地达到目的。

56. 破釜沉舟与士气

57. 国亡未必因制多

臣光曰："叔向有言：'国将亡，必多制。'"

——《资治通鉴》卷五七·《汉纪》四九

【译文】

臣司马光说："叔向曾经说过：'国家将近灭亡，法令规章一定繁多。'"

叔向认为制度多，国家将亡，此并非无道理。

国家到了朝代末期，政局动荡不安，首先表现为整个社会日益"驾崩"的状态，特别是民众的生存受到严重威胁，而贵族与官僚却过着腐朽的生活，社会的基尼系数非常之高，政治斗争更加激烈。由于民怨沸腾与政治斗争的原因，最高领袖频繁任命国家官吏，频繁变更国家制度。这有几个原因。

时局动荡、社会混乱、政权危机，一般总会有着制度方面的原因，变革制度也自然会成为挽救困局的一种选择。但这时的制度如同麻醉剂，只能解一时之痛，而不能永保太平，等麻醉期一过，新痛又产生了。且这种痛感的次数越多，国家越衰乱，也越来越失去"免疫力"。新危机的产生，必定迫使高层作出新的反应，频繁任免、朝令夕改成为家常便饭，导致臣下与民众不知何去何从。制度与国家成"危亡"互动之势，使得政治最终走向灭亡。

其实，国亡因多制，多制易亡国，是一个问题的两个方面，二者是辩证的关系。国家制度多，难免产生三种之赘。一为冲突之制。不同时期对同一问题制定制度，一般难以出现冲突，因是从废旧到立新，冲突可能性较小。但同时制定多种制度,其冲突的可能性就比较大。不同部门、特别是相关同级部门制度有可能形成冲突,导致国家在管理运作过程中内耗增多,行政效率下降。同时,制度的冲突,使得执行者不知以何种制度为准,在执行中出现混乱,出现诸多纠纷。二为重叠之制。相关部门在同一时期对同一问题所制定的法律制度,难免出现交叉、重叠现象。重叠是一种重复建设,是对公共资源的浪费,使得国家财政无法达到帕累托状态。三为漏洞之制。相关事项、相同部门,都认为是应归其他部门,不仅易出现管理漏洞,也易出现制度漏洞。"该出手时不出手","不该出手齐出手",想不乱都难。

　　制度多,与制度完备,完全是两个不同的概念。国家管理应该做到制度完备,但决不是多多制定制度就是制度完备了。所以,问题并不在于制度数量的多少,而在于制度本身是否必要,是否可行,是否能达到有效管理的目的。

58. 名至实归

前大丘长陈寔卒,海内赴吊者三万余人。寔在乡间,平心率物,其有争讼,辄求判正,晓譬曲直,退无怨者,至乃叹曰:"宁为刑罚所加,不为陈君所短!"

——《资治通鉴》卷五八·《汉纪》五〇

【译文】

前任太丘县县长陈寔去世,全国各地前往吊丧的有三万多人。陈寔在乡里,用心公平、为众人树立榜样,百姓有争论诉讼的,都要请他评断,他用是非曲直的道理来明白劝导,被劝导的人回去之后没有抱怨的;竟至有人赞美说:"宁愿被刑罚处分,也不愿被陈先生责备!"

陈寔以德行清高闻名于世。他病逝时,享年八十四岁。史载"海内赴吊者三万余人",也只能是个概数,甚至可能还有些夸张,但总归想说明陈寔受到众人敬仰的意思。而陈寔能有如此大的名声,受到如此"隆重"的尊崇,皆是因他"平心率物",判决诉讼,曲直分明,公平公正,争讼双方都很服气,"退无怨者"。以至于有人感叹:宁可受刑罚,也不愿让陈寔找到过错。陈寔是以自己的清平廉正赢得尊敬,自非仅是浪得虚名。

以陈寔所例,真正的"名声",既不是自吹自擂吹出来的,也不是他人吹捧捧出来的。赢取名声的方式方法其实也很简单,那就是为国家、为社会、为民众干实事,有实效。这做起来也并非易事,所以要想赢得真正的"名声"也并不容易。

59. 事留生变

侍御史郑泰谏曰:"董卓强忍寡义,志欲无厌,若借之朝政,授以大事,将恣凶欲,必危朝廷。明公以亲德之重,据阿衡之权,秉意独断,诛除有罪,诚不宜假卓以为资援也!"

——《资治通鉴》卷五九·《汉纪》五一

【译文】

侍御史郑泰劝谏说:"董卓为人强悍残忍缺乏仁义,欲念永不满足,假如朝廷依靠他的支持,授予他重要政事的权利,他将为所欲为,必定会威胁到朝廷的安全。您作为皇帝国戚,掌握国家大权,坚持自己的意向独自决断,诛灭犯法的人,实在不应当依靠董卓作为支援!"

事留生变,也即俗语所谓"当断不断,必生后患"。决策贵在果断,这涉及领导艺术中的决策学。决策是衡量领导个人见识、能力等综合素质的主要标准。一般而言,领导者最需要的是一种判断能力。而对于高度风险型决策,条件与机会仅仅在于一瞬间,领导者如若不抓住这可能带来成功的瞬间,就可能导致全盘皆输。当年汉献帝就没有把握好决策的时机,致使董卓等国贼终成大患。这就是为什么要强调决策的果断性。错过时机,便易导致失败,也就是题目中所说的"事留生变"。

60. 知耻恶，生善心

　　烈曰："盗惧吾闻其过，是有耻恶之心，既知耻恶，则善心将生，故与布以劝为善也。"

　　　　　　　　　　　——《资治通鉴》卷六〇·《汉纪》五二

【译文】

　　王烈说："偷牛贼害怕我听到他的过失，这是他还有羞耻心。既然知道羞耻，就能够产生善良的心。所以我送给他布来鼓励他从善。"

　　人需知耻恶，生善心，这是一般道德上的要求。对官僚而言，这也是官德的基本要求之一。知耻辱，从国家而言，是以维护国家尊严为本；对百姓而言，官德也可是民众的示范，也可使百姓深知其耻恶。在其自身的权限范围内扬善惩恶，应为从政者理所应当的职责。

　　"盗惧吾闻其过，是有耻恶之心"，明是非，辨正误，是知耻恶的前提；"知耻恶"，知道了哪些事情是好的，是正确的；哪些事情是不好的，是错误的，也才能抑恶扬善。而道理也很简单：如果每个人都严于律己，知耻恶，生善心，那么整个社会的素质便提高了。

61. 慎与庸者交

公孙瓒既杀刘虞,尽有幽州之地,志气益盛,恃其才力,不恤百姓,记过忘善,睚眦必报。衣冠善士,名在其右者,必以法害之,有材秀者,必抑困使在穷苦之地。或问其故,瓒曰:"衣冠皆自以职分当贵,不谢人惠。"故所宠爱,类多商贩、庸儿,与为兄弟,或结婚姻,所在侵暴,百姓怨之。

——《资治通鉴》卷六一·《汉纪》五三

【译文】

公孙瓒杀死刘虞后,占有整个幽州,气焰更加骄横,倚仗自己的才干和武力,不体恤百姓。只记住别人的过失,却不记得别人的好处,连瞪他一眼的小怨小忿,也必定要报复。士大夫及有德之士的名望在他之上的,一定假借法律来陷害他;才能优秀的,一定设法抑制,使他困于贫穷困苦的境地。有人问公孙瓒这样做的原因,公孙瓒说:"士大夫们全都自认为凭借官职应当取得富贵,不会感谢别人的恩惠。"所以公孙瓒所宠信的大多是商人、平庸的人,公孙瓒与这些人结为兄弟,或者结为亲家,这些人则到处侵犯暴掠,百姓怨恨他们。

公孙瓒对"衣冠善士""有材秀者"的看法,实在是奇怪而又奇特。他想当然地认为,"衣冠者"会认为自己理所应当高贵;又很是武断地认为,他们即使得了好处,也都不会领情。所以他自己特别喜欢与"商贩、庸儿"交往,而对"衣冠""材秀",不是"以法害之",就是"抑困穷苦"。这也可被视作是一个迫害知识分子的"劣币驱逐良币"典型了。

引文中的"庸儿",当然未必就是现在人们所说"庸人"的意思,我们只是借题发挥,阐发多与庸人交往不好、不利的地方。

所谓"庸人",就是因为才智、能力平平,因而无所作为。因其才智、能力平平,与之交往,不会从中学到什么东西,对个人发展不会有什么促进,此其一。而与庸人为友,他们一旦得势借势,会把许多事情搞得很糟糕,如"所在侵暴,百姓怨之",那就不仅是对自身无益,反倒是对自身有害了。此其二。

当然,我们不是说交友还要将人分出个三六九等,还要考虑对自己能否有所收益。真正的交友,应是不论高贵贫贱,只要相投相契,只要以诚相待,任何人与人之间都是可以成为朋友的。我们只是说,对于掌握权势的领导者,往来交际确实需要谨慎,因为许多所谓的"朋友",不是冲着你这个人来的,而是冲着附着在你身上的权势来的。很多的情形之下,需要领导者保持清醒的头脑,要防止为那些图权图利的"朋友"所误、所害。

62. 一人之患与四海之望

备合兵得万余人,布恶之,自出兵攻备。备败走,归曹操,操厚遇之,以为豫州牧。或谓操曰:"备有英雄之志,今不早图,后必为患。"操以问郭嘉,嘉曰:"有是。然公起义兵,为百姓除暴,推诚杖信以招俊杰,犹惧其未也。今备有英雄名,以穷归己而害之,是以害贤为名也。如此,则智士将自疑,回心择主,公谁与定天下乎!夫除一人之患以沮四海之望,安危之机也,不可不察。"操笑曰:"君得之矣!"遂益其兵,给粮食,使东至沛,收散兵以图吕布。

——《资治通鉴》卷六二·《汉纪》五四

【译文】

刘备集合起一万余人的部队,吕布认为受到了威胁,亲自出兵攻打刘备。刘备败走,投奔曹操。曹操对他的待遇十分优厚,又让朝廷任命他为豫州牧。有人对曹操说:"刘备有英雄大志,如今不趁早除掉他,必然会有后患。"曹操为此征询郭嘉的意见,郭嘉说:"是的。但您兴起义兵,为百姓除暴,诚心诚意地招募天下英雄豪杰,还惟恐他们不来。如今刘备有英雄之名,因走投无路前来投靠,而您却杀掉他,这将会使您得到谋害贤才的恶名。果真如此,有才智的人士将各自疑虑,改变心意,另选人主,您还去和谁一起平定天下!因除去一个人的祸患,而失去天下人的期望,这是关系今后安危的关键,您不可不仔细考虑。"曹操笑道:"您分析得对。"于是拨给刘备一些军队,供应粮草,让他往东到小沛一带,集合被击溃的残部,与吕布对抗。

　　刘备打了败仗之后,投奔了曹操,有人以为这是除掉刘备以免后患的好时机。曹操听了郭嘉的分析后,不但没有杀刘备,反而"给粮食,使东至沛,收散兵以图吕布"。郭嘉正是预料到了除掉刘备后产生的后果,才劝说曹操,不能"除一人之患以沮四海之望",不能因一个人的缘故,而使众多的"智士"离心离德,"回心择主"。如果那样的话,谁还会来一起参与平定天下的宏伟大业呢。

　　这里强调的就是不能因小失大,不能只看眼前利益,而没有长远的眼光。对于国家来说,也是这样的。科学可持续发展,就是以长远、战略、全面的眼光看待经济发展和国家建设等问题。不能因眼前利益而影响长远利益,不能因局部利益而影响整体利益,不能以资源浪费、环境污染等代价去换取经济增长,从而贻害后代、贻害子孙。所以,只有着眼于全局、着眼于未来的可持续发展,才是科学的发展,才是持久的发展,才是真正的发展。

63. 兄弟不容何以容天下

袁绍遣人招张绣,并与贾诩书结好。绣欲许之,诩于绣坐上,显谓绍使曰:"归谢袁本初,兄弟不能相容,而能容天下国士乎!"

——《资治通鉴》卷六三·《汉纪》五五

【译文】

袁绍派遣使者去招抚张绣,并给张绣的谋士贾诩写信,表示希望与贾诩结交。张绣想要答应袁绍,贾诩在张绣招待袁绍使者的座席上,明白地对袁绍使者说:"请回去为我们谢谢袁绍的好意,他与兄弟袁术尚且不能互相包容,而能够包容得了天下的英雄豪杰吗!"

袁绍对其兄弟况且不能相容,岂能容天下之士? 历史证明,袁绍确是不太能容人,对他人也多不信任,胸怀之狭窄,也成为他最后失败的一个重要原因。

一个人的胸怀对其事业成功往往起着重要的作用。袁绍于兄弟不能相容,他人在看待他时亦从此处着眼,认识到他难容天下人士,所以袁绍要么是招揽不到人才,要么是留不住人才。而没有人才赞襄,如何能够成就大业? 由此可见领导者的胸怀于事业至关重要。而领导者应有的胸怀,不仅体现在领导者要善于使用具有专门才能的人才,还体现在要能勇于使用贤能超过自己的人才。正如刘邦所谓:"夫运筹帷幄之中,决胜千里之外,吾不如子房;镇国家,抚百姓,给饷馈,不绝粮道,吾不如萧何;连百万之众,战必胜,攻必取,吾不如韩信。三人皆人杰,吾能用之,此吾所以取天下者也。"个中道理,早在两千多年前,刘邦其实就已经说得很清楚了。

64. 四患五政

（荀悦《申鉴》）其大略曰：为政之术，先屏四患，乃崇五政。伪乱俗，私坏法，放越轨，奢败制：四者不除，则政末由行矣，是为四患。兴农桑以养其生，审好恶以正其俗，宣文教以章其化，立武备以秉其威，明赏罚以统其法，是谓五政。

——《资治通鉴》卷六四·《汉纪》五六

【译文】

荀悦《申鉴》这本书的主要内容是：治理天下的办法，首先是消灭"四患"，然后才推行"五政"。以奸伪败坏风俗，用私心破坏法纪，行为放纵而超越正常轨道，奢侈靡费而败坏国家制度：这四种现象不消灭，政令就无法依其道而行，所以称之为"四患"。以振兴农耕与桑蚕来保障百姓的生活，以分辨善恶来纠正民间习俗，以推行文化教育来改善社会风气，以建立军备来维持朝廷的威严；以奖赏和惩罚分明来统一法令，所以称之为"五政"。

荀悦作此《申鉴》，虽不为曹氏所用，然于后人多有借鉴。

先谈"四患"，其一为"乱俗"。这是从民风民俗而言。中国长期以来有"国权不下县"之说，对社会最低层，采取的是通过士绅代表对其进行管理。所以对基层社会来说，较多地是靠民俗习惯以制约人的行为，使得社会能较好地良性运作。而"乱俗"则使得基层社会的制度被人为地篡改，人们在心理上又很难接受这种改变，故此对基层的稳定极为不利。

其二为"私坏法"。法是《资治通鉴》中一个很重要的词汇,并从不同角度加以论述。而我们主要从公众角度论述。法贵公,最忌因人而异。但从实际操作层面上看,因是权势者制定法律、执行法律并拥有最终解释权,所以,同样的法,对有权势者和无权势者的效力又是很不相同的。

其三"放越轨"。在一个追求名与器的国度里,越轨是罪大恶极。臣子对皇位的僭越是最为极端的表现。而越轨于民间,主要表现在不遵守各种既定秩序等方面。

其四"奢败制"。由俭入奢易,由奢入俭难,奢糜很易导致败亡。

"五政",实际上是以发展生产、安定民生为根本;强调明辨好恶,以端正风俗;强调文化、教育、伦理道德的重要性;强调加强武备,建立威权;强调赏罚分明,严谨执法。而"五政"需于"四患"除后方可进行,一破一立,除"四患"是被"五政"的前提条件。"四患"之恶不除,"五政"之善难施。

65. 吏洁于上, 俗移于下

（崔）琰、玠并典选举,其所举用皆清正之士,虽于时有盛名而行不由本者,终莫得进。拔敦实,斥华伪,进冲逊,抑阿党。由是天下之士莫不以廉节自励,虽贵宠之臣,舆服不敢过度,至乃长吏还者,垢面羸衣,独乘柴车,军吏入府,朝服徒行。吏洁于上,俗移于下。

——《资治通鉴》卷六五·《汉纪》五七

【译文】

崔琰与毛玠一起掌管选拔举用贤能的事务,他们所选用的都是廉洁、公正的人士。虽然在当时有很大的名望,但品行不安于本分的人,始终不得引荐。他们选拔敦厚诚实的人才,排斥浮华虚伪的人;引荐谦虚恭顺的人,抑制结党营私的人。因此天下的士大夫没有人不以清廉的节操来勉励自己,即便是高官宠臣,其车辆、衣服的形式也不敢超越制度。竟至高级官员回家时,脸上沾垢、衣服破烂,独自乘坐柴车;军中将帅进官署办公,都是穿着朝服步行去的。身居高位的官员都如此廉洁,民间的风俗也随之改变。

俗语说:上梁不正下梁歪,中梁不正倒下来。国家政治,上正则下不敢不正,从而形成政正之风。而为官吏者洁,则国政洁,则百姓洁。

常言道,吏治腐败是最大的腐败,而吏治清明则为最大的清明,吏治之清明成为政治清明的源头。政治上的清明,还能引导社会风气的清明,也正所谓"吏洁于上,俗移其下"。

在中国这种高度集权的国家,国家最高层领袖对于政治风气的形成起着至关重要的作用,他们可以直接影响整个政权系统和官僚系统,并形成一种自上而下的链式反应。从历朝历代上看,政治清明的高级官员又对国家政治清明起到重大的推动作用。

通过各级各类官吏的"点滴"之洁,构成国家官吏集团的"江河"之洁,这样的"洁"才能形成一种气势、一种潮流。作为领导者应以此为鉴,不仅自己要廉洁,还应激励下属廉洁,而后至政治廉洁。这是为政之要。

66. 霸王之计

孙权围合肥,久不下。权率轻骑欲身往突敌,长史张纮谏曰:"夫兵者凶器,战争危事也。今麾下恃盛壮之气,忽强暴之虏,三军之众,莫不寒心。虽斩将搴旗,威震敌场,此乃偏将之任,非主将之宜也。愿抑贲、育之勇,怀霸王之计。"

——《资治通鉴》卷六六·《汉纪》五八

【译文】

孙权包围合肥,很久了还不能攻下。孙权率领轻装的骑兵准备亲自突击敌人,长史张纮劝谏说:"武器是不吉祥的器物,战争是很危险的事情。现在将军倚仗着锐气,轻视强大凶暴的敌人,使得三军上下,没有人不为您担心。即使能砍杀敌将,拔取敌旗,以威势使敌军震动,这是一个副将的责任,不是统帅所该作的事情。希望您抑制一下像孟贲、夏育那样的勇气,而胸怀成就霸业的谋略。"

帝王宜怀霸王之计,不能计较一时之胜负。

曹操曾感慨地说:生子当如孙仲谋(孙权,字仲谋)。作为统帅,不易轻临战场,而应谋划全局,指挥调度,运筹帷幄,决胜千里,这是军中主帅应有的职责。

从历史上看,创业之君皆怀有霸王之计,各个朝代的建立者,他们的雄心是在一步步的战争进程中逐步扩大以至膨胀的。典型的例子,如楚汉之争中的刘邦,原以美色为人生之所好;随着势力的强大,不再只是单单迷恋女色,最终目的在于获得国家之神器。创业之初的君主,唯有怀霸天下之志,矢志不渝,方可得天下。孙权拥有创建霸业的雄心,所以最终能建立吴国,成为三国鼎立中的一员。

创业者的继任者,以其祖先为榜样,大多较有作为,此时霸气尚未散尽,子孙之雄才伟略也得大展其能。如清康熙帝,能够继承其祖、父的政治遗愿,实现了真正意义上的统一中国。这些雄心的养成既与耳濡目染、先天遗传有关,同时上代帝王的培养选择也至关重要。

而随其后的继任者们,帝王的霸气逐渐散尽,他们的斗志随着时代的推移而日渐丧失。所以,作为帝王,不管创业之初的有为君王,还是之后的继任者,抑或更后几代的继任者,都应胸怀霸气。唯此,王朝才能长治久安。霸气丧失,亦易导致王朝的元气消失。

67. 为政不应饰为先

（刘）备尝因游观，奄至广都，见琬众事不治，时又沉醉。备大怒，将加罪戮。诸葛亮请曰："蒋琬社稷之器，非百里之才也。其为政以安民为本，不以修饰为先，愿主公重加察之。"备雅敬亮，及不加罪，仓卒但免官而已。

——《资治通鉴》卷六七·《汉纪》五九

【译文】

刘备曾经因为游览，突然到达广都，看到蒋琬不处理众多政务，当时又喝得烂醉。刘备大为发怒，想要治蒋琬死罪。诸葛亮为蒋琬求情说："蒋琬是治国的栋梁之材，不是治理百里小县的官吏。他施政以安定百姓为根本，不把表面形式看作首要工作，希望主公重新加以考察他。"刘备向来尊重诸葛亮，才没有给蒋琬定罪，匆忙急迫中只是免去了他的官职。

蒋琬确非"百里之才"，最后成为诸葛亮的继任者。

三国时代的诸葛亮，是被鲁迅称为"近似妖"的神化之人。作为伟大的政治家、军事家和战略家，诸葛亮对中国的领导学、人才学有着重大贡献。在《诸葛亮集》等相关文献中，他曾多次论证如何有效地任用和考核部下，确有非常之举。蒋琬便是诸葛亮发现的人才之一。

为政不以"修饰"为先。为政者，应先示以诚，不能示以虚，而诚在政治上首先表现为实事求是。实事求是这四个字虽简单，于中国也提了两千多年，但仍难以得到真正贯彻。因为在官场上，大家都习惯于"报喜不报忧"，习惯于多讲成绩，少讲问题，甚至是掩盖矛盾，遮蔽问题，欺上瞒下，弄虚作假。一些人也明知"修饰"是为政之忌，但为让上级高兴，为自己能得到肯定，依然是在形象上、面子上下了许多功夫、做了很多文章，使"修饰"成了官场的一种习气。蒋琬能够在政治作为上不"修饰"，不求主上之欢心，脚踏实地地为民办实事，这样的人，在历史上实在不多。幸运的是，他遇到了领导艺术之先驱——诸葛亮。否则，其在历史上能否留有声名就很难说了。

说到"修饰"，便想起了当今的形象工程。这些形象工程之目的在于使上级高兴，苦的是民众。纳税人的钱应取之于民，用之于民，而今却常常变成取之于民，用之于地方长官意志，于百姓并无实际的益处。

"修饰"之风不刹，粉饰太平的问题将日益严重。诸葛亮慧眼识才，认识到蒋琬之本质，这是蒋琬之幸，也实为国之幸。但愿今人不妨多学学诸葛亮，尤其是那些为官掌权者。

68. 教化不可慢，风俗安可忽

臣光曰：教化，国家之急务也，而俗吏慢之；风俗，天下之大事也，而庸君忽之。

——《资治通鉴》卷六八·《汉纪》六〇

【译文】

臣司马光认为：教化，是国家急需办的事，而才智凡庸的官吏却轻慢它；风俗，是天下的大事，而平庸的君王却忽视它。

司马光针对汉代末期社会现实说出的这番话，深刻地揭示了教化与风俗的重要性。封建社会，礼、法、风俗皆为治国之必需。

教化，在封建时代更多地是指礼教。在封建社会中，礼是约束人们行为的一种普遍规范，这种规范使社会形成一种共识，如果有人违礼，就等于触犯公共规则，可见礼教之威力。这等深入骨髓的教化，非一般的反对就能动摇其稳定与根基。

风俗与老百姓的关系最为密切。风俗渗透在民众生活的方方面面，以一种无形的力量影响着老百姓的生活。

在封建社会中，国家对于风俗与教化的关注程度，直接影响到民众的思想意识和道德养成，故司马光呼吁，作为君王与大臣应当重视二者的实施，而不应忽视二者的重要性。

当今社会，大部分封建礼教被摒弃。但不可否认，有些内容在今天仍有积极意义。对于风俗，作为领导者，可以适当引导，但不能过分干预，否则可能适得其反。

69. 何为君、王、霸

　　天生烝民,其势不能自治,必相与戴君以治之。苟能禁暴除害以保全其生,赏善罚恶使不至于乱,斯可谓之君矣。是以三代之前,海内诸侯,何啻万国,有民人、社稷者,通谓之君。合万国而君之,立法度,班号令,而天下莫敢违者,乃谓之王。王德既衰,强大之国能帅诸侯以尊天子者,则谓之霸。

　　　　　　　　　　　　——《资治通鉴》卷六九·《魏纪》一

【译文】

　　上天养育百姓,但他们却不能够自行管理,需要共同推戴出君主来管理他们。如果能够制止暴乱、除去坏人,保障百姓的正常生活,奖赏善良、惩罚邪恶,使社会不发生动乱,就可以称他为君主。所以夏、商、周三代以前,天下的诸侯国,何止一万个,有能够统治民众,祭祀土地、五谷之神的人,统统称他为君主。集结各国而加以统治,创立法律制度,发布号令,天下没有敢违抗的人,就称他为王。王的威德已经衰落,强大的国家中能够统帅各路诸侯维护天子威信的人,便称他为霸。

　　一般意义上,在中国古代我们时常将君与王视为同一名词,即称君王。而实际上,君、王、霸三者皆有其本义。为君者,其主要任务为安民与平乱,保持社会的安定与平稳发展。为王者,其责任在于王天下,促使九州一统,同时立法度,制定各种政策,天下人也都不敢违抗。而霸者,名尊天子而实自尊。霸,最为典型便是"春秋五霸"。他们虽为诸侯,但称霸一时,称霸一方。

　　君、王、霸是特定历史时期的产物。为政者应该具有君、王、霸立志成就大业的胸怀,为天下百姓多做好事,使人民过上安定、富裕、幸福的生活。

70. 贤德服人

（刘备病笃）诏敕太子曰："……勿以恶小而为之，勿以善小而不为！惟贤惟德，可以服人。"

——《资治通鉴》卷七〇·《魏纪》二

【译文】

刘备病重，下诏给太子说："……不要因坏事很小就去做，也不要因为好事很小就不去做！只有贤明和德行，才能够使人折服。"

刘备告诫后主刘禅，应以贤德服人，而辅佐刘禅的诸葛亮也恰是以贤德服人的典范。贤与德，在司马光的《资治通鉴》中多次提到，也是古代君王着重考虑的两个问题。

德，是一个涵盖面很广的范畴，这里主要谈论为帝王的道德。帝德主要在于使臣服，使民悦，以德服人。

一为勤政之德。帝王富有四海，但是皇位在上，应该励精图治。历史上有的帝王勤政有加，在政治上亦颇有建树。如清雍正帝是典型的勤政之君，因操劳过度而过早离开人世，其为政之德为后人称道。帝王勤政对朝政会起到稳定和促进作用。

二为善于处理臣下之过。皇权的至高无上决定了其权力几乎可以不受什么制约，所以皇帝的喜怒哀乐往往决定着臣下的生死荣辱。臣子若能使龙颜大悦，便能在仕途上有所进步。但臣下犯过才是考验帝德的时候。一般帝王不能容忍他人之过。少数帝王有着容过的度量，则能从他人之过中汲取有益的东西，特别是对于那些所谓"异己"者。

三为以民为本。皇权关系着千百万黎民的生计，不忘百姓安危，不忘百姓疾苦，时时以宽民为念，这是贤德帝王应该做的。

71. 为君不应亲小事

步骘曰:"臣闻人君不亲小事,使百官有司各任其职,故舜命九贤,则无所用心,不下庙堂而天下治也。故贤人所在,折冲万里,信国家之利器,崇替之所由也。"

——《资治通鉴》卷七一·《魏纪》三

【译文】

步骘说:"我听说君王不亲临小事,而是让各级官吏各尽其职责,所以舜帝任用九位贤人,自己就不用操心,不出朝廷而天下便得到治理。所以贤人所在之地,能使敌人的战车后撤万里,他们实在是国家的杰出人才,国家兴废的关键。"

作为帝王,"不亲小事",而使百官各司其职,天下能达大治。

为君,"不亲小事",从学理上讲是极为简单的道理。但是何为小事? 何为大事? 能先作此区分,是辨别为君是否应"亲小事"的关键。有些实为国家大事,但仍被君王视为小事。最为典型的例子就是民生问题。

各司其职,即指作为帝王,不能过分地干涉臣下的分内之事。臣下干涉帝王之事,是非分越权;然而帝王干涉臣下之事,则易被认为帝王用人不信,从而产生一种畏主情绪。而如果帝王过多地干涉臣下之事,设置百官又有何用呢? 百官也会因此出现怠惰心理,凡事知难而退。

国家应是君王与百官共同治理,虽为高度集权制度,但是君主一人的能力与精力,不可能将触角伸向国家生活的每一个角落,所以必须形成一个共治网。网上的每一个结点都能使纲举目张,所以尽管集权,但仍应分治与共治相结合。帝王一人再富智慧、再有能力，也不可能事无巨细、亲力亲为，更不可能以一己之力，包打天下。

那君王者应"亲"何事？从国民构成上讲，一个国家主要由官与民所组成，所以帝王之大事亦在于官与民。对官而言，大事便在于吏治，最高统治者应集中精力抓吏治，因为吏治是引发其他各种政治问题的导火线，吏治腐败将导致社会百病丛生，而这又与朝代的延续有着直接的影响。试想一张网上每个结点都已腐烂，那么这张网还能成其为网吗？各种秩序还能正常维护及运行吗？

关注百姓，关注民生，应是一个国家最基本的政治理念。保证九州之内万民温饱安康实是一项大的政治课题，能够做到这一点已相当不易，而这对国家来说又是至关重要的。

是故事有轻重、缓急、大小之分，为君者应慎而虑之，不能大事小事，皆由己出。

72. 巧诈不如拙诚

《傅子》曰：巧诈不如拙诚，信矣。

——《资治通鉴》卷七二·《魏纪》四

【译文】

《傅子》说：机巧诈伪比不上虽然愚钝但却真诚的人，确实是这样啊！

此乃涉及诚信，又是一个千古难题。孔子云：人无信不立！故曰信与诚于万事作用甚巨。

"巧诈"与"拙诚"，孰益？"巧诈"之利为一时之小利，"拙诚"之利为一世之大利；"巧诈"功在于今却祸于千秋，"拙诚"虽小损于今而大功于千秋，故孰益不言自明矣。

为君之人不诚信，有失国之危。西周末年，周幽王为博褒姒一笑，竟然烽火戏诸侯，最终失信于诸侯。待等到犬戎真正攻打镐京，虽狼烟四起，却无一救兵而至，最终亡国。

百官失信，有失名之危。为君失信，失国；而作为百官失信，则易失名。一为失信于民。部分官员为政多花言巧语，时常给百姓开"空头支票"。有些地方新官上任，为百姓立下种种"誓言"，而待任期结束，却不见什么效果。二为蒙上。瞒上欺下往往成为一些官员的为政之道，原因多是为自己的政治前途着想，靠哄瞒欺骗为自己编造政绩。

中国是一个熟人社会。在此环境中，倘若失信于人，也就会失信于亲朋故旧。自己最熟悉的人都不再相信自己，信用度下降，久而久之，将无立锥之地。

所以说，诚信对任何人来说都是与生命一样珍贵。一旦丧失了诚信，就等同丧失了为人之根本。而政治家的正直与诚信，对于安民与治国则更是重要。

73. 视士之法

　　为治之要，莫先于用人，而知人之道，圣贤所难也。……为人上者，诚能不以亲疏贵贱异其心，喜怒好恶乱其志，欲知治经之士，则视其记览博洽，讲论精通，斯为善治经矣；欲知治狱之士，则视其曲尽情伪，无所冤抑，斯为善治狱矣；欲知治财之士，则视其仓库盈实，百姓富给，斯为善治财矣；欲知治兵之士，则视其战胜攻取，敌人畏服，斯为善治兵矣。至于百官，莫不皆然。虽询谋于人而决之在己，虽考求于迹而察之在心，研核其实而斟酌其宜，至精至微，不可以口述，不可以书传也。

　　　　　　　　　　——《资治通鉴》卷七三·《魏纪》五

【译文】

　　治理国家的关键，没有比用人更重要的了；然而识别人才的办法，连圣人和贤人也感到困难。……居上位的人，如果真能做到不因为亲近或疏远、富贵或贫贱而改变心思，不因喜好与嫌恶而扰乱心志，想要了解谁是擅长经学的人，只要看他记诵阅览、学识广博，讲谈论议透彻通晓，那他即是擅长研究经学了；想要了解谁是审理案件的人才，只要看他断案细致地搞清楚事情的真假，没有使人含冤受屈的地方，那他就是善于审理案件了；想要了解谁是善于理财的人，只要看到贮藏粮食和贮藏兵车的仓库盈满充实，百姓富裕丰足，那他就是善于理财了；想要了解治军的将领，只要看他战就能胜，攻即能取，敌人因畏惧而服从，那他就是善于治军了。至于各级官吏，没有不都这样的。虽然要咨询别人的意见，但决断在于自己；虽然探索研求要看行迹，但细究考察却在自己内心。研究考核实情而思量是否适宜,极为精微神妙,不能够口头叙述,也不能够以文字书札传述。

司马光提出的对于治经、狱、财、兵等四类关乎国家大计的官员考核办法,在理论上对推动中国古代用人制度的进步起到了重要作用。但究其看法,我们不难发现:

"视百官"讲究的还是领导亲自考核,因有相当浓厚的主观色彩,漏洞也是明显的,所以会产生诸多问题。

同时,领导者的考核对于下属而言,有"做秀"的成分,而趋利避害的本能使得下属不得不"做假"以博领导欢心。如何防止"做假",司马光有所思考,认为应该重视为官之德。

在理论上,司马光强调用人领导权的集中,认为这样便于国家统治。在论及"视士"时,司马光较多地从专业的角度说明用人要用其长而避其短,以使其各展所长,各显其能。

当今中国,百姓痛恨贪官腐败,把用人的腐败视为社会最大的腐败。试想,"买官卖官"、"带病上岗"者将给党和国家乃至社会带来何等的负面影响!因此人事制度的改革还是任重道远的。

74. 贤亲之分

宗室曹冏上书曰:"古之王者,必建同姓以明亲亲,必树异姓以明贤贤。亲亲之道专用,则其渐也微弱;贤贤之道偏任,则其敝也劫夺。"

——《资治通鉴》卷七四·《魏纪》六

【译文】

皇族曹冏上书说:"古代帝王,必定任用同姓皇族,以表明亲近自己的亲族,也必定任用异性大臣,以表明尊崇贤能。只采用亲近自己亲族的办法治国,随着权利的侵蚀,皇权就会渐渐衰弱;片面采用尊崇贤能的办法治国,随着这种方法的弊端的出现,皇权就会被夺取。"

宗室曹冏的上书实际是在强调明辨贤亲之均衡,不可偏废。中国封建社会是一个父死子继、父子相传帝位的国家。这种皇位的继承性决定了"亲其亲"为国之第一要义,上代帝王只能在其子嗣中根据长或贤的原则立嗣君。而不管长与贤,其出发点均在于保持皇家皇位的独尊与长久。所以其"亲"、"贤"之中,古之帝王以"亲"为先。

然而国家并非天子一姓之国家,用贤能之人治理国家也相当重要,所以贤亲关系问题的关键不在于皇权的继承问题,而在于官员的贤与亲的问题。

贤与亲有四类。

一为亲又贤者。对帝王而言,此类人最宜重用。在情感上,这类人与帝王有着千丝万缕的关系,如皇族、外戚等。亲而又贤,合二为一,应为帝王倚重之对象。然而王者对此类人戒心也重。

二为亲但不贤。此类人虽与皇室有亲,但因不贤,帝王一般将此类人用于管理较为次要的部门,既因他们是宗亲,也因易掌控。

三为贤但不亲,这是我们讨论的重点。绝大多数的官员与帝王都非亲非故,但国家管理必须用贤才,只是帝王在使用他们的同时也制约他们。中国历史上时常出现外戚与大臣、内廷与外廷之间的斗争,实际上这也是皇帝制约、平衡权力所带来的负面效应。

四为非亲非贤。也应是国家管理队伍中的大多数,他们既不以贤德著名,也不以大才闻世,而多是以自己的专业知识或专业技能服务朝廷。就单个人来说,没有谁是必要的;而就整个国家的管理和运作来说,他们又都是必需的。

75. 人臣行主威

以人臣行主威,至难也;兼二至而管万机,能胜之者鲜矣。

——《资治通鉴》卷七五·《魏纪》七

【译文】

以大臣的身份行使君主的权威,是最难的事情;一身同时承担这两件事而处理各种纷繁的政务,能够胜任的人很少。

历史上有三类人常以人臣之身份而行主威,而他们的结局皆有不同。

第一类,摄政王类型。在父死子继的皇位继承制下,许多即位的皇帝因年龄幼小,要从他的叔辈中选一能者充任摄政王,辅助幼主,监理国事,所以摄政王便处于臣和"准君"的位置。

第二类是能臣。能臣代替帝王治理国家,如三国时代的诸葛亮。但他们会同时面对几类难题,稍有不慎,就会满盘皆输:一方面,他们的言行要以尊主为前提,所提意见或建议要求得帝王的认可,此一难;同时要平衡百官,要做到使他们心服口服;其施政既要被百官认同,又要不被认为其有僭越之嫌疑,此二难;替主治国,功在主而过在己,时常还会处于出力不讨好的境地,此三难。

第三类为权臣。这类权臣多出于皇帝幼冲时辅佐皇帝者,或者朝代末年由战乱而起的实力派。如曹操,挟天子以令诸侯,为人臣行主威的典型。

总之,这是一个颇难把握、进退失据的位置。能把各种矛盾都解决得很好,能把各种关系都处理到位,能让方方面面都高兴满意,自己又能善始善终者,确实不多。

76. 利口覆邦国

太初志大其量,能合虚声而无实才。何平叔言远而情近,好辩而无诚,所谓利口覆邦国之人也。

——《资治通鉴》卷七六·《魏纪》八

【译文】

夏侯玄的志向超过了他的能力,他能符合虚有的声名却没有真实的才能。何晏说的话很高远而情理却很浅近,喜欢与人辩论却没有真心实意,这就是所谓的能言善辩会颠覆国家的人。

"利口覆邦国"之说法似乎有些过于绝对,历史上也有人以"利口"而利国,如诸葛亮舌战群儒等。但我们述其反题,只谈"利口覆邦国"。

谄媚之徒常以"利口"而悦主上,他们大多采用各种方式,特别是"甜言蜜语"为主上所信任,成为皇帝身边的"红人"。身不正者,"口"何以正? 故他们时常以诬陷朝臣忠良为乐事,打击迫害对国家发展有建设性作用的官员。这些人确实是"利口覆邦国"。

"利口覆邦国"者除朝堂之上的官僚,还有内廷的嫔妃。她们利用与皇帝的特殊关系,时常以"枕头风"的方式,不时"提醒"帝王,实际上是在不断地干涉国家朝政。"后宫干政,倾覆邦国"的例子也并不少。

能说会道原本并不是什么坏事,关键是看"有诚""无诚",关键是看是否实事求是。"好辨""利口"而"无诚",对单个人来说,顶多是虚妄和浮夸;而对于权势者来说,则就会是欺民与误国。

77. 兵者戮元恶

（司马）昭曰："古之用兵，全国为上，戮其元恶而已。"

——《资治通鉴》卷七七·《魏纪》九

【译文】

司马昭说："古人发动战争，以保全对方的国家，使对方不战而降为上策，只杀他们的首恶而已。"

军事上用兵，一般都是在不得已情况下而为之。国家间纠纷或国内动乱用和平方式无力解决，只能以军事手段来摆脱这一困境，并打破旧格局，建立新关系，形成新平衡。只是国家间的战争或国内战争，无论是战争性质或是战争对象有多大的不同，也无论战争的结果如何，普通百姓都是要经历许许多多的磨难。

从军事组织来说，群龙无首确是不可想象的，统帅个人的作用在军队和战争中极为重要。如果军队的统帅为敌军所杀，坚如磐石的军队顷刻间会变成一盘散沙，失败的可能性将大大增加。同样，敌方"元恶被戮"，士气下降，而己方却会因此士气高涨，恰如同吹响了胜利的号角。即使敌方更换新的统帅，仍将可能导致军队内部协调的问题，军队战斗力仍有可能大打折扣。所以，"用兵戮元恶"、"擒贼先擒王"，实在是一种高明、高效的用兵方略。

78. 孝治天下

何曾……因谓昭曰："公方以孝治天下，而听阮籍以重哀饮酒食肉于公座，何以训人！宜擯之四裔，无令污染华夏。"

——《资治通鉴》卷七八·《魏纪》一〇

【译文】

何曾……于是就对司马昭说："您正在以孝道治理国家，却听任阮籍居丧期间在您的座前喝酒吃肉，以后还用什么教诲别人？应当把他流放到四方荒远之地，不让他污染我们国家的风气。"

在《资治通鉴》里，孝与礼一样成为治理天下之公器，而作为孝又异于礼，其自成体系，成就的是孝治天下。

由于中国长期以来尊卑文化的影响，形成等级森严的官僚制度和官僚体系。在这种秩序氛围里，无形与有形之锁链将所有人定格于秩序中的相应位置，并力争使之朝良序方向运行。历代贤人不断地充实内容，为秩序稳定提供理性工具，这其中，孝是一种重要工具。

对个人而言，孝是一种私德。在中国广大的基层社会，孝的表现因人而异，也因家庭境况而异。在乡村社会里，由于宗法制度的影响，孝道会有更充分的体现。

既讲孝治，帝王就应率先垂范，应成为全国孝之楷模，所以任何帝王在孝上有所闪失，就会在历史上留下一笔。如唐太宗，从历史上看，他是一个伟大的政治家，但登基前的"玄武门之变"永远成为其一生的污点，为后人所诟病。从这一意义上说，帝王之孝德并非只是个人的私孝，而是国家道德的大事,是帝王在政治上能够合理、合法进行统治的一个依据。帝王本身能较好地践行孝道,使孝文化不断延续,也是从政治上培育统治之根基。同时,孝文化对选拔官员也有指导和影响。忠臣出于孝悌之门似乎成为一种规律性现象,这显然是有利于统治的。

何曾厌恶阮籍,认为阮籍在其母丧期间,依然"饮酒无异平日","背礼败俗",不仅是大不孝,简直就是十恶不赦,不可饶恕。但阮籍内心的痛苦,非是何曾所能理解的:听到母亲病故的消息,"饮酒二斗,举声一号,吐血数升,毁瘠骨立",可见孝的表达有不同形式。

79. 视民可知国兴亡

《传》曰："国之兴也,视民如赤子;其亡也,以民为草芥。"

——《资治通鉴》卷七九·《晋纪》一

【译文】

《传》说："国家兴盛,把百姓当作婴儿一样来看待;国家衰亡,把百姓当作小草来对待。"

对于"民"(百姓)的问题,司马光在《资治通鉴》中多次提到,认为"视民如赤子"应该成为北宋统治者治理国家的理念。

爱民如子,自古以来即是中国官德的重要组成部分,所以官与民的关系也成了考核官员的一个内容。

开国之初,明确的治国理念对于国家的长治久安是必不可少的。而对百姓的看法与态度将影响到国家对于民众的政策措施。将百姓视为赤子者,必像对待赤子一样对待百姓,这样的官民关系是良性的、友善的。在这种思想指导之下,必然产生良性循环。百姓知道父母官对自己的爱护,也必然珍惜这种爱护,上下团结,共同努力,社会必向好的方向发展。

相反,如果领导者不重视百姓的感受,只求利己不顾百姓,必然导致官与民的关系紧张、激化,严重者甚至导致双方互相敌对,激起大小不一、程度不同的百姓反抗。历朝历代的农民起义,无不与此有关。所以说,为官者不把老百姓放在眼里,视百姓之命如草芥,必然也会引起相应的反抗。连续不断的民众起义、反抗,则成为王朝被推翻的原因之一。

所以,官与民的关系,如同舟与水之关系,水能载舟,亦能覆舟,关键是看如何处理彼此之间的关系。唐太宗明于此,故出现了"贞观之治"。希望天下为官者都能明白这一道理。

80. 四省

中书监荀勖以为:"省吏不如省官,省官不如省事,省事不如清心。昔萧、曹相汉,载其清静,民以宁壹,所谓清心也。抑浮说,简文案,略细苛,宥小失,有好变常以徼利者,必行其诛,所谓省事也。以九寺并尚书,兰台付三府,所谓省官也。"

——《资治通鉴》卷八〇·《晋纪》二

【译文】

中书监荀勖认为:"减吏不如减官,减官不如减事,减事不如心地清净。从前萧何、曹参辅佐汉王,推崇清静无为,百姓因此而安定统一,这就是所说的清心。抑制虚浮不实的言谈,精简公文案卷,简略烦琐苛刻的事务,宽宥小的过失,如果有喜好改变常道而谋利的人,一定要进行惩治,这就是所谓的省事。把九卿的官署并入尚书,把御史台交付予三公府,这就是所谓的省官。"

对于机构膨胀、财政问题,执政者的经常做法是:一方面增税,一方面减少机构。但机构改革常似弹簧,压力愈大,反弹也愈厉害。这样便形成压缩—膨胀—再压缩—再膨胀的循环怪圈。机构改革要取得成功,应该明确一点:该放手时就应当放手。

"省吏"是改革最简单的方式。"省官"所带来的机构合并,也是当前机构改革的一个方向。但这些都不如"省心",应本着"放得下"的原则:社会能管好的,让社会管;市场能管好的,让市场管。所以"四省"理论对当今改革也有一定的借鉴意义。

81. 奢侈之害甚天灾

车骑司马傅咸上书曰:"先王之治天下,食肉衣帛,皆有其制。窃谓奢侈之费,甚于天灾。古者人稠地狭,而有储蓄,由于节也。今者土旷人稀,而患不足,由于奢也。欲时人崇俭,当诘其奢,奢不见诘,转相高尚,无有穷极矣!"

——《资治通鉴》卷八一·《晋纪》三

【译文】

车骑司马傅咸上书说:"先王治理国家,对吃肉、穿丝织的衣服,都有他的规定。我私下认为由于奢侈而造的浪费,比天灾还要严重。古时候人多地少,然而有积蓄,这是因为节俭的缘故。现在土地辽阔,人丁稀少,但是却为物品不充足而忧虑,这是因为奢侈的缘故。要想让人们都崇尚节俭,那就应当整治奢侈的习气,奢侈而不被整治,反而互相攀比,那就没有穷尽了!"

车骑司马傅咸上书,称奢侈之危害甚巨,比天灾更为可怕,劝诫帝王与百官以崇俭为主而戒奢,这不由得令人想到《资治通鉴》的主编司马光。司马光一生可谓飞黄腾达,但人们几乎无法想象,其妻子逝世时司马光竟然拿不出给妻子办丧事的钱,只好典田葬妻。司马光在《训俭示康》中也告诫儿子应"以俭素为美",崇尚节俭。崇俭,勤俭治家,勤俭治国,应是我们始终遵从的美德。

与俭相反,讲究奢糜,讲究阔绰,大肆铺张,追求奢豪,是腐败滋生之源。如果不扼制奢侈,就会产生一种互相攀比、竞相争奢的社会风气,使物质财富极大地浪费,也消弭人的斗志,产生各种不良习气。所以,崇俭,应从制奢开始,所谓由俭入奢易,由奢返俭难。只有崇尚俭素,整个社会才能形成一种砥砺进取的风气,以利于国家建设和社会发展。

82. 论人

凡论人，必先称其所长，则所短不言自见。

——《资治通鉴》卷八二·《晋纪》四

【译文】

凡是谈论人，必定先称赞这个人的长处，那么这个人的短处就是不说也能自然地显现出来。

对他人的评价，采用称"长"而不言其"短"的方式，可谓高超。而评论他人可以有许多方式。

其一，直接评价法。这种评价方式较为简单，能直接体现评价者与被评价者之间的关系，多属经验式评价。这种评价法多以正面肯定的方式评价他人，并通过言及优点而使缺点间接显露，这种方式也比较符合中国人的心理，但主观性较强。

其二，工作评价法。这是一种间接的评价方式，通过对被评价者工作状态和工作业绩的考虑，对其人作出判断和认定。此种方式，因以工作为主，有很大的局限性。

其三，奖惩法。此类方法较为简单易行，通过奖惩的方式对被评价者进行肯定和否定，这种评价更多来自量化数据和评定结论。

应当说，上述方法还都属经验式的论人方法，都是以人的主观判断为主，主观性较强，客观性、科学性较差。但这些方法比较符合中国人的文化心理，在实践中也较易实施。

而在国外，除了经验式的评价之外，更多的是用科学定量式的方法，这种方法更全面细致，也更客观。但这种方法若与中国文化相契合，仍需假以时日。

83. 钱神论

南阳鲁褒作《钱神论》以讥之曰:"钱之为体,有乾坤之象,亲之如兄,字曰孔方。无德而尊,无势而热,排金门,入紫闼,危可使安,死可使活,贵可使贱,生可使杀。是故忿争非钱不胜,幽滞非钱不拔,怨仇非钱不解,令闻非钱不发。洛中朱衣、当涂之士,爱我家兄,皆无已已,执我之手,抱我终始。凡今之人,惟钱而已!"

——《资治通鉴》卷八三·《晋纪》五

【译文】

南阳人鲁褒作了一篇《钱神论》讥讽这种现象说:"钱的形象,像天地一样有圆有方,人们亲它爱它如同兄弟,尊称它孔方。没有美德而倍受尊崇,没有技艺而权势显赫,出入宫廷高门,它可以使危险转化为安全,可以使死复活,可以使尊贵变为卑贱,可以使活人置于死地。所以愤怒争执时没有钱就不能取胜,隐沦而未被擢用之士没有钱就不能被提拔,怨恨仇视没有钱就不能消除,美好的声誉没有钱就不能传播。当今都城的王公贵族、权势要人,个个爱我们孔方兄,都没有休止,拿钱的手,紧抱着钱始终不放松。所有当今的人,心中只有钱罢了。"

鲁褒在《钱神论》里,将钱视为万能之神,描述了一种狂热追求金钱的社会心态。我们并不是反对钱并取消钱。实际上取消了钱(货币符号),社会的效率将大大下降。本文主要从官与民对钱的态度上来阐释。

从鲁褒那里,我们看到了钱的神通广大。为官者,先为民众着想,通过各种方式、手段真正地为民众获取钱财提供条件(当然手段、方式的前提是合法的），为民赚钱。这样，民众的购买欲望才有可能转变为现实，形成真实的购买力，此为为民之举。然法律规定为政者不能从商，故发财之道必为邪道。走邪道者犹如走末路，终有一天将进棺材。而各种案例，常见诸于报端，为官者明知"此不可为"，但为何仍喜欢伸手，仍不警醒？就是因为他们当中有些人视钱为宝，钱可以带来诸多好处，过上富裕生活。再者买官贿赂也需用钱财，故钱为其所好。

所以说，钱之作用很多，但好钱之法各有不同，所谓"君子爱财，取之有道"。若违此，虽达富贵，而内心惶惶不可终日，无心甚至不敢享用财富，实在是得不偿失。

作为领导者，不能简单地看待钱财，应该正确引导民众之思想。特别是在当今市场经济条件下，相当多的人成为"钱奴"，整日忙于搜求、找寻"孔方兄"，而视他物（如法律）为草芥。过分狂热地追求金钱，对一个民族来说是不正常的现象，因此国家应正确引导，使货币、钱财既能发挥其应有的功能，也要让民众知晓：金钱不是万能，致富更要守法。

84. 五难四不可

孙惠上书曰:"天下有五难、四不可,而明公皆居之。冒犯锋刃,一难也;聚致英豪,二难也;与将士均劳苦,三难也;以弱胜强,四难也;兴复皇业,五难也。大名不可久荷,大功不可久任,大权不可久执,大威不可久居。"

——《资治通鉴》卷八四·《晋纪》六

【译文】

孙惠上书说:"天下有五难、四不可,而您却全部具备:顶着兵器不避艰险锋芒迎头而上,这是一难;聚集英雄豪杰,这是二难,与将帅士卒分担勤劳辛苦,这是三难;凭弱小的力量战胜力量强大的,这是四难;恢复帝王的事业,这是五难。四不可:不可以长久地享受大名望,不可以长久地承受大功劳,不可以长久地把持重大的权柄,不可以长久地保持大的威势。"

这是孙惠所说的"五难四不可"。

清代彭端淑《为学》中提出对难易的看法:事有难易乎?为之,则难者亦易矣;不为,则易者亦难矣。此话也可借以讨论帝王对难易的看法。作为帝王,欲成霸业,需处理好"五难"。而最为重要的是对于军事、武力的看法及做法。战乱时期,帝王如何正确处理军事问题,直接影响到后面"几难"。没有兵权的帝王如"光杆司令",臣下有何忌惮?故勿使臣下、属下触犯兵权是根本。帝王赤手空拳难抵千军万马,而统帅指挥千军万马,需要有将有兵。对于统帅而言,尤其要有所用心,将士同仇敌忾可以御敌。而使将士协心,统帅需与部下推心置腹,不互相猜忌,与部下同甘共苦,这都是为归心之本。以弱胜强,这类军事上的著名战役虽为数不少,但相对而言,强胜弱败的战役更多。以弱胜强,必要符合天时、地利、人和。从哲学的角度来说,机遇相当重要。把握好时机,方能成就霸业。

为政有"四不可",实际上这更多是对权臣而言。中国历史上,权臣几乎很少有好的下场,究其原因,是违背了"四不可"之戒。功、名、权、威,实际上皆为帝王所有,如果臣下的功、名、权、威日益突出、膨胀,并在某种程度上超越了帝王,就会对帝王造成威胁,引起帝王的不安。如果此时臣下不急流勇退,则很易招致杀身之祸。历史上许多名重、功显、权倾朝野者,都难逃这一命运。

所以,为政者,需要有政治抱负。生有王者气,方有王者图,尔后才有王者位。从政需谨记"四不可",以为政治进退之路。

85. 出奇制胜

李流以李特、李荡继死，宗岱、孙阜将至，甚惧。李含劝流降，流从之；李骧、李雄迭谏，不纳。夏，五月，流遣其子世及含子胡为质于阜军；胡兄离为梓潼太守，闻之，自郡驰还，欲谏，不及。退，与雄谋袭阜军，雄曰："为今计，当如是；而二翁不从，奈何？"离曰："当劫之耳！"雄大喜，乃共说流民曰："吾属前已残暴蜀民，今一旦束手，便为鱼肉，惟有同心袭阜以取富贵耳！"众皆从之。雄遂与离袭击阜军，大破之。会宗岱卒于垫江，荆州军遂退。流甚惭，由是奇雄才，军事悉以任之。

——《资治通鉴》卷八五·《晋纪》七

【译文】

李流因为李特、李荡相继死去，而宗岱、孙阜即将攻来，非常恐惧。李含劝李流投降，李流听从了他；李骧、李雄接连规劝，李流没有听取。夏季，五月，李流派他儿子李世和李含的儿子李胡到孙阜的军中当人质；李胡的哥哥李离为梓潼太守，他听到这消息后，急忙骑马从郡中赶回来，想劝阻却没有赶上。回来后，与李雄商议袭击孙阜的军队，李雄说："为眼前考虑，应当这样，但李流、李含二位不听从，怎么办？"李离说："应该用武力威逼他们！"李雄非常高兴，于是一起到李流的军中说："我们过去曾经残忍凶暴地对待蜀民，现在一旦束手投降，就成为任其宰割的鱼和肉，只有齐心协力袭击孙阜，来夺取富贵啊！"大家都听从了他们。李雄于是与李离偷袭孙阜的军队，大大击败孙阜。恰逢宗岱在垫江死去，于是荆州的军队就撤退了。李流非常羞惭，从此认为李雄的才能杰出，军中事务全部都交给李雄处理。

李流因部将战死，敌军将至，很是担忧害怕，所以想投降，并以其子为人质。而梓潼太守胡兄离与李雄，用出其不意之法打败了孙阜之军。出奇制胜乃为用兵之上策，故李雄与胡兄离能大败宗岱、孙阜之兵。在很多特殊情形下，都不妨采用出奇制胜之谋。

出奇制胜于解决政治危机的用处也很大。政治危机有两类，一类是在长期政治实践中逐步形成并积聚起来的一种积习。这类积习因天长日久而难以治理。但若要从根本上清除这种危机之源，出奇制胜或许不失为一种办法。

另一类政治危机则是突如其来的，应对这种危机，出奇制胜之策往往奏效。因为此类突发危机，多类四肢之患，无久疾之苦，以"猛药"试之，则事易成矣。然应防止旧"病"灭而新"病"生。出奇制胜之策有很多，三十六计皆为出奇制胜之计。然用兵者，最忌以兵书为教条，简单仿效，照搬照抄，反会弄巧成拙，贻笑大方。

出奇制胜的最大特点是奇谋奇计、奇思妙想，最根本的目的还是能取胜、"制胜"。所以，达到目的、达到目标，是检验出奇制胜智谋的根本标准。"出奇"而不能"制胜"，那"出奇"则变成"出丑"了。

86. 隐忍

西阳夷寇江夏,太守杨珉请督将议之。诸将争献方略,骑督朱
伺独不言。珉曰:"朱将军何以不言?"伺曰:"诸人以舌击贼,伺惟
以力耳。"珉又问:"将军前后击贼,何以常胜?"伺曰:"两敌共对,
惟当忍之;彼不能忍,我能忍,是以胜耳。"珉善之。

——《资治通鉴》卷八六·《晋纪》八

【译文】

西阳夷人进犯江夏,太守杨珉请军事官员商讨对策。各位将军竞相提
出策略,只有骑督朱伺一个人不说话。杨珉问道:"朱将军为什么不说话?"
朱伺说:"大家都是用口舌攻打贼寇,我只靠力量罢了。"杨珉又问道:"将军
前后几次攻打贼寇,依靠什么能够逢战必胜?"朱伺说:"两军对垒,只应当
忍耐;对方不能够忍耐,而我能忍耐,所以能够取胜。"杨珉认为他说得很对。

小不忍则乱大谋,这句话用于军事战争最为恰当不过。有勇无谋的将
帅,其冲动、鲁莽常被敌方所利用,故多败绩;成足于胸的将帅,则以小忍为
先而后成赫赫之功。为政而言,忍亦为先。为政隐忍其实体现的是一种冷
静的态度、理性的精神,可避免因头脑发热、冲动而造成决策失误,也避免
因力量较弱小、时机不成熟,而导致施政失败。

作为民众,忍也是一种美德。人与人之间难免存在矛盾,而一些微不
足道的事情引发冲突,虽原因众多,但也多与不忍有关。所以对一般的人
而言,忍为事先,事忍则易安,不忍则易乱。当然,亦非事事皆以忍为最,是
可忍,孰不可忍。总有一些原则须坚持,总有一些底线须坚守。

87. 何曾之过

> 臣光曰:"何曾讥武帝偷惰,取过目前,不为远虑,知天下将乱,子孙必与其忧;何其明也! 然身为僭侈,使子孙承流,卒以骄奢亡族,其明安在哉! 且身为宰相,知其君之过,不以告而私语于家,非忠臣也。"

——《资治通鉴》卷八七·《晋纪》九

【译文】

臣司马光说:"何曾议论晋武帝苟且怠惰,只顾眼前,不做长远考虑;而预知天下将要发生变乱,子孙一定会卷入这忧虑当中;多么英明啊! 但是自己过分奢侈,使子孙效仿继承这坏毛病,最终因为骄横奢侈而亡族,这英明在哪里呢? 况且作为宰相,知道自己君主的过错,不忠告君主却在家私下议论,不是忠臣。"

何曾虽为相且于国有功,然而照司马光看来,他有三过。

一为讥主之过而不觉己之过。何曾认为君王应勤政为民,胸怀远大,处处以民生为念,以天下为忧,不能只顾及眼前。然而何曾讥君偷惰,而自身却极奢欲。同样的,有些领导者,时常告诫属下要廉洁自律,奉公守法,但台上的声音与台下的行为形成鲜明的对比,反腐呐喊的"旗手"自身往往就是腐败分子,实在是一种莫大的讽刺!

二是为臣不忠。何曾"知其君之过",却不正言直谏,而是"私语于家",这是没有尽到为臣之责。古语云:君不听,则臣死。今天我们当然不能以此为训,但应以此为鉴。应努力与领导沟通,多方劝阻领导之不当行为,而只是私下妄议领导之问题,是一种不负责任的表现。

三为教子无方。何曾奢侈,而子孙承流其弊,"卒以骄奢亡族"。作为领导者,教育好子女也很重要,这样才不至于使子女恃其权势,仗势欺人,成为新生代的"花花太岁"而贻害社会。

何曾三过,人应谨慎之,应明鉴之。

88. 几谏

（刘）殷常戒子孙曰："事君当务几谏。凡人尚不可面斥其过，况万乘乎！夫几谏之功，无异犯颜，但不彰君之过，所以为优耳。"

——《资治通鉴》卷八八·《晋纪》一〇

【译文】

刘殷常常告诫子孙说："侍奉君王应当务求对君王婉言劝谏。对于普通人尚且不能当面斥责他的过错，更何况君王呢？婉言劝谏的功效，与冒犯君王的威严没有什么区别，只是不明说君主的过失，所以是比较好的方法。"

"几谏"，就是微谏，婉言劝谏。刘殷认识到凡人"尚不可面斥其过"，对于君王更不能随便面斥，因而提出"几谏"的政治哲学。

事实上，正如刘殷所言，在很多情况下，臣下的进谏极易触犯龙颜，引起帝王极大不快，引致身家性命之忧。所以仅从"几谏"的角度而言，这似乎是明哲保身，但事实又不尽然。"几谏"并不代表不触犯龙颜，而是在进谏的同时，不突出、不夸大君王之过，也就是劝谏而不彰恶。如果能做到这一点，也可说是一种比较好的进谏方式。

从心理上而言，大多数人比较能够采纳与己相同之言，而与己相异之言则较难采纳。从言语表现上来说，"几谏"委婉而谨慎，甚至是小心翼翼。向帝王进谏，自然会有很大的政治风险，甚至生命的风险，但如果进谏对国家有益，此乃大义，虽有风险，却无上光荣。

89. 清谈误国

学者以庄、老为宗而黜《六经》,谈者以虚荡为辩而贱名检,行身者以放浊为通而狭节信,进仕者以苟得为贵而鄙居正,当官者以望空为高而笑勤恪。

——《资治通鉴》卷八九·《晋纪》一一

【译文】

学习的人以庄子、老子的学说为根本而贬斥《六经》,谈论的人以浮夸而不切实际为明理而轻蔑名誉与礼法,修身的人以放纵邪行为通达而轻视节操信义,求官的人以不应当得到而得到的官职为高贵而鄙薄遵循正道,当官的人以只署文牍不问政务为崇高而耻笑勤勉恭谨。

这是干宝在《晋纪·总论》里的话。干宝是基于东晋社会的人们多重清谈务虚、风俗浇薄而发此言论的。

以庄老之学为根本而黜斥儒学之经典,易导致务空而导虚,所以干宝极不赞成。自西汉"独尊儒术"以来,儒学成为天下读书人之正经,而后历朝历代均以此为正道。庄老之学为难以入仕为官者提供了一条隐逸退避的道路,但一个社会若人人以庄老为宗而栖隐穴岩,谁来执政而务实?

说"谈者以虚荡为辩",实际上是批判当时社会上浮夸的风气。好辩空谈对于实务没有多少帮助。重空谈而瞧不起实务,不利于社会的发展进步。阮、嵇提倡"越名教而任自然"是有时代背景的,他们是以此来反对司马氏政权对于士人的镇压。

在行为上以"放浊为通而狭节信",也是当时的一种社会风气。这种行为应是对儒家道德约束的一种反驳,但如矫枉过正,则易导致新的社会与风教问题。仕途者以获取利益为贵而不屑于发扬正义,当官者以"望空为高"而嘲笑做事勤勉,这都是当时为政者的陋习。实干兴邦,清谈误国,这也是一条千古明训。

90. 惟以德举

尚书令王鉴、中书监崔懿之、中书令曹恂谏曰："臣闻王者立后，比德乾坤，生承宗庙，没配后土，必择世德名宗，幽闲令淑，乃副四海之望，称神祇之心。孝成帝以赵飞燕为后，使继嗣绝灭，社稷为墟，此前鉴也。自麟嘉以来，中宫之位，不以德举。借使沈之弟女，刑余小丑，犹不可以尘污椒房，况其家婢邪！六宫妃嫔，皆公子公孙，奈何一旦以婢主之！臣恐非国家之福也。"

——《资治通鉴》卷九〇·《晋纪》一二

【译文】

尚书令王鉴、中书监崔懿之、中书令曹恂进谏说："臣听说帝王册立王后，效法乾坤相配之理，在世时承嗣宗庙祭祀，去世后配祀土神，必定选择有累世功德和名望的宗族，本人也应当柔顺闲静、德行善美，才能与全国人民的期望相称，使神灵满意。汉成帝立赵飞燕为皇后，结果使子嗣灭绝，国家毁为废墟，这是前代的教训。从汉麟嘉元年（晋愍帝建兴四年）开始，选立皇后，不以道德为准绳推举。即便是王沈的妹妹或亲女儿，如同阉宦微贱之辈，尚且不能让她们沾污后妃之位，更何况王沈的婢女呢！君王六宫的嫔妃，都是王公贵胄的子孙，怎能有一天让婢女做她们的主人！臣只怕这不是国家的福泽。"

中宫之位，位高荣宠，母仪天下，非有德之人不能居之。中国封建时代帝王选择中宫之主时，德是考核的重点，这其中的德涉及方方面面。

古代帝王,对于皇后之位是慎之又慎,因为这关系到亿万百姓的问题。中国历史上的皇后大多出身贵族之家。在国家大一统时代,帝王之皇后一般多于重臣之女中选择(有极为严格的选秀过程),帝王也是通过与外戚的关系,平衡朝廷中的各派势力。在国家尚未强大或者外敌压力较大的情况下,这种政治联姻不仅限于国内,也扩展至国家与国家之间。如西汉与匈奴的和亲政策便是一例,而清代帝王的皇后大多来自科尔沁草原也是典型事例。所以帝王选择皇后首先考虑的是一种政治联姻。

一般而言,有条件与帝王家联姻的大臣不在少数,但是最终联姻于哪一家,还与这家的中宫候选人的素养有密切关系。对于皇后而言,色艺固然重要,但母仪天下之德更重要,平衡后宫的能力也更重要。后宫的妃嫔与朝廷大臣之间有着千丝万缕的关系,所以能够平衡后宫,保证后宫的正常运作,成为选择皇后的重要标准。历史上多少帝王亡于后宫之手,就因择选不慎,这不能不引以为戒。

此外,皇后之位的长久与否,与其对继任者的教育也有关。封建之古制,帝王之嫡长子为储君,那么皇后对太子的教育与言传身教,也关系到未来皇帝是否贤明,涉及帝位传承的长久性。所有帝王都不希望自己或后代成为亡国之君,总是希望本朝千秋万代,而对储君教育不善,将直接威胁到朝代的寿命。由此也可反观选择后妃之重要性。

91. 俭葬利国

侍中乔豫、和苞上疏谏，以为："卫文公承乱亡之后，节用爱民，营建宫室，得其时制，故能兴康叔之业，延九百之祚。前奉诏书营酆明观，市道细民咸讥其奢曰：'以一观之功，足以平凉州矣！'今又欲拟阿房而建西宫，法琼台而起陵霄，其为劳费，亿万酆明；若以资军旅，乃可兼吴、蜀而壹齐、魏矣！又闻营建寿陵，周围四里，深三十五丈，以铜为椁，饰以黄金；功费若此，殆非国内之所能办也。秦始皇下锢三泉，土未干而发毁。自古无不亡之国、不掘之墓，故圣王之俭葬，乃深远之虑也。陛下奈何于中兴之日，而踵亡国之事乎！"

——《资治通鉴》卷九一·《晋纪》一三

【译文】

侍中乔豫、和苞上书规谏，认为："卫文公在败乱灭亡之后，节省费用，爱恤子民，兴建宫殿，符合时节和制度，所以能够建立卫康叔的基业，延续九百年的国运。先前奉承诏书建造酆明观，市井小民都讽刺其奢侈说：'用修建一座观的人力，足够用来平定凉州了！'现在又要比拟阿房宫而建造西宫，效法琼台而造陵霄台，这其中耗费的人力、物力、财力，远超建造酆明观的亿万倍；如果用来资助军队，便可以兼并吴、蜀，统一齐、魏了！又听说建造寿陵，周长有四里，深三十五丈，用铜做棺椁，用黄金作为装饰；耗费如此的人力、费用，恐怕不是国内所能承担的。秦始皇陵掘穿三重泉，以金属浇铸，但墓土没有干便被发掘毁坏。自古以来没有不灭亡的国家，也没有不被盗掘的陵墓，所以圣贤的君王节俭葬事，这是有深远考虑的。陛下怎么能在国家中兴之时,去跟随灭亡了的国家所做的事呢!"

中国封建社会有着讲究而繁琐的丧葬礼仪,葬礼之要求与规格与死者生前的身份相关。随着时代的发展,葬礼的殉葬品亦日趋人性化,从原来以人为殉葬品到以牺牲为殉葬品,以至到以其他实物为殉葬品,丧葬文化日趋文明。而此文明程度的提高更多体现于权贵之家丧葬之礼的简化。

对于特权阶层而言,特别是对君王而言,葬礼更是豪华之至,繁琐之至。但是如果帝王提倡俭葬,又具有深远的政治意图。

中国是一个讲孝治的国家。如果先前的皇帝崇尚俭葬,那么依照祖宗家法、旧有故事,继任的皇帝亦应崇俭葬。违背或逾越先皇的成法而主张奢葬,必然被冠以"不孝"之名,在日后的政治生活中造成被动的局面。所以,追求奢葬是有负面影响并有可能要付出很大代价的。

另外帝王葬俭会使其他方面也有意无意地效仿,从而形成节俭的作风。这样做,主观上能够扼制奢侈,客观上也能减轻国家与民众的负担,有利于社会发展。

所以说,帝王俭葬绝非仅在于俭葬本身所带来的"经济效益",也在于以此带来的"社会效益"。形成节俭的风气,扼制奢侈之风,对于国家、社会、民众而言,都是一件值得鼓励赞扬的事。

92. 恭俭与明断

帝恭俭有余而明断不足,故大业未复而祸乱内兴。

——《资治通鉴》卷九二·《晋纪》一四

【译文】

晋元帝恭谨俭约的品德有余,但明别是非、公正判断的能力还不够,所以帝业还没有恢复,内部就发生祸害变乱。

恭俭是为君之德、为政之基,而明断乃为君之明、为政之要。因帝德盈、明断亏,是故大业未复而祸乱又起。

在上篇中,我们讲到帝王应简葬。诚然,崇俭有利于帝王在政治上树立较好的威信。同时,作为帝王,不因其权力至高无上而傲视天下,而是以谦谨的方式与臣下共治天下,则是有德之君。

但是,治国仅仅靠道德是远远不够的!德虽为治国之本,但道德之高未必能使国家达到善治,还必须依靠帝王与诸臣的能力以及卓有成效的理政。其中,帝王的判断能力和决策能力相当重要。身为帝王而没有决断能力,根本无法把握国家的命脉,主次不分,轻重不辨,也是导致大业未复而祸乱内兴的重要原因。

所以对领导者而言,道德上能达到较高境界当然至关重要,但是仅仅有德还是难以执政而令天下安定的,这都需要相应之才能。对于封建帝王,要有掌握乾坤的魄力;对于地方要员,要有能保一方安定与发展的能力。

93. 微行夜查

三月,后赵主勒夜微行检察诸营卫,赍金帛以赂门者,求出。永昌门候王假欲收捕之,从者至,乃止。旦,召假,以为振忠都尉,爵关内侯。

——《资治通鉴》卷九三·《晋纪》一五

【译文】

三月,后赵王石勒夜间微服出行,稽查各营门卫士,他拿着钱财去送给守门人,请求出门。永昌门守门之官王假要拘捕他,因随从人员到来才停手。清晨,石勒召见王假,任命他为振忠都尉,赐予关内侯的爵位。

后赵石勒通过贿赂的方式诱使臣下腐败,此非为人君所为。虽然其原意在于通过假贿赂的方式试探臣下是否恪忠尽职、廉洁为公。

中国历朝历代都重视对腐败的治理,并且相关制度都十分严格,刑罚严酷,对于皇亲国戚也不轻纵。但问题仍层出不穷,说明腐败之根深蒂固,很难清除,所以石勒假贿营卫并不奇怪。这种对于官员是否收受贿赂的非正常的考验方式,虽然不值得提倡(因为容易搞得整个社会不得安宁,引起更大的恐慌),但是,之所以采取这种方式,也从侧面说明当时收受贿赂现象之严重,而且,收受贿赂者的反侦察能力也很强。所以,石勒一方面采取这种非正常的方式进行检查,另一方面也采取奖善惩劣、奖惩分明的方式,希望对社会风气有所正向引导,也算是迫不得已、煞费苦心了。

94. 褒忠诛叛

> 程遐言于勒曰："……见忠于其君者辄褒之,背叛不臣者辄诛
> 之,此天下所以归盛德也。"

——《资治通鉴》卷九四·《晋纪》一六

【译文】

程遐对石勒说："……忠诚于自己君主的人就褒扬他,背离叛变主上不尽臣节的人就杀了他,这正是天下人之所以归从于崇高品德的原因。"

所有的领导科学和领导艺术,从字面上加以理解似乎都很容易,但实行起来又何其难,故谓知易行难矣。

古代帝王也深知褒忠诛叛的重要,但仍有不少困惑。这是因为,所谓的忠叛,皆为外人所见。作为领导者,能否正确判定忠与叛是关键,也是第一步。但这种判断往往被各种因素所干扰,或被假象所蒙蔽,以至出现判断失误,酿成大错。如《三国演义》中蒋干中了周瑜的反间计,致使曹操错杀蔡瑁等人,导致在赤壁之战中因军队不习水性而战斗力下降,最终大败。假如蔡瑁等人不被诛,历史可能会改写。

因此,领导者首先应该能够准确辨别忠叛,才能做到真正意义上的褒忠诛叛。所以领导者不仅要善于学习分析,而且也应正确对待他人意见。

褒忠与诛叛实际上是帝王维护自己政权的一种措施,其示范性意义远远大于事件本身。褒忠起到一种扬善作用,诛叛是一种惩恶之法。但是政治上常有明知应为而不可为之事,所谓的褒忠与诛叛,也并非是绝对的,而应根据当时的情势以及现实政治需要。

95. 满盈自惧

长沙桓公陶侃,晚年深以满盈自惧,不预朝权,屡欲告老归国,佐吏等苦留之。六月,侃疾笃,上表逊位。

——《资治通鉴》卷九五·《晋纪》一七

【译文】

长沙桓公陶侃,到晚年深深畏惧物极必反的道理,因此不参与朝政大权,多次想辞官退休回乡,他的僚属等苦苦挽留他。六月,陶侃病重,上奏章请求让位。

陶公"满盈自惧"求自保,是为急流勇退,明哲保身。

权力似魔杖,亦如毒品,对于不同的人,有着不同的作用:好权之人,视权力为宝,最终上瘾而不能自拔,官阶越高毒瘾越大;而不好权力者,视之为赘物,虽然知道它的作用却不喜好,大多数不喜欢与政治打交道的人都有这样的看法。所以说,对于长期以来掌握大权的人而言,顿然间丧失权力,其感觉犹如蚂蚁上身,是非常要命的事。

但在封建时代,对于帝王而言,臣下权力过分膨胀,客观上将影响皇权的集中,因此帝王在适当的时机都会采取必要的措施解决之。从历史上看,权臣被解除权力的方式,归纳起来,主要有以下几种:一是劝退。即使是曾并肩作战,即使是曾生死与共,但因其权势过大影响帝位,故以劝退。如宋太祖"杯酒释兵权"就是经典案例。二是分权。虽然臣下之权势严重影响到帝王的权势,但帝王仍需要利用臣下为其建功立业,于是采取分散其权力之方式,减少其职责,增加新职位,使之相互制衡,这也是和平夺权的一种。三是诛杀。历史上,在每个朝代之初,大都有一场"大清洗"运动,这种政治运动的直接矛头便是指向有功之臣,特别是国之重臣,以便达到权力集中的目的。

比较而言,自愿弃权是臣下最难以施行的方法。而陶公能有此为,实难能可贵。通过弃权向帝王表明自己无意于权位的态度,帝王也可借机顺水推舟。

这种温和的弃权方式至少有三种好处:一为留名。自动弃权者在其他官员中造成一种退位让贤的印象,从而为个人留下美名。二为留利。对自动弃权者,帝王也会以其他方式加以补偿,历朝历代大多如此。三为留命。适时退出权力场,既让帝王满意,又让同僚高兴,更不会再因伴君如伴虎,惹祸上身,甚至累及性命。此为弃权之"三好"。权满盈,遭主忌,弃权自保成为那时人们的一种"明智"选择。

96. 仁以长物，义以齐耻

故作《学箴》以祛其蔽曰:"名之攸彰,道之攸废;及损所隆,乃崇所替。非仁无以长物,非义无以齐耻,仁义固不可远,去其害仁义者而已。"

——《资治通鉴》卷九六·《晋纪》一八

【译文】

所以他写《学箴》来祛除流弊说:"声名所彰显,道德之所以败坏;等到减损显赫的虚名,才能推崇被败坏的道德。没有仁爱无法使万物生长,没有正义无法统一羞耻观念,仁爱和正义本来不可以疏远,除去危害仁爱和正义的东西而已。"

仁义,在封建社会是具有基石意义的行为标准,因此也成为整个社会评价的标准。然而,仁义有大有小,于君,于臣,于民,仁义代表的内涵又有所侧重。

君王之仁为国仁。此仁不在为所亲近之人,而是以天下人为仁,布施仁义于天下民众,使民众均享受国之大仁。同时,君王应实施仁政。开国之君之功在于创新朝,而守成之君之功在于创盛世,此皆帝王之仁。而亡国之君与昏庸之君,皆为不仁之君,青史留下骂名。

官吏之仁为官仁。封建社会官吏是皇帝权力的缩小版,官吏成为皇帝在地方的代言人和最正式的象征,所以官吏之仁也成为皇帝之仁在地方的代表。为官之仁的根本在于为官一任,造福一方,此为大仁。人的能力有大小,为官者也不可能个个都能造福地方,但至少要保一方平安,不做残害百姓、为世人所不耻之事。

百姓之仁为小仁。小民之仁在于安定。从封建社会的稳定性而言，统治者的主要目标是要民安，只有人民安居乐业、安分守己了，国家政权才得以稳固，此亦为仁也。

义与仁为孪生兄弟。仁为三仁，故义亦有三义，百民之义为勤，官员之义为政，帝王之义为正。百民之义在于勤，百姓以耕作为本，勤劳是农业生产的重要条件。正是他们的劳作创造了财富，推动了社会发展。为官之义在于"政"，与仁相似。官不为民，则为不"义"，官员之本应以民为重，通过为官而为民造福。帝王之义在于"正"，有公正心。实际上，许多帝王因为没有公正心而导致国倾，此为最大之不义。所以仁义不施，道德沦丧，终将败亡。

97. 功不成唯死节?

矩曰:"为人臣,功既不成,唯有死节耳!"

——《资治通鉴》卷九七·《晋纪》一九

【译文】

宋矩说:"作为人主的臣子,既然不能成就功业,只有为节操而死了。"

作为臣下,没有为国立功,特别是战功,便只能以死谢国之厚恩,此为愚忠也! 在今人看来,简直有些不可思议。

人最可宝贵的是生命,每一个个体生命都是唯一的,不可替代;每一个个体生命都有其存在的意义和价值。所以,生命也是人们所最应尊重的,决不能轻言放弃。而每一个生命个体又不完全是以单独、孤立的形式存活于世的,个体与个体之间,必然地结成了各种各样的关系。人,就是生活在各种各样的社会关系之中。个体生命之间的相互联系,就使得每个人的存在,呈现着一种你中有我、我中有你的现实状态,所以每一个个体生命,不仅要对自己负责,还要对与自己相关的他人负责。具体而言,就是还要对自身所在的家庭、单位、朋友等负责。所以说每个人的生命并不完全属于自己,也属于他人。

单只看宋矩的这句话,"功不成,即死节",显然是太极端了。但宋矩有守城之责,面对强敌进攻,威逼利诱,舍生取义,杀身成仁,连敌方也颇为赞佩,其精神还是值得称道的。现而今人类进入文明社会,尊重生命,已然成为当今社会人们一个基本的价值观。

在许多情况下,保全生命是第一要义,但依然还是有仁人志士,会为大同理想、正义信念而慷慨赴难,而这种精神依然还是值得人们敬重和纪念的。

98. 王位废立

赵秦公韬有宠于赵王虎,欲立之,以太子宣长,犹豫未决。宣尝忤旨,虎怒曰:"悔不立韬也!"韬由是益骄。

——《资治通鉴》卷九八·《晋纪》二〇

【译文】

后赵秦公石韬受到后赵王石虎的宠爱,石虎想立他为太子,因为已立太子石宣为长,因此迟疑不决。石宣曾违逆赵王的意旨,石虎气愤地说:"真后悔当初没立石韬为太子!"石韬因此更加傲慢。

这是中国历史频繁上演的储君之争的一段记述,其间牵涉君王废立长幼的矛盾纠葛。

一为废长立幼。中国封建社会形成了父死子继的传统,立嫡长子为储君成为一种制度而被普遍遵循。但在很多情况下,皇帝的子嗣甚多,皇帝个人的偏好不可能不影响到储君的废立。一般而言,皇帝对所宠爱的妃子所生的皇子,也大多比较喜爱。但如若帝王对其所爱超过了对储君之爱,则容易产生废长立幼的心理。而从中国历史看,废长立幼大多带来朝廷政治的巨大变故,造成可怕的政治影响。

二为长幼之争。帝王对皇子们的偏好,会影响到储君的地位。中国政治是这样的,"上有所好,下必甚焉"。帝王过分地表现其偏好,不可避免地会引起长幼之争,造成祸乱,甚至乱政。

历史上英明的皇帝从不轻易破坏立嫡长子的规则,而没有远见或昏聩的皇帝常立其所好,以私己之爱而误国事大政,此亡国之道。推而广之,领导者对于部下也应严格要求,否则容易因情感偏向而影响客观公正的判断,不仅使部下容易产生骄逸之风,而且于工作无利而有害。

99. 功己咎人其可乎?

温之屯灞上也,顺阳太守薛珍劝温径进逼长安,温弗从。珍以偏师独济,颇有所获。及温退,乃还,显言于众,自矜其勇而咎温之持重;温杀之。

——《资治通鉴》卷九九·《晋纪》二一

【译文】

桓温驻扎在灞上的时候,顺阳太守薛珍劝说桓温径直向长安逼近;桓温没有听从。薛珍就带领一部分军队独自渡过灞水,略有收获。等到桓温撤退时,他才返回,向兵众名言炫耀,自夸他的果敢而责怪桓温的谨小慎微;桓温把他杀掉了。

薛珍恃其功而咎他人之过,故有杀身之祸。

功如剑,处理不当会伤人伤己,所以对功应慎而又慎。

恃己功,咎人过,有三害。一为上司忌。有了功劳,有了成绩,当然应是件好事。但自恃有功,只觉得自己了不起,他人都不放眼里,甚至觉得连上司都不如自己高明,自然会惹上司不高兴。此一害。二为同僚忌。对于同僚来说,有功者更易升迁,所以自然会为他人"眼红",众口铄金,积毁销骨,遭受排挤,此二害也。三害,为下属忌。恃功之人有与部下争功之嫌。实际上,任何功劳从客观上讲应是大家共同作用的结果,只是于功劳之中作用大小罢了。而恃功、邀功,会使下属担心抢己之功,导致人心涣散。特别是战争年代,这种邀功所造成的后果相当严重。

恃功于己有三害,而推功于人则有二利。所谓的是非功过,其实自有

9 9 . 功 己 咎 人 其 可 乎 ?

公论。真正发挥了作用,那样的功,似乎也不必非要自己去争抢;自己没有发挥那样大的作用,掠人之美,贪人之功,似乎也无必要。不属于自己的,推功于人,心甘情愿;属于自己的,坦然接受,心安理得。在任何情况下,保持公正平和的心态,胜不骄,败不馁,最终定会赢得他人尊重。

100. 储君八大有德

太子大德有八：至孝，一也；聪敏，二也；沈毅，三也；疾谀喜直，四也；好学，五也；多艺，六也；谦恭，七也；好施，八也。

——《资治通鉴》卷一〇〇·《晋纪》二二

【译文】

太子的大功德有八个：其一，极尽孝道；其二，聪明敏锐；其三，沉着坚毅；其四，痛恨阿谀、喜欢刚直；其五，喜爱学习；其六，多才多艺；其七，谦虚恭敬；其八，喜好施舍。

储君为国本，关系到朝廷未来的兴衰荣辱，故历朝历代均十分重视储君的培养。

古代帝王对于储君的培养，大多走的是德才并进之路线，并且更注重德的教育。无才之君固然对国无益，但其有贤才辅助，亦无覆国之险；而无德之君如若恃其才高，可能对国家危害更大。前引"太子八德"，实际上将部分的才也归为德，或者将人性亦归于德。

储君之大德一为至孝。承前文所述，孝是中国古代治理家国的一种方式，成为连接上下的一种桥梁。孝，在家而言为小孝，在国而言为大孝。所以帝王为孝，实际上也是一种标榜与示范。而储君若对帝王不能尽孝，也很难对天下人尽责。

聪敏、沉毅、谦恭，为性格之特质。作为储君，如果像晋惠帝那样愚笨之至，则只能导致国家治理混乱，所以"聪敏"对于作为储君的条件来说至关重要。"沉毅"，即沉着、刚毅、不浮躁。应当说，大多时候人都保持心态平衡。人心之浮躁主要表现在重大节点上,如重大战争等关乎国家社稷安危的时刻。沉着、刚毅会使局面朝着好的方向发展。"谦恭",是中国人颇为赞赏的美德,但也存在度的问题,而帝王有谦恭之德实则不易。

多德多艺,二者是相互联系的,好学而后才有多艺。一般来说,古之帝王多好学,这是由其身份地位所决定的,也是整个社会所期许的,所以帝王好学是治国所必须的基本素养。"疾谀喜直"则为储君将来能够很好执政的一个重要因素。国家能否有新气象,帝王之性格至关重要,"疾谀喜直"无疑会给朝政之"正"风奠定好的基础。

当今社会,领导在选拔干部时应透过现象看本质,要德才兼备,施行民主选拔,多多倾听民意,避免极端的个人偏好和封建的选人用人模式给选拔人才造成难以弥补的失误。

101. 选官连带责任

（苻）坚乃下诏称："本欲使诸公延选英儒，乃更猥滥如是！宜令有司推检，辟召非其人者，悉降爵为侯，自今国官皆委之铨衡。"

——《资治通鉴》卷一〇一·《晋纪》二三

【译文】

苻坚于是下达诏令称："本来想让各位王公引荐学识渊博的儒士，没想到竟然变成引荐多而滥的地步！应该命令有关官吏审问追查，凡是所征召的人选不得当的，全都把爵位降为侯，从现在开始，藩王的属官全都由吏部尚书选拔。"

苻坚面对选拔人才当中所选非人的现象，提出了选官要承担连带责任的问题。

千百年来，选官制度一直是统治者颇为头痛的问题。封建社会时期，历经了诸多的选官制度，但仍多有纰漏。而随着国家制度运作经验的不断积累，这些制度还是多有进步，其中苻坚提出的选官连带责任制度，便有许多借鉴意义。选官连带责任制度虽然具有一定的强制性、惩罚性，但也有诸多合理性。

选官过程中之所以英才难见，主要的原因还在于腐败问题，即选官与被选之人之间存有亲缘或利害关系，所以会出现为了个人或相互之间的利益，不讲原则地"猥滥"延选。苻坚之法，将选拔官员的名爵待遇与被选者的实际表现相互连带，这其中存在诸多好处：

选官者要"慎",应以各种方式认真考察下属,选拔那些在德才方面确实较为优秀者,因为他们的将来不是与自己无关,而是存在着政治连带责任。应当指出,这种连带责任还应是直接性的,并设定一定的时限,这样才能保证连带责任具体化,使选官者除了有权选拔人才之外,更有义务"扶上马,送一程"。被选者应"慎"。作为被选拔者,应该自律。于公,违背法律终将遭受惩罚;于私,害人害己。所以要行事谨慎,形成一种踏实稳健的政治作风。

当然,这种政策也存在较大的风险,一旦选官连带责任使选者与被选者形成密切的关系网,这对于防腐、反腐而言,将是难上加难。

但为避免责任,是否就不选拔、不任用人才呢?显然不是。问题的关键,并不在于一定要由谁来选,一定要去选拔谁,而在于要有民主的程序、公正的标准、完善的制度。总之,选人、用人,不能单靠某个人或某些人的主观研判,而应靠民主、公正、合理的制度来做保证。

102. 致治之本

尚书左丞申绍上疏，以为："守宰者，致治之本。今之守宰，率非其人，或武人出于行伍，或贵戚生长绮纨，既非乡曲之选，又不更朝廷之职。加之黜陟无法，贪惰者无刑罚之惧，清修者无旌赏之劝。是以百姓困弊，寇盗充斥，纲颓纪紊，莫相纠摄。"

——《资治通鉴》卷一〇二·《晋纪》二四

【译文】

尚书左丞申绍上书，认为："郡县等地方长官，是使国家在政治上安定清平的根本。如今的地方长官，大概都是任用不合适的人，有的是就出自军队的武将，有的是出生成长于富贵人家的帝王亲族，既不是由乡里选举出，又不是曾经历朝廷的职务。再加上人才的进退、官吏的升降无视法纪，贪婪怠惰的人没有对各种刑罚的畏惧，操行洁美的人没有获得表彰奖赏的鼓励。所以百姓困顿疲惫，盗贼众多，政纲颓废，法度紊乱，没有人能够互相督责整饬。"

宰相为百官之首，其治则百官亦治，其乱则百官亦乱，可见宰相地位的重要。我们若将封建政治比作人之身体，帝王固为头颅，成为全身之根本，全身的中枢神经归结于此。而"守宰"为颈脖，是人身与头部的连接点，是信息传达的重要中转站。对单个人而言，如若脖颈之神经系统出问题，那么就可能成为植物人。同理，"守宰"出了问题，则帝王与百官、民众之连结就困难重重了。

在治理实践中，"守宰"确实有着极其特殊的作用。中国历史上一直存在着相权与皇权之争。而相权与皇权的斗争,多是宰相通过各种方式,要从帝王那里获取更多的政治权力,这对皇权也有一定的制约作用。所以相权与皇权的争斗,一定程度上可促使政治保持动态平衡,而封建社会的历史,在某种意义上讲,是相权与皇权斗争的历史,并不断在平衡的中线中绯缅。

封建时代之宰相,一人之下,万人之上,具有尊崇的地位和相当大的权力。作为国家行政管理的中枢、核心,他们如何执政、如何行政,直接关系政局的稳定和社会民生。选用非人,势必会导致"百姓困弊,寇盗充斥,纲颓纪紊"的局面。因此,致治之本,不可不慎;"守宰"之人,不可不察。

103. 善作者善成,善始者善终

　　夫善作者不必善成,善始者不必善终,是以古先哲王,知功业之不易,战战兢兢,如临深谷。伏惟陛下,追踪前圣,天下幸甚。

　　　　　　　　　　——《资治通鉴》卷一〇三·《晋纪》二五

【译文】

　　兴起时做得好的不一定完成时也做得好,开始时做得好的不一定结束时也做得好,所以古代的圣哲帝王,知道建立功勋事业的不容易,都是畏惧谨慎,就像面临着幽深的山谷。臣盼望陛下,能够效法古代圣贤,这是国家的大幸。

　　历来创业多艰辛,故王猛才有"善作者不必善成、善始者不必善终"之感慨。

　　从客观上讲,开创万世基业实属不易,非常人所能承担,所以能够创业者,其于历史而言,已有着突破性的贡献。历史之薪火需要传承,所以创业者应将责任赋予守成者,使创业与守成之间形成一种绵连不绝之链条,从而实现所谓万世太平之梦想。这也提示领导者,一代人有一代人的历史使命,一代人有一代人的历史责任。对于未来,不能将空想置于历史之中。善作与善成固有其玄机,但在此我们主要讨论善始与善终。

　　对于个人而言,善始与善终诚为可贵。对一国之君而言,举国之责常集于一身,覆国之险却往往于一念,故善始多难善终。历史也证明了这一点,李隆基便是明证。对于个人而言,善始善终既应是一种目标、一种责任,同时也是一种能力、一种素养。做事做人,善始善终,诚为美德,也是人与人之间能够相互信任的重要条件。

对于领导者而言,善始善终尤其重要。开始工作抓得紧,工作过程不放松,但最重要的是要达成目标,完成任务。不能事事都抓,却都只抓一半,半途而废;不能事事都管,却都有头无尾,功败垂成。因此,在某种意义上来说,善终甚至比善始更为重要。

104. 屈伸之术

张天锡会官属谋之,曰:"今入朝,必不返;如其不从,秦兵必至,将若之何?"禁中录事席仂曰:"以爱子为质,赂以重宝,以退其师,然后徐为之计,此屈伸之术也。"

——《资治通鉴》卷一〇四·《晋纪》二六

【译文】

张天锡会合主要官员的属吏商议计策,说:"如今前往朝廷,一定就无法返回了;如果不听从征召,前秦的军队一定会到来,该怎么办呢?"禁中录事席仂说:"以您心爱的儿子作为人质,再给他们奉赠贵重的宝物,以使他们的军队撤退,然后再慢慢地商议计谋,这是能进能退的方法。"

面对强敌,席仂提出屈伸之术,希望以此权宜之计,委曲求全,以保大局。

屈伸之术让人想起战国时代孙膑与庞涓的故事。庞涓与孙膑同为魏国将领,庞涓嫉妒孙膑才能,用毒刑使孙膑致残,后来孙膑装疯,得齐使者救助,逃到齐国,并在"围魏救赵"战役中打败庞涓,也算是以"屈伸之术"最终成就大名的一个例子。

为人君者,屈伸之术为最难。一国之君,在国中处于最高领导者的地位,运用屈伸之术首先面临的就是面子问题。一般人都会觉得难堪的事,但是有为与大气之君王,则能运用屈伸之法,以小忍而获大利。越王勾践卧薪尝胆以灭吴,更是讲求屈伸之术的典型。历史上运用屈伸之术而终成大器者不在少数。如与汉刘邦共打天下的韩信,年轻的时候曾受胯下之

104. 屈伸之术

辱,然终成一代名将。再如西汉与匈奴的和亲政策对于汉朝而言是一种屈辱,但这对于汉初国家的稳定和社会经济的发展有利,为汉朝的发展赢得时间,为汉朝最终打败匈奴积聚了力量。

施行屈伸之术最难之处为忍。相当多的屈伸之术于半途而废,就是因为当事者的忍耐力有限。另外,采用屈伸之术后易形成一种退缩的心理。本来是从形式与表象上屈从于他人,到最终也可能会变成心理上屈从于他人。

我们不提倡古代所谓的忍辱负重、委曲求全,不倡导封建时代所谓的"屈伸之术"。对当今的领导者而言,应是在讲求党性和人性的基础上,在恪守原则的前提下,实事求是,审时度势,量力而行。以维护国家和人民的利益为最高准则,识大体、顾大局,而不是只在个人私利之间讲求屈伸进退。

105. 主奴之争

慕容冲进逼长安,秦王坚登城观之,叹曰:"此虏何从出哉!"大呼责冲曰:"奴何苦来送死!"冲曰:"奴厌奴苦,欲取汝为代耳!"冲少有宠于坚,坚遣使以锦袍称诏遗之。冲遣詹事称皇太弟令答之曰:"孤今心在天下,岂顾一袍小惠!苟能知命,君臣束手,早送皇帝,自当宽贷符氏,以酬曩好。"坚大怒曰:"吾不用王景略、阳平公之言,使白虏敢至于此!"

——《资治通鉴》卷一〇五·《晋纪》二七

【译文】

慕容冲进军逼近长安,前秦王符坚登上城墙观望,感叹地说:"这些敌虏是从哪里出来的呢!"接着大声责备慕容冲说:"你小子何苦来送死!"慕容冲说:"我厌倦了我的困苦,想捉拿你来代替!"慕容冲小的时候很得符坚的宠爱,符坚派遣使者带着锦袍宣称是皇帝诏令送给慕容冲的,慕容冲则派詹事宣称皇太弟让他回答说:"我如今的志向在于夺取天下,岂能看得上一件锦袍这样的小恩惠!假如能够知道天命,君主臣下就应该停止抵抗,及早把皇帝送来,自然应当会宽恕符氏以报答过去的恩情。"符坚大为发怒,说:"我没有听从王猛、阳平公符融的话,使鲜卑白虏胆敢放肆到这种地步!"

慕容冲"奴大欺主",以封建时代正统的观念看来,此为极可恨之人,但这也是中国历史上常见的现象。在中国传统社会里,人与人之间除了血脉关系之外,还有远近不同的人身依附关系,而正是这种关系,形成了古代

105. 主奴之争

中国人的奴性气质,即某个人为某个人之部属,就须从精神上也依附他,从而使得上下级之间形成一种驱使关系。而当奴者有机会做大时,便也对其原主进行欺压,形成"奴大欺主"的现象。

一提起"奴大欺主",便有两个人物浮现出来:一为三国末年的司马昭。史有"司马昭之心,路人皆知"之说。虽路人皆知司马昭图篡之心,但魏帝何不诛之?原因就在于奴强而主弱,难以诛之,最终是其子司马炎以迫主禅位之方式而登上帝位。一为清末民初的袁世凯。袁世凯原为清廷大臣,然而随着其掌握军队实力的日益壮大,特别是天津小站练兵之后,成为清廷一支新的政治军事力量。于是在清朝末年朝政难以为继之时,拥兵自重与朝廷讨价还价,分庭抗礼,也可算是一个"奴大欺主"的典型。

"奴大欺主"这一现象已成为历史,但"奴大欺主"的思想在部分国人的灵魂深处仍有所"保存"。清除役使人的思想,消除奴性意识,树立平等观念,仍然是我们当前思想文化及组织队伍建设的一个重要课题。

106. 主骄民疲终将亡

坚之所以亡，由骤胜而骄故也。魏文侯问李克吴之所以亡，对曰："数战数胜。"文侯曰："数战数胜，国之福也，何故亡？"对曰："数战则民疲，数胜则主骄，以骄主御疲民，未有不亡者也。"秦王坚似之矣。

——《资治通鉴》卷一〇六·《晋纪》二八

【译文】

苻坚之所以灭亡的原因，是由于屡次取胜后骄傲的缘故。魏文侯问李克关于吴国灭亡的原因，李克回答说："屡次征战屡次胜利。"魏文侯说："屡次征战屡次胜利，这是国家的福分，什么原因使它灭亡呢？"李克回答说："屡次征战则民众疲困，屡次胜利则主上骄傲自矜，以骄傲自矜的君主统治疲困的民众，没有不灭亡的道理。"秦王苻坚就与此相似。

司马光对秦王苻坚最后失败被杀作了点评，认为苻坚之败由于"骤胜而骄"之故。但这只是一种表象，实际未必像司马光所说的那样。历史上有许多"数战数胜"者，但却并没有导致"主骄民疲"而灭亡，而是开疆拓土，终成帝业。这其中有几种情况宜加考虑。

就人之常态而言，屡战屡胜，确实容易出现骄傲情绪，这种情形对于帝王来说也不例外。战争胜利的规模越大，帝王这种自我意识表现得就愈加突出并日益强化，似乎天下没有不可战胜之敌，对部下特别是谋士的进言也更是充耳不闻，项羽便是其中一个。

与战争相关的是民生,李克吴所谓"数战则民疲",这也是事实。但是在战争年代,"民疲"既是迫不得已,也已形成常态。有意逐鹿中原者,此时也会关注"民疲"问题,也会考虑怎样使民休养生息、怎样布施仁政以使天下归心。这样,虽然"民疲",但"疲民"仍是他们最强大的兵源和后勤保障,仍是军队前线和后方强大的支持。因此,"骄主御疲民"固然会导致失败,但从不同情况来看却未必全是如此。

107. 大小忠信

自古以来,欲为左右耳目者,无非小人,皆先因小忠而成其大不忠,先藉小信而成其大不信,遂使谗谄并进,善恶倒置,可不戒哉?

——《资治通鉴》卷一〇七·《晋纪》二九

【译文】

自古以来,愿意当别人近臣、亲信的人,没有不是小人的,都是先依靠小小的忠心而逐渐获得方便时机,酿成他的大不忠,先是凭借小小的信义蒙骗别人,最后才得以干出大不信的丑事。于是就使好谗谮和谄谀的人同时进用,也使好坏颠倒,岂可不提高警惕!

范宁为政,询问长官得失,此为徐邈进范宁言。范宁、徐邈皆为武帝所亲信,然二人不以信为宠,而是数进忠言、斥奸党,补正阙失。徐邈所提及的信与忠,皆为封建道德要求的内容。然信天下之共信,忠人民之所忠,所以于今仍有借鉴意义。

在封建社会政治生活中,多有谄媚之人极尽“忠信之道”,对上司毕恭毕敬,言听计从,而对民众的需求却置之不理,对国家的前途和命运漠然视之。此乃行“小忠”忘“大忠”耳。奸佞之人用其花言巧语迷惑帝王,使帝王完全信任他,并且使其建议得以实现,使其私谋得以得逞,帝王这样的偏信之信为“小信”。偏信导致歪曲事实,失信于天下,诚为“大不信”也。

作为领导者,应该对忠与信有着准确的判断力,勿信小忠、小信之人,而应倚重大忠、大信之人。

108. 国运艰需济世才

> 太子遭承平之世,足为守成之主;今国步艰难,恐非济世
> 之才。

> ——《资治通鉴》卷一〇八·《晋纪》三〇

【译文】

太子如果生逢太平盛世,他能够做一个很好的守护前人创下的功业的君主;但是,现在国家的命运处于危难之中,太子恐怕不是一个拯世济民的干才。

和平时期不可避免易形成一些政治弊端。所谓国平则惰,惰则疏,疏则懒,懒则荒,荒则废,以至承平之象难以为继。所以平稳守成较易,发扬光大则难,特别是一旦发生难以预测的变动与战乱时,平庸之臣、守成之君一般都难以应对,非需济世之才不可。

一般的济世之才通常都不按常理出牌。对于一般的为官者来说,随着社会经验和从政阅历的不断丰富,他们熟知社会、官场之各种规则,并成为这些规则的施行者。即使在有新的理念出现的时候,为官者多会成为反对派和保守派。而济世之才绝非如此。他们通常与常人的思维不同,善于救国救民于各种危难险重之中,使国家能够最终度过艰难而走向承平。

济世之才多抱有求新的愿望与积极改革的主张。尽管多有来自各方面的压力,但他们更多是不屈服于现状,企图寻求新的更行之有效的方式与途径,以达到改变现状、拯救时危的目的。

平庸、守成之才常有,而匡时、济世之才却不常有。

109. 胜败不全在巧拙

军之胜败,在于巧拙,不在众寡。光兵虽众而无法,其弟延勇而无谋,不足惮也。且其精兵尽在延所,延败,光自走矣。

——《资治通鉴》卷一〇九·《晋纪》三一

【译文】

战争的胜利和失败,在于用兵的灵巧与笨拙,不在于兵马的多与少。吕光的部队虽然人多,但是却无视法纪,他的弟弟吕延虽然勇猛,但是却没有计策,不值得惧怕。况且吕光的精锐士卒全部由吕延统领,吕延一败,吕光自然而然就会逃跑。

这是西秦王乾归面对凉王光的进攻,群下请求东走成纪时乾归说的话。

乾归认为,兵家胜败在于巧拙,而不在于人数的众寡。中国历史上的确有不少以少胜多的经典实例,但综合分析,是有诸多获胜因素在内的。首先,要有非常之人的出谋划策。在每次战役中,胜方皆有非凡之人做指挥,尤其是以少胜多者,他们的杰出表现成为改变战争结局的关键点。其次,天时和地利。天时、地利往往是历史难以复制的。从军事角度而言,这是军事战争的要素,但又不是军事本身所能决定的,所以,能充分有效地利用天时、地利,是军事指挥的艺术。再次为人和。似乎有这样的规律:败方多为在人和方面不占优势者,或者潜存着人不和的危机,且大多是谋士与主帅之间、将帅与将帅之间意见相左的危机。所以"军之胜败,在于巧拙"实际上是一种值得商榷的军事思想,是一种抓住一点不及其余的以偏概全的思想。审时度势,把握战机,示之以巧,藏之以拙,机动灵活,固然重要;但将帅勇猛,从僚有谋,以及天时、地利、人和等因素,同样也会起到重要作用。

110. "乐成"与"图始"

　　燕主宝还龙城宫,诏诸军就顿,不听罢散,文武将士皆以家属随驾。辽西王农、长乐王盛切谏,以为:"兵疲力弱,魏新得志,未可与敌,宜且养兵观衅。"宝将从之,抚军将军慕舆腾曰:"百姓可与乐成,难与图始。今师众已集,宜独决圣心,乘机进取,不宜广采异同以沮大计。"宝乃曰:"吾计决矣,敢谏者斩!"

　　　　　　　　　　　——《资治通鉴》卷一一〇·《晋纪》三二

【译文】

　　后燕国主慕容宝回到龙城寝宫,诏令各路大军回到兵营集结,不许解散,文武官员和将士全部携带家属跟随帝王左右。辽西王慕容农、长乐王慕容盛直言极谏,认为国家军队疲乏、力量薄弱,而北魏则是刚刚获得胜利,万万不可与它对敌,应该暂且供养和训练士兵,窥伺敌人的间隙寻找时机。慕容宝刚要听从他们的劝谏,抚军将军慕舆腾说:"老百姓是只可以和他们一起享受成功,很难和他们一起图谋大业的创始。现在各路大军的兵众已经集结完毕,您应该独自下定决心,把握住机会,努力上进,不应该广泛听取不一致的意见,而破坏国家重大谋略的施行。"慕容宝于是说:"我的计划已经决定,有人胆敢劝谏的人处斩。"

　　慕舆腾"百姓可与乐成,难与图始"的说法,可谓是在长期实践中得出的结论。这样的情况在战乱中尤其如此。面对着眼前的乱局,军心涣散,将士不听调动,很难有一致的同仇敌忾之心,慕舆腾说出了以上的话。这也更说明了领袖人物在一个群体中的重要性。尤其是重大决策,当然可听取民众意见,但在大家各逞己见、议论纷纷之时,就需领袖人物作出决断。"广采异同",谁的意见都要听,不仅会"沮大计",而且是什么事情也干不成。当然,我们这里所说的"民众"指的是一些群体,这些群体因其身份与所处地位的限制,难以认识大局、把握大局。正是由于慕舆腾的建议,使燕主宝最终下定决心,作出决策,这也是在非常时期不至于因广听杂议而痛失决策时机的范例。

111. 书为最善

（魏主）珪问博士李先曰：“天下何物最善，可以益人神智？”对曰：“莫若书籍。”

——《资治通鉴》卷一一一·《晋纪》三三

【译文】

魏主拓跋珪向博士李先询问说：“天下什么东西最好，可以用来补益人的智慧、精神？”李先回答说：“没有什么能比得上书籍。”

这是北魏拓跋珪在问博士李先话时得到的回答。说“书为最善”，这是有其当时的社会文化背景的。

拓跋珪是当时北方政权统治者中最崇尚汉文化的一位。在他到达平城之后，即推行汉化政策，如置五经博士，增国子太学生员等，由于魏主的崇文，所以才有博士李先的如此回答。接下来，珪又问：“书籍凡有几何，如何可集？”李先说：“自书契以来，世有滋益，以至于今，不可胜计。苟人主所好，何忧不集。”于是，拓跋珪“命郡县大索书籍，悉送平城”。拓跋珪的崇文政策使北魏政权走上了汉化的道路，直致迁都洛阳。以北方之少数民族，如果学习汉族的文化礼仪，走汉化的道路，其中最重要的渠道恐怕就是书籍（指汉语书籍）了。所以，天下可称为“最善”之物的很多，对于彼时彼地的北魏政权来说，汉语书籍才是最重要之物，它可以帮助北魏政权实现其预期的目的。

魏主珪的崇文政策，成果如何呢？请看史家所言：“魏主珪之崇文如此，而魏之儒风及平凉州之后始振，盖代北以右武为俗，虽其君尚文，未能回也。”可见，正是由于北魏之以“右武为俗”的传统风气，不重文采，才使读书为要的观念在当时有大力提倡的必要。而崇文之风最终依是难以树立，更说明了“书为最善”这一提倡的应运而生绝非偶然。

112. 无能之能

（北凉王）业，儒素长者，无他权略，威禁不行，群下擅命；尤信卜筮、巫觋，故至于败。

——《资治通鉴》卷一一二·《晋纪》三四

【译文】

北凉王段业，是一个辈分高的宿儒，但没有什么其他权谋和智略，因此，他的法令和禁令都得不到施行，他手下的人也都擅自发号施令，不受节制；尤其是他又特别相信占卜和巫术，所以才导致最后的失败。

北凉王段业身上的这些特点，如为"儒素长者，无他权略，威禁不行"等，有些接近于道家的无为思想。这样的思想与行为方式如果纯粹是从个人角度来考虑，本不是什么大错，此为个人之事，属于私人领域，社会公共道德不需要加以约束。但是作为领导者，这样的"无为"是不可取的，这会直接导致政荒而国亡，引致失败。同时，段业还信巫卜，这就更不是一个领导者应该做的了。作为领导者，应从客观事实和客观环境出发，进行判断决策，继而行动，这样才不至于贻误军国大事。君王爱好巫卜的行为，表面虽为个人行为，但更大层面上却也是国家行为。国家的治理，需要统筹规划；战争的胜负，需要精心准备。如果以占卜为据，那么国家或军队领导者的作用何在呢？

领导之责在于谋略和决断。从一般意义上讲，谋略可以通过学习获得。北凉王段业根本不具备谋略，也没太强的威信，甚至"群下擅命"想怎么样就怎么样，结果只能以失败告终。领导者应以北凉王段业为戒，努力学习，奋发有为，以成为能够有所创建的领导者。

113. 布衣嫌成万乘隙

萧方等曰:夫蛟龙潜伏,鱼虾亵之。是以汉高赦雍齿,魏武免梁鹄,安可以布衣之嫌而成万乘之隙也!

——《资治通鉴》卷一一三·《晋纪》三五

【译文】

萧方等说:"蛟龙隐藏,鱼虾轻慢它。所以汉高祖赦免了雍齿,魏武帝释放了梁鹄,怎么能够用平民百姓的怨隙来成就天子的仇怨呢!"

萧方的这段话是针对刘裕对待王谧与刁逵之不同而引发的。在刘裕名微位低之时,名流皆不与其相交,唯独王谧认为他是一代英雄。刘裕曾与刁逵赌博,输了后就被刁逵捆绑起来,王谧见状,责备刁逵,并且代刘裕偿还了赌债。正是由于早年间的经历,刘裕后来深恨刁逵而对王谧感恩戴德。萧方的话外之音是:作为人主,应该宽宏大量,而不应心胸狭窄,刻薄忌恨,尤其是日后富贵发达之后,更不能如此。而刘裕却令王谧为公,使刁逵灭族,实在太过狭隘了。

领导者是强势群体,面对社会上的弱势群体,应多存怜爱之心,切不可仗势欺人。这种弱势群体,不仅是指无权的一般民众,还包括自己所厌恶的部下。作为领导者,应有同情心和理解心,这样上下才能形成和谐的关系,才能成就更大的事业。

114. 制怒

（西凉公）暠手令戒诸子，以为："从政者当审慎赏罚，勿任爱憎，近忠正，远佞谀，勿使左右窃弄威福。毁誉之来，当研核真伪；听讼折狱，必和颜任理，谨勿逆诈亿必，轻加声色。务广咨询，勿自专用。"

——《资治通鉴》卷一一四·《晋纪》三六

【译文】

西凉公暠亲手下告诫他的几个儿子，认为："参与政事的人应当谨慎奖赏和惩罚，万万不能任凭自己的好恶做事，接近忠诚正直的人，疏远以美言奉承讨好的小人，不让自己身边亲近的人盗用玩弄权势、作威作福。对于诋毁和赞誉，应当审察考核它的真假；审察判决诉讼案件，一定要以和蔼的面色按规章情理仔细处置，务必不要事先猜疑别人存心欺诈，揣测别人肯定会这么做，务必不要轻易地发脾气。务必广泛征求别人的意见，不要自己独自行事。"

可怜天下父母心。西凉公李暠在与其诸子的手令中所体现的政见，不可谓不远矣，其议论很多方面都很有道理，我们只就其中之"和颜任理"进行讨论。

"和颜任理"，实际上讲的是制怒。怒，除了不加克制地表达自己愤懑的情绪，使他人也感到惊惧之外，很多的情形之下，于事无补，甚至使事情变得更为糟糕。而制怒者于事于人多有益利。

从身体保健上讲，善于制怒对于人的身体有好处。怒者伤肝，而声气和悦对身体健康有百益,此为中医之常识。健康对于领导者而言是非常重要的,失去身体健康这一保障,所有的政治理想都不可能实现,其他的一切也都无从谈起。易怒者容易在人际关系方面产生负面效应,使正常沟通变得困难,不利于工作的进展。同时,人在愤怒时常常容易作出错误的决定,因为此时被怒气控制,感情冲动,头脑发热,所作所为,多会误人误事。

愤怒之中的人,容易暴露自己的好恶与想法,也容易被下属所误解。所以,制怒有诸多益处,领导者应该能做到"和颜任理",不仅可增添领导之雍容气度,而且对于工作更加有利。

115. 安民以宽贷

元城侯屈曰："民逃亡为盗，不罪而赦之，是为上者反求于下也，不如诛其首恶，赦其余党。"崔宏曰："圣王之御民，务在安之而已，不与之较胜负也。"

——《资治通鉴》卷一一五·《晋纪》三七

【译文】

元城侯拓跋屈说："百姓逃走流亡做了强盗，不治他们罪反而赦免他们，这是在上的人反过来乞求在下的人了，不如杀了他们的罪魁祸首，赦免剩余的党羽。"崔宏说："圣明的君王统御人民，力求使他们安定罢了，不是要和他们争输赢。"

古代有德之帝王"御民"皆在使民安定，而非与民争得个高低短长，这是以民为本思想在政治实践中的体现。作为帝王而与民相争，其实无一利。从民众的角度而言，如果国家与民众的矛盾日趋激化，出现了与之争斗的局面，则会民怨沸腾。对于国家而言，这是一个危险的信号，忽视这种信号的存在，对国家将产生不可预测的后果。所以，与民相争，两败俱伤。

而对于"逃亡为盗"，因人数众多，无法一一定罪，只能惩其首要，以儆效尤。一律诛杀显然是不明智的，如果诛杀过多，会导致大范围的民心恐慌和不安定，显然更不利于国家政局和社会安定。因此，应以安民为主。

当然，就封建时代而言，国家政权与民众关系既简单又复杂。所谓的"民为重，君为轻，社稷次之"，所谓的"水可载舟，亦可覆舟"，在那个时代，显然是明智之言，但依然还是受制于最为根本的"君治牧民"的历史局限，受制于"君上民下"的历史局限。

116. 乱于爱子

昔文王之化,刑于寡妻;今圣朝之乱,起自爱子,虽欲含忍掩蔽,而逆党扇惑不已,弼之乱心何由可革!

——《资治通鉴》卷一一六·《晋纪》三八

【译文】

过去周文王的教化,是以礼法要求自己的妻子;而现在国家的变乱,是缘起于陛下的溺爱自己的儿子,虽然想要容忍祖护,但是那些叛逆的党人却在不停地煽动蛊惑,姚弼作乱的心思怎么能够革除呢!

当时国家在各方面出现危机,抚军东曹属姜虬从国内的现实困境出发,指出国乱之原因,言虽少,语至切,诚为忠臣之为。但我们主要从教育角度论述"圣朝之乱,起自爱子",溺子而国亡!

父慈子孝乃人之常伦,外人固不可妄议,但父慈子孝有其度,父之过慈而子难尽孝。从国家角度而言,皇帝与其子之间的父子之爱并非私人之爱,而与国运休戚相关,过分的爱子容易导致一系列的负面效应。因此,皇帝过于"爱子",包括溺爱,容易使皇子缺少管教,无所事事,也容易导致生活与政治上的"弱能"。而如果由于皇帝的过分溺爱导致皇子骄悍跋扈,则容易对国家产生威胁甚至危害。

更为可怕的是,帝王子嗣很多,爱子与失宠之子之间的斗争,形成对未来帝位的争夺战。爱子依靠帝王宠信往往会取得胜利。但随着皇帝的去世,便会出现兄弟为争夺帝位而骨肉相残的局面,从根本上削弱国家实力,也使得上下更加离心。因此,"圣朝之乱,始于爱子",是历史教训。

117. 能干之才

　　刘穆之内总朝政,外供军旅,决断如流,事无拥滞。宾客辐凑,求诉百端,内外谘禀,盈阶满室;目览辞讼,手答笺书,耳行听受,口并酬应,不相参涉,悉皆赡举。

　　　　　　　　——《资治通鉴》卷一一七·《晋纪》三九

【译文】

　　刘穆之在内总管朝廷政务,在外供应部队的给养,判定案情或料理事情果断迅速,因此没有留滞的事情。各方门客从四面八方聚集到这里,各种请求诉讼多种多样,内内外外征询禀报,堆满台阶屋子;他竟然能够眼睛看诉讼,手写答复信札文书,耳朵同时听取下属的汇报,嘴里应答自如,同时进行的这四种工作互相牵扯又不混淆错乱,全都处置得当。

　　刘穆"内总朝政,外供军旅,决断如流,事无拥滞","求诉百端"、"悉皆赡举",见事明敏,处置得当,事务繁杂,忙而不乱,内外兼顾,各得其所,此真能干之才,国家得之幸甚。

　　观察中国历朝历代的发展轨迹,兴而后亡,亡而复兴,周而复始,绵延数千年。因此,在国家兴盛到极点出现滑坡、处于衰微的状态时,不同的王朝命运也不同。有些朝代随之走向灭亡,有些朝代则经过改革,在更长的时间内保持了兴盛。而这其中,往往是一些能干之才起到了左右时局的关键作用。所以,于国家而言,衰落之时应大力启用能干之才。

　　国家微弱时,用能干之才,犹如病危之人注入新鲜血液,能使身体性能较好地恢复。但能干之才虽有救生之能,未必就能救死扶伤。如输血中难免会出现排斥现象,新旧血液之间相互排斥,就不能让身体得以较好的恢复,反而易使肌体走向死亡。同时,输血之时常常碰到身体过度虚弱之人,这样再多的血液可能都无济于事。同理,如果国家过于腐败且病入膏肓,就比较难以挽救。对于能干之人除赞赏他们的功绩外,也应该适当容忍他们的短处。文中的刘穆之虽有多方面的才能,然其奢侈过度,"性奢豪,食必方丈,旦辄为十人馔,未尝独餐",可见其生活作风也是有不当之处的。但个人喜好及其生活方式未必都与从政风格有直接联系,只是领导者应有此警醒,对能干之才,还是以宽容为主,用人之所长而非毁人之所短。

所以,对领导者而言,用能干之才,盛世之时,可谓锦上添花;衰乱之时,则为雪中送炭,均有不可估量的功效。

118. 改则昌,安则亡

主簿汜称上疏谏曰:"天之子爱人主,殷勤至矣;故政之不修,下灾异以戒告之,改者虽危必昌,不改者虽安必亡。"

——《资治通鉴》卷一一八·《晋纪》四〇

【译文】

西凉主簿汜称上书劝告说:"上天把人君当作儿子来爱护,情意极其深厚;所以政治不修行,上天就要降下自然灾害或某些异常的自然现象来警告人君。能够改过的国家,虽然暂时有危难,但最终还会昌盛起来;不能改过的国家,虽然现在统治安定,但最后一定灭亡。"

此所谓改则昌,不改则亡。改革实际上是对政治的一种重构与转型。随着政权的建立,国家形成基本的政治运作体制,这种体制一旦为人们所适应,国家便会出现稳定的局面。随着政治的发展,这种制度的僵化和缺陷也日益暴露出来。而制度具有自我否定和自我消灭的功能,长期僵化的制度反而会破坏稳定的局面,破坏国家机器的正常运行,导致国家灭亡。改革能够从根本上转变政治运作方式,从运作中注入新鲜的血液,使政治出现新兴之象。改革的进一步推动则能从更大层面上对整个国家机器进行有机整合和重构,使之再获新生。

对于清明的政治而言,任何国家行为的出发点都应是为民众,民众应成为国家改革的终极关怀。一旦这种终极关怀得以真正实践,那么改革便成为利民之举,也较易取得成功。改革也会带来一些问题,但坚持为人民的宗旨不变,坚持改革的大方向不变,则民族必兴,国家必强。

119. 立长与立贤

> 魏主复以问南平公长孙嵩。对曰:"立长则顺,置贤则人服;焘
> (魏王之子)长且贤,天所命也。"
>
> ——《资治通鉴》卷一一九·《宋纪》一

【译文】

北魏国主又就立太子的问题征询南平公长孙嵩。长孙嵩回答说:"立长子为储君,则顺合情理,选置贤能的为太子,则人心信服;拓跋焘既是长子又很贤能,这是上天的旨意。"

中国封建时代选定储君,长期存在着立长与立幼、立长与立贤的斗争。处理不当,则易引起朝纲紊乱,甚至宫廷政变。历朝历代,这样的事情屡见不鲜。

对帝王而言,最完美的立储标准是既长又贤,然事实却大多不尽人意。在政治传统中,嫡长子应当成为储君的第一人选。但事情往往又会是这样,嫡长子夭折,其他皇子都有可能成为新的储君,于是出现储君之争。另外,嫡长子如果被早立为储君,日久生骄,也有可能后被废置。而历史常常就是这样不随人意,有些嫡长子的德才显然弱于其他皇子,这样贤长之争也就不可避免。

魏主拓跋嗣由于服寒食散,常因以发病,且灾异频见。古人认为,灾异迭现是因为执政者不贤所致,所以拓跋嗣深以为忧。他先是遣人询问崔洁,后是询问长孙嵩,二人的意见一致,都劝魏主早立储君,而且二人都提到了皇子拓跋焘,说他既长又贤,明睿温和,是立储的不二人选。那些因立储而带来的长幼、贤愚之矛盾,在拓跋焘这里都不存在。所以,拓拔嗣听从群臣意见,立焘为太子,使其早预朝政,得到锻炼。历史证明,当时的选择是正确的。在北方混乱多变的政治局面中,太武帝焘执政二十六年,是一个有为的执政者。

120. 用民过度不亡得乎？

初,夏世祖性豪侈,筑统万城,高十仞,基厚三十步,上广十步,宫墙高五仞,其坚可以厉刀斧。台榭壮大,皆雕镂图画,被以绮绣,穷极(大)[文]采。魏主顾谓左右曰:"蕞尔国而用民如此,欲不亡,得乎?"

——《资治通鉴》卷一二〇·《宋纪》二

【译文】

当初,夏王赫连勃勃性情强横放纵,建造了这座统万城,城墙高八十尺,墙基厚达三十步,上宽十步,宫墙高约五十尺,它坚硬得可以用来磨砺刀和斧子。亭台水榭也都十分雄伟壮丽,全都雕刻满各种图画,铺满彩色丝织品,极尽精致奢华。北魏国主拓跋焘看到这些,回头对身边侍从官员说:"一个小国,却把百姓役使到这种地步,想要不灭亡,可以吗?"

夏世祖为小国之王,却大兴土木,豪奢无度。帝王的奢侈不是个人行为,有可能影响一个国家的风气。建造又高又厚的城墙,雕镂精美的台榭,都是需要动用大量的人力财力的,这势必会加重百姓负担,扰乱百姓的正常生活。时间长了,国库也必然会空虚。把大量人力从土地上强行征用,不仅影响正常生产,也势必会影响国家财政收入。久之,必民怨沸腾。国家财政吃紧,人民怨声载道,国家不灭亡,估计很难。所以,魏主才会用颇有些惋惜而又略带嘲弄的语气评价夏世祖的行为。

然这并不是说,强盛壮大之国就可以费用无度、奢侈无忌了。量力而行、量入而出、勤勉立国、勤俭持家,到现今仍然是一个人、一个家、一个国应该秉持的好传统。

121. 守成实为新创业

帝与义恭书,诫之曰:"天下艰难,家国事重,虽曰守成,实亦未易。隆替安危,在吾曹耳,岂可不感寻王业,大惧负荷!"

——《资治通鉴》卷一二一·《宋纪》三

【译文】

刘宋文帝给刘义恭写信,告诫他说:"天下时事十分艰辛困苦,家事国事关系重大,虽说是继承前人的功业,实际上也还是不容易。国家的盛衰兴废、安定或危覆都在于我们的努力,怎么可以不感念追思先王创业的艰难而惧怕自己肩负重担呢!"

南北朝时期,政局动荡,南方相对安定,开始了宋、齐、梁、陈的朝代更迭。但这暂时的安定只是小范围的,与宋政权同时存在的,还有北方诸多的少数民族政权,如北魏、夏、西秦、北凉、北燕等,这些少数民族政权都是威胁刘宋王朝命运的因素,尤其是北魏太武帝拓跋焘。在这种情况下,守成的任务就更为艰巨了。因此,宋文帝说"虽曰守成,实亦未易。隆替安危,在吾曹耳"。强敌在前,势必很难让人安心;打下的基业,不仅不易守,更得时刻保持警惕,以防被颠覆。所以,这种守业不易的担心,还不仅在于对国内异己势力的担心,更在于对北方少数民族政权的防备。

同时,文帝所说的守成不易,既包括对政权随时被颠覆的担心,也含有希望同宗或继承者能时刻感念王业之艰难而寻求治理之措施的意思,这是宋文帝此番话的重点所在。守成,并不是墨守成规,更不是一成不变。因此,在守成中有创新,才能保持王朝长治久安。

122. 仁义为屏藩

"仁义为扞蔽,又何忧乎!"

——《资治通鉴》卷一二二·《宋纪》四

【译文】

"我只用仁义作为屏藩来保护自己,又有什么可忧虑的呢?"

这是刘宋时期北魏荥阳太守王慧龙在释放刺客时面对别人的质疑所说的话。王慧龙在荥阳郡十年期间,农战并修,政绩显著,四方归附者有万余家。宋文帝看重此人,先是采取反间计,后又派人刺杀,都未能得逞。

仁义作为儒家的重要伦理范畴,意为仁爱与正义,是孔子思想体系的理论核心。其"仁",指人心,即人皆有之的"恻隐之心",仁爱之心;其"义",指正路,"义,人之正路也"。而仁义思想的集大成者是战国时的孟轲,汉儒董仲舒继承其说,将"仁义"作为封建道德的最高原则。宋代以后,由于理学家的阐发、推崇,"仁义"成为道德的别名,常与"道德"并称为"仁义道德",与"礼、智、信"合称为"五常"。

当今社会,仁义也有其教育意义。从政者如果仁义为先,多一些为民服务的意识,少一些私利,就会做出不凡的成绩。从政要以"仁义"为根本,老老实实做人,认认真真做事。仁义是最大智慧,只有常怀"仁义之心",才能无所忧虑。

从政者不能麻木不仁,不能缺乏对人民群众的深厚感情。倘若从政者对百姓利益随意践踏,对百姓疾苦漠不关心,那么必将失去人民的信任。要得民心就必须心里始终装着人民,而这即是仁义、仁爱的现代价值。

123. 以农为先

魏主问（高）允："为政何先？"时魏多封禁良田，允曰："臣少贱，唯知农事。若国家广田积谷，公私有备，则饥馑不足忧矣。"帝乃命悉除田禁以赋百姓。

——《资治通鉴》卷一二三·《宋纪》五

【译文】

魏主拓跋焘曾询问高允说："治理国家，把什么摆在第一位？"当时北魏境内的许多肥沃的土地都被朝廷划为禁地，高允回答说："我幼年贫贱，只知道耕耘、收获等农业生产；如果国家扩大农田、储存谷物，使朝廷和百姓都有粮食储备，那么就是灾荒也不足以忧虑了。"拓跋焘于是下令，全部解除被划为禁地的农田让百姓耕作，国家从中收取田赋。

中国古代以农耕生活为主，农业生产是最基本、最主要的生产方式，历来为统治者所重视。当时北魏有许多良田被封禁，百姓没有好的田地耕种。针对当时的现实，结合农耕生活的重要性，高允说出了以上的话。尤其是在当时战乱纷争的年代，维护农耕即意味着人民能够解决衣食问题。农耕方面做得好，不仅整个国家可以衣食无忧，而且还可为国家和军事行动提供充足的后备资源。所以说，农耕为本，是非常正确的。

直至今天，我们国家仍坚持以农业为基础的方针，这也是我们的基本国策。作为一个人口大国，如果农业没有得到根本性的改善和发展，人民的衣食问题都不能很好地解决，还谈什么其他的发展。

124."以爵归第"释当权

甲子,魏主还,至朔方,下诏令皇太子副理万机,总统百揆。且曰:"诸功臣勤劳日久,皆当以爵归第,随时朝请,飨宴朕前,论道陈谋而已,不宜复烦以剧职;更举贤俊以备百官。"

——《资治通鉴》卷一二四·《宋纪》六

【译文】

甲子(二十七日),北魏国主拓跋焘在返回京城的途中来到朔方,下诏让太子拓跋晃辅助总管全国日常事务,统领文武百官。拓跋焘还说:"各位功臣辛劳很长时间了,都应当按自己的爵位回府养老。按时朝见或在我面前参与宴饮,谋虑治国的政令,陈述自己的见解,这样也就可以了,不适于再担任繁重的职务来劳烦自身;我们要另外推荐才德出众的人来充任各级官吏的职位。"

先谈谈魏主此诏何意。让皇太子先行"副理万机、总统百揆",是对其成为新一代帝王之前的"岗前培训"。通过这种方式,培养皇太子自己治国的能力,使其积累经验,密切与大臣之间的关系,了解大臣之能力,选贤以任。但如果皇太子的表现不符合帝王的意愿,则多有被废之后果,这一点历史上已不止一次地证明了。

诏令的第二层用意,是将功臣的权力收归皇家。从表面上看,帝王是为诸功臣着想,让他们封爵归第,享天伦之乐,实际上是以冠冕堂皇的理由,"不宜复烦以剧职",来促使大臣交出政权。聪明的功臣们谁敢不遵从这一旨意,否则就会引来杀身之祸,历史上这样的例子也是不胜枚举。而推举贤能,给政治注入新鲜的血液,使得国家能有新的活力,实际上是帮助皇太子培植效忠于自己的新势力,彻底去除旧日功臣的权力影响,为皇位的平稳过渡做好准备。此一诏高明之至,名为与臣"飨宴",与臣论道,实际上是将功臣们的权力剥夺殆尽。

而作为帝王,依是"总统百揆",太子还只能是"副理",实际权力仍牢牢掌握在自己手中。对于权臣而言,"以爵归第",与权力隔绝,太子满意,帝王安心。这种夺权方式不致引起杀戮,比较温和,也不失为是一种高明。

125. 治国如治家

治国譬如治家,耕当问奴,绍当访婢。陛下今欲伐国,而与白面书生辈谋之,事何由济!

——《资治通鉴》卷一二五·《宋纪》七

【译文】

治理国家政务就像管理家事一样,耕田种地的事应该询问种地农夫,纺织的事应该咨询纺织婢女。陛下您现在想要去征伐一个国家,却和只知读书、阅历少、见识浅的读书人谋划大略,这对大事能有什么帮助呢?

所谓治国有如治家之说,是当时的臣僚劝诫宋文帝,对于不同事务应咨询不同领域的人,方能得到建设性的意见,以此做出正确的决断。

中国悠久的历史文化积淀造就了许多优秀的治国贤才,他们从不同角度阐述了治国的基本理念及具体的政治运作方式,为后人留下了一笔宝贵的财富。

在家国同构的封建时代,国无非是家的扩大版,因此家与国在诸多体制上是类似的。国家里代表政治指挥棒的为皇权,家庭里代表统治指挥棒的为族权。有关治国如治家之说,最为关键处在于不同的事务应由不同的人负责,形成分工协作,讲究分工正确。

实际上,这种家国同构治理法对于当前行政亦有借鉴作用。领导者学习其有效的政治理念,做到触类旁通,举一反三,古为今用。

126. 无私容养天下

　　魏太子晃监国,颇信任左右,又营园田,收其利。高允谏曰:"天地无私,故能覆载,王者无私,故能容养。今殿下国之储贰,万方所则,而营立私田,畜养鸡犬,乃至酤贩市廛,与民争利,谤声流布,不可追掩。夫天下者,殿下之天下,富有四海,何求而无,乃与贩夫贩妇竞此尺寸之利乎!"

　　　　　　　　　　　　　　——《资治通鉴》卷一二六·《宋纪》八

【译文】

　　北魏太子拓跋晃监管国事,十分相信自己左右近侍并加以任用,又私下里经营园圃和田地,收取利润。高允劝告他说:"天地因为公正没有私心,所以能覆盖、承载万物;帝王因为没有私心,所以能够宽容蓄养百姓。如今殿下您是一国的储君,是各方诸侯作为典范的人;却自己私下经营个人的田地,养鸡养狗,甚至派人去集市上做买卖,与市井小民争夺小利,以至于批评您的话到处流传散布,没法让人去追回掩饰。国家,是殿下您个人的国家,您完全拥有全国各地,要什么会没有?何必与小商小贩们争夺这些许的微利呢!"

　　高允劝太子晃应以无私之心"容养"天下。对于帝王而言,不为私利而为天下之利,对于政声而言莫不善焉。在封建时代,除了依据国家法度规范人们行为之外,统治者的个人因素在国家统治中也发挥着重要作用和影响。为公之君为国之明君,则人臣和民众皆服之,天下归心。

　　领导者在执行政策的过程之中,不应与民众争利,而应为民谋利。魏太子晃虽然为政精察,但没能正确处理公与私的问题,并同身边宠臣陷于政治斗争而受牵连,因私利而被扼肘受制。

我们一直强调最大的政治腐败在于吏治腐败,而吏治腐败与"私"关系最密切。领导者为己之私利而卖官鬻爵,通过权钱交易,从中渔利,中饱私囊。更有甚者为亲者而私,在政治上完全任人唯亲,将贤能者视为异类而弃之,造成政治管理能力下降,此私为害国之私。是故君王应以无私临天下,领导者应以无私治天下,这样方能使国泰民安。

127. 当断不断，反受其乱

僧绰曰："建立之事，仰由圣怀。臣谓唯宜速断，不可稽缓。'当断不断，反受其乱。'愿以义割恩，略小不忍；不尔，便应坦怀如初，无烦疑论。事机虽密，易致宣广，不可使难生虑表，取笑千载。"

——《资治通鉴》卷一二七·《宋纪》九

【译文】

王僧绰说："封立太子这件事，应由陛下做主决定。我认为只是应该迅速决断，不能再迟延了。'应当决断的时候不决断，就会反过来受到它的扰乱。'希望您能用国家大义去弃绝私恩，不要在小事上不忍；不然，您就应该像当初那样，祖露父亲对待儿子的感情，不需烦劳再怀疑谈论这些事。决定重新封立太子一事虽然是在极保密的情况下进行，但最终还是容易泄露扩散出去，不应该让灾难意外发生，被后世所耻笑。"

僧绰劝宋文帝立皇太子，认为"建立之事，仰由圣怀。唯宜速断，不可稽缓。'当断不断，反受其乱。'"的确，对于决策者而言，决策在于适时而断。但许多人对于"当断不断，反受其乱"存在诸多误解。

其一，决策在于快。当断不断，说明应当断时不应当迟缓。决断时机主要在于适时，尽管不同的决策存在差异，但是这种差异存在共性，即要适时。根据具体情况决策，才能收到既定的效果，而如果仅仅是求快，急功近利，这样的决策有可能带来不良后果。

其二，决策都应断。一些人错误地理解了"当"，以为一旦成为议程，就应当断。其实不然。作为领导者，他所面对的情况可能比较复杂：一是急而重要的;二是急而不重要的;三是不急但重要的;四是不急不重要的。面对这些都需要决断的问题,当然不可能一下子全部解决,总归需要一个过程。哪些问题需当机立断,哪些问题还待继续观察,就与领导者的判断力有相当大的关系。所以在理解"当断不断,反受其乱"时应避免望文生义。

决策目标不应一味追求完美,而应力争满意。有些决策者在政治上是完美主义,愿望是好的,但是相当难做到。而一旦决策不当,损害到民众的实际利益,会对日后工作产生阻力,会使后续的决策变得困难。所以在决策中应设置底线,特别是对于重大决策,因其涉及面广,众口难调,更应以满意为基点,然后有所进步。完美固然是最好的,但在实际工作中,却不一定是最佳的成本效益比。

128. 私谏

（高）允好切谏，朝廷事有不便，允辄求见，帝常屏左右以待之。或自朝至暮，或连日不出；群臣莫知其所言。语或痛切，帝所不忍闻，命左右扶出，然终善遇之。

——《资治通鉴》卷一二八·《宋纪》一〇

【译文】

高允喜欢直言极谏，朝中有什么事做得不适当时，他就请求晋见。文成帝常常屏退左右侍从亲近地对待他。有时二人从早到晚相谈，有时一连几天都不出来，各位大臣不知他们谈些什么。有时高允言辞极其恳切，文成帝不忍心听下去，就命令左右侍从把高允搀扶下去，但是他始终善加礼遇高允。

由引文可见，北魏文成帝拓拔濬在纳谏方面实为大度之君王，高允虽屡逆龙鳞，但终得善遇。而高允进谏的方式也较为特殊："私谏"。

在古代社会，臣子向主上进谏的方式较多，温和型的、粗暴型的都有，但以"私谏"的方式较为特殊。"私谏"是臣下向帝王进谏时不在朝堂之上，而是在朝堂之下，在私密环境中，目的是能够使主上近闻其声。与"公谏"相对，"私谏"有诸多有利的地方。

其一，作为领导者，是以决策为根本，因此能否作出决策和能否作出正确的决策，取决于领导者的判断力。公众为了维护领导者的威信，即使有良好的建议，亦多以先向领导者献策而后通过领导表达论证和说明，来进行决策。这样能维护领导者之威信，对团队整体工作效果也会有较好影响。

其二,领导者的行为大多是以理性方式进行,但是领导者也是人,也有性格和情绪。所以于"公谏"之中,领导者更多从理性或维护权威的方面对待下属的进言;而"私谏"进言,使其在心理感觉上较容易接受。因为进言多会触及领导的面子,但因私谈会使大家都能保全面子,所以更能收到较好效果。

但"私谏"也并非百利而无一害。有些"私谏"者其出发点是为个人,但在表现上却以集体利益或大众利益为幌子,并通过"私谏"的方式使领导者信其言,最终被蒙蔽。这也是"私谏"的最大缺陷。

同时,尽管多数"私谏"者不在于谋私利,而是谋公利,但是这种方式易使同僚产生距离感,易生猜忌和嫉妒心。所以于领导者而言,对"私谏"应做较客观的分析,不能"一刀切"。

129. 谄媚者说

是岁,上徵青、冀二州刺史颜师伯为侍中。师伯以谄佞被亲任,群臣莫及,多纳货贿,家累千金。上尝与之樗蒲①,上掷得雉,自谓必胜;师伯次掷,得卢,上失色。师伯遽敛手曰:"几作卢!"是日,师伯一输百万。

——《资治通鉴》卷一二九·《宋纪》一一

【译文】

这一年,孝武帝征调青州、冀州二州刺史颜师伯担任侍中。颜师伯因善于花言巧语,阿谀逢迎而得孝武帝的亲近和信任,其他臣属无法相比。颜师伯大肆接受贿赂,家产累计达千金之多。孝武帝曾经和他一起下樗蒲棋赌博,孝武帝掷下骰子,五个全是"雉",认为自己一定赢了;颜师伯第二个掷骰子,竟掷出了五个"卢",赢了,孝武帝大惊失色。颜师伯突然偷偷把骰子一收,说:"差一点全是'卢'了。"这一天,颜师伯一次就输了一百万钱。

【注释】

①樗蒲,亦作"樗蒱"。古代一种博戏,后世亦以指赌博。胡三省《资治通鉴音注》:"樗蒲采名:有黑犊、有雉、有卢,得卢者胜。"汉马融《樗蒲赋》:"昔玄通先生游于京都,道德既备,好此樗蒲。"晋葛洪《抱朴子·百里》:"或有围棋樗蒱而废政务者矣,或有田猎游饮而忘庶事者矣。"唐岑参《送费子归武昌》诗:"知君开馆常爱客,樗蒱百金每一掷。"

颜师伯因为善于谄媚、阿谀奉迎,深得孝武帝的欢心和信任。有一次,孝武帝和他一起掷骰子赌博,孝武帝掷下骰子,五个全是"雉",自以为必胜无疑,谁知颜师伯竟掷出了五个"卢",赢了。孝武帝大惊失色,颜师伯突然偷偷把骰子一收,然后说:"差一点全是'卢'了。"这一天,颜师伯一次就输了一百万钱。颜师伯为使孝武帝高兴,以胜为败,以赢为输,而且不惜赔上巨额钱财,也真可谓是"煞费苦心"了。

而所谓谄媚,往往是指地位低微者,以顺从、奉迎的方式,讨好位高权重者的各种表现。他们之所以会奴颜婢膝地以"下"事"上",并不是因他们有着这样的兴趣和爱好,而是想通过这种方式求得各种利益。自古以来,谄媚之术深受官场中人的重视,为"投上之所好",谄媚者往往挖空心思、绞尽脑汁,甚至于低三下四、厚颜无耻。于是,为君主吮吸疮脓者有之,代权贵饮服"黄龙汤"者有之,闻屁而赞不绝口者有之……谄媚之风,似已成官场生存、升迁之道,图谋进取者研习之,邀恩求宠者践行之,无才无能者效仿之,真是五花八门,无奇不有。就其本质而言,谄媚者谄媚的并不是谄媚对象本身,而是谄媚对象所代表的权势和地位。一旦谄媚的对象失去权势和地位,其谄媚者也必然如鸟兽散,并重新攀附新的权贵。

当然,谄媚之术为的不仅是升官发财、争权夺利,同时也是臣属自我保护的手段。东汉王充说谄媚者,"准主而说,适时而行,无廷逆之隙,则无斥退之患","上不憎而善生",从而避免丢官弃职、甚至是杀身的危险。孝武帝因内史周朗"言事切直",便怀恨在心,让有关部门弹劾周朗"居母丧不如礼",不仅发配到宁州,甚至"于道杀之"。所以反观颜师伯的谄媚诈输,恐怕也是出于自保的无奈。由此可见,在冷峻的权势、森严的等级和"万能"的金钱面前,人们往往对其产生畏惧和屈从的心理。谄媚不仅是政治斗争中争权夺势、追名逐利最常运用的权术之一,也是弱势者趋利避害、以求自保的方法之一。他们不愿也不敢锋芒毕露,只能明哲保身,逢迎"上之所好",顺之唯恐不及,谄之唯恐不媚。

因此谄媚者的表现,并不仅仅取决于谄媚者自身的意愿或权势的倾轧,在很大程度上也和掌权掌势者的态度息息相关。被谄媚者如对谄媚嗤之以鼻,则谄媚者就不会有用武之地;反之,如"上有所好",则谄媚之风日盛,谄媚之人渐广。而为了自身利益,不讲原则,不讲人格,自甘卑下,自取其辱,这恐怕是谄媚者最大的痛苦与悲哀。

130. 残暴之至

癸酉,帝自帅羽林兵讨义恭,杀之,并其四子。断绝义恭支体,分裂肠胃,挑取眼睛,以蜜渍之,谓之"鬼目粽"。

——《资治通鉴》卷一三〇·《宋纪》一二

【译文】

癸酉(十三日),废帝亲自率领羽林军讨伐刘义恭,杀了刘义恭以及他的四个儿子。又将刘义恭的身体肢解,把胃肠分割出来,把眼睛剜出来,然后用蜜糖浸泡,称它为"鬼目粽"。

世祖刘骏与刘义恭本为兄弟,但却如此残忍,让人惨不忍闻,实属人伦灭绝,丧心病狂。

中国封建社会历来讲求以德治为执政理念。从整体上讲,这是人性化的治理方式,体现出重视人的生命及人最基本的生存权利。但这种人性化的理念在实际治理过程中却不断被扭曲,不断被打折扣。

这种残酷之刑实际上也反映出政治执政的不成熟。政治领袖对于政敌之处置如此简单而残暴,似乎肉体消灭就会彻底消除敌对势力。实际上,这种为保政权无虞而残杀异己的做法,只能使更多的人心寒,为国家未来埋下灭亡的祸根。

这样残害生命的不文明执政已成为历史。当今世界,各个国家多已明令禁止酷刑,这是人类的进步,是文明的进步。但以人为本,不能以情废法,更不能因私废公,此仍可为当今领导者之戒。

131. 贵在细节

军中食少，建安王休仁抚循将士，均其丰俭，吊死问伤，身亲隐恤；故十万之众，莫有离心。

——《资治通鉴》卷一三一·《宋纪》一三

【译文】

军中粮草缺乏，建安王刘休仁安抚存恤将帅士卒，平均分配物品，吊祭死者，慰问伤员，悲伤哀痛亲自哀怜抚恤；所以十万大军，没有人有异心。

建安王休仁体恤将士，吊死问伤，从小处做起，"均其丰俭"；从细微处做起，"身亲隐恤"，所以虽有十万之众，莫有离心之兵。这个例子说明：在领导过程中，细节可以决定成败。

细节决定成败。为领导者可不拘小节，注重大的方面，因为细节的东西是事物之末梢，无关紧要。然不拘小节之"节"乃为于事物无益或无用的枝节，此类小节当然可以不拘。但许多看似细小的事物，与重大事物之间往往存有各种各样的关联。忽略细枝末节，很有可能就铸成大的失误。

作为领导者，除了对事物的细节重视之外，对于部下之任用也应从细节出发。一般而言，一个人的优点、缺点、长处、短处，都不会一下子全都展现出来，它们需要一个过程。而往往自己不在意、他人不经意的"细节"，却是内在性情、性格、心理、情绪等最为真实的表现。知微可以见著，管中可以窥豹。注重细节，不仅可以成为领导考察、使用人才的好方法，也可成为领导工作过程中避免因小失误而铸成大错的好方法。

132. 无禄难"廉白"

是时,魏百官不给禄,少能以廉白自立者。魏主诏:"吏受所监临羊一口、酒一斛者,死;与者以从坐论。有能纠告尚书已下罪状者,随所纠官轻重授之。"

——《资治通鉴》卷一三二·《宋纪》一四

【译文】

当时,北魏的文武百官没有俸禄,很少有能廉洁清白而自持自守的人。北魏国主下诏说:"官员有接受所管辖范围内的一只羊、一斛酒的,处死;赠予的人以连坐论处;有能够检举告发尚书以下官员犯罪事实的人,依据被检举告发官员的尊卑贵贱来任命揭发人的官职高低。"

魏主对于从政之百官,不给俸禄,但又对贪污实行严厉的惩罚,同时重赏举报者。如此管理国家,既如同儿戏,也形同笑话。

即使是在封建社会,即使是身为官员,基本的生存也是必要的。而官员又并非耕作之人,其糊口皆来自于国家财政供给。不为百官分发俸禄,他们走投无路,迫于生存所需,贪污腐败成为他们唯一的"选择"。所以说,不给俸禄实际上为百官贪污提供了理由。手中无粮,唯有权力,为了生存,只能权粮交易,做贪污之徒,故"少能以廉白自立者"。

但北魏拓拔弘非但不给百官俸禄,反而对百官的贪污给予重重打击,将百官逼得走投无路。这种做法,只能招致混乱、失败和灭亡。所幸的是,此"新法"为当时张白泽强谏而作罢。

133. 劣贤之辨

时上诸弟俱尽,唯休范以人才凡劣,不为上所忌,故得全。

——《资治通鉴》卷一三三·《宋纪》一五

【译文】

当时明帝的所有兄弟全部被铲除,只有刘休范因才能平庸低劣,不为明帝所顾忌,所以才能保全性命。

这是中国政治之悖论。才劣者反保全其身,贤能者却难保其命,是故贤退而劣进成为历史怪现象。

其一,有为之君对于劣者很少恩宠,这样才劣者亦很少相伴于君,至少才劣者很难获得重用。对于皇权而言,他们远远不像其他贤臣那样能够威胁到政权,所以对于才劣者,他们也多不为人所在意。

其二,所有人都有这样一种心理:对于强者除了崇拜就是嫉妒,并且后者多于前者;而对于弱者,同情多于敌视,这是人之共性。才劣者则属弱者,在同僚之中,他们处于劣势,故很难成为众矢之的。所以他们大多比较平稳安定,虽然政治前途不如贤才者那样辉煌。

但所谓才劣、才贤,也只是相对而言。作为国家行政管理而言,也决非所有的事情都非需大才、大德不可。许多细微、琐屑的具体事务,也总需要有人去做。一个良好的行政管理机制,并非所用之人都需要贤德之人,而是各种专门人才各安其位、各得其所、各展所长,各自发挥有效的功能,实现管理的目的。

134. 成败在德

萧道成出顿新亭,谓骠骑参军江淹曰:"天下纷纷,君谓何如?"淹曰:"成败在德,不在众寡。公雄武有奇略,一胜也;宽容而仁恕,二胜也;贤能毕力,三胜也;民望所归,四胜也;奉天子以伐叛逆,五胜也。彼志锐而器小,一败也;有威而无恩,二败也;士卒解体,三败也;搢绅不怀,四败也;悬兵数千里而无同恶相济,五败也。虽豺狼十万,终为我获。"道成笑曰:"君谈过矣。"

——《资治通鉴》卷一三四·《宋纪》一六

【译文】

萧道成出居新亭,对骠骑参军江淹说:"天下大乱,你认为形势如何?"江淹说:"成功与失败在于德行,不在于人数的多与少。您雄健威武,有奇谋巧策,这是第一胜因;您宽宏大量,仁爱宽容,这是第二胜因;有德行有才能的人才愿意为你竭尽全力,这是第三胜因;民众的心愿归附,这是第四胜因;奉承天子的命令,讨伐背叛忤逆,这是第五胜因。沈攸之性情急躁,器量狭小,这是第一败因;只有威严,没有恩德,这是第二败因;士卒人心离散,这是第三败因;士大夫不支持他,这是第四败因;孤军深入敌境几千里,而没有同党援助,这是第五败因。他们即使是凶残的恶人,也最终被我们俘获。"萧道成笑着说:"你的议论太过了。"

江淹的话近乎阿谀奉承,连萧道成自己都有些不好意思:"君谈过矣。"但江淹的话也并非全无道理。"雄武有奇略"、"宽容而仁恕"、"贤能毕力"、"民望所归"、"奉天子以伐叛逆",用现在的话来说,那就是有勇有谋,有才有德,群众拥护,领导支持。如若这样,那确实大多可以成事。

而"彼志锐器小"、"有威无恩"、"士卒解体"、"缙绅不怀"、"恶无相济",用现在的话来说,那就是眼光短浅、气量狭小、薄情寡义、军中士卒逃散、官宦阶层不满。果真如此,若想不失败,那都不可能。

但所谓"五胜"、"五败"的原因,最终都归于"有德"、"无德"。"有德",众望所归,无往不胜;"无德",众叛亲离,功败垂成。虽然有些"道德决定论"的意思,但也可以说明,领导者个人的能力素质固然重要,可真要成就大业,还就得以德服人。赢得民心,争取民众,才是成功之本。

135. 刑罚止恶

齐州刺史韩麒麟,为政尚宽,从事刘普庆说麒麟曰:"公杖节方夏,而无所诛斩,何以示威!"麒麟曰:"刑罚所以止恶,仁者不得已而用之。今民不犯法,又何诛乎?若必断斩然后可以立威,当以卿应之!"普庆惭惧而起。

——《资治通鉴》卷一三五·《齐纪》一

【译文】

齐州刺史韩麒麟,处理政务推尚宽和,从事刘普庆劝韩麒麟说:"您身为国家镇守一方的长官,却从来没有斩杀过人,您将用什么来显示威力呢!"韩麒麟说:"刑罚是用来制止罪恶的,有仁爱之心的人,只有在迫不得已的时候才使用它。现在,百姓没有违反法律,我凭什么杀人呢?倘若一定要通过斩杀人才能够树立声威,那就从你做起吧!"刘普庆羞愧恐惧地起身离去。

中国封建社会以礼为其根本,有着礼治天下的政治惯性思维,而贯穿礼治天下思维的核心是为仁政。说起仁政,必然提及与仁政相反之刑罚,韩麒麟对刑罚与仁政之关系的论述甚为精妙。

树立权威的方式有很多种,而动辄以惩罚甚至诛杀人命的方式来提高权威,则为不仁之政,其结果常常会适得其反。韩麒麟已说得很清楚,处罚、惩罚、刑罚,都是用于校正失误、纠正错误、制止恶行,而将其用于树立权威,显然是用错了地方。而作为领导者,动辄发脾气、耍威风,以权压人、以势压人,以惩处的方式想让他人信服,其实是素质低下的一种表现,是无能的一种表现。教化与刑罚虽然不可偏废,但终究还是有先后之分,有主次之别。

136. 鸟尽弓藏

魏主问高祐曰：“何以止盗？”对曰：“昔宋均立德，猛虎渡河；卓茂行化，蝗不入境。况盗贼，人也，苟守宰得人，治化有方，止之易矣。”祐又上疏言：“今之选举，不采识治之优劣，专简年劳之多少，斯非尽才之谓。宜停此薄艺，弃彼朽劳，唯才是举，则官方斯穆。又勋旧之臣，虽年勤可录而才非抚民者，可加之以爵赏，不宜委之以方任，所谓王者可私人以财，不私人以官者也。”帝善之。

——《资治通鉴》卷一三六·《齐纪》二

【译文】

孝文帝问高祐说：“怎样才能防止盗贼？”高回答说：“汉明帝时宋均树立德业，就有猛虎渡河离去。汉平帝时卓茂推行教化，连蝗虫都不入境。更何况，强盗也是普通人。只要郡守、县宰的选派适当，治理教化得当，那么，防止盗贼就十分容易了。”接着，高又上书建议说：“现在朝廷选用官吏，不是看他治理地方的政绩优劣，只是看他任期的长短，资历的深浅，这样不能说是人尽其才。应该停止这种浅薄的区别，摒弃那些没用的年资阅历，唯才是举，官吏才会清廉严正。另外，对于功勋老臣，虽然功劳资历可以承认，可没有治理安抚人民的才能，朝廷可以增加他们的爵位封赏，不应该再让他们担任地方要员，这也就是所说的，帝王可以因个人的喜好去赏赐钱财，却不可以因个人的好恶派人做官！”孝文帝认为言之有理。

孝文帝时，高祐上书，建议朝廷任用官员时应“唯才是举”、“人尽其才"。对于功勋老臣,如"才非抚民者",朝廷可以增加他们的爵位封赏,不应该再让他们担任地方要员。高祐的建议虽然"帝善之",但其建议却注定得不到采纳。纵观中国千年历史,功勋老臣善终者寥寥可数。即便是平民出身的汉高祖刘邦、明太祖朱元璋,其掌权之后对于开国元勋无不是欲除之而后快。刘邦虽然对韩信、彭越、英布三个开国功臣论功行赏,封其为王,但三王无一善终。韩信被杀,彭越被剁成肉酱分给各地诸侯,英布被灭族,下手之快之狠之毒,令人毛骨悚然。也难怪韩信在临刑之前发出"狡兔尽,走狗烹;飞鸟尽,良弓藏;敌国破,谋臣亡"的浩叹了。

"飞鸟尽,良弓藏",虽让人心如寒冰,但在中华历史上,历朝历代都在上演这样的剧目,周而复始,无止无休。由此可见,"飞鸟尽,良弓藏"不是某个皇帝、某个朝代特别的现象,而是一个历史规律,究其本质就是君臣之间的权力争夺和利益博弈。

从某种程度上来说,国家是皇帝的私人财产,皇权是彰显其所有权的象征,决不可能让任何人窥探染指,甚至是分权掌政。因此,一旦臣属功高震主,其声势威望、权力人脉对王权构成威胁,帝王便寝食难安,如坐针毡,势必要削其权、夺其势而后快。因此,帝王对于臣属,一方面要授其权、诱其利,以安其心,使天下能臣贤士为己所用;另一方面又不得不限其权、夺其志、防其心,使其安分守己,不敢对皇权有所觊觎。而一旦有人心怀不轨、谋反叛乱,帝王必要处之以极刑,抄家灭族,剪其羽翼,使得闻者足戒、望者生畏。

历史上处理君臣利益之争,最有智慧的当数汉光武帝、唐太宗与宋太祖了。光武帝筑云台、唐太宗起凌烟阁,将功臣名将供奉起来,不仅做到削其权、夺其势,也使这些骄臣悍将心悦诚服、淡出江湖。而宋太祖赵匡胤更是高明,以"杯酒释兵权",解决了晚唐百余年来都令帝王头痛的藩镇割据问题。

当然,对帝王而言,要确保其江山稳固,首先要分辩臣属的忠奸善恶,找出意图谋反者。可是正所谓知人知面不知心,臣属谋反与否,不能仅以言行判断,犯上者未必作乱,逆言者未必不忠;也不能以远近亲疏为标准,父子兄弟未必不反,碍眼之人未必不忠。既然忠奸难辨,那么对于帝王而言,唯有采用最简单的标准来判断了,那就是使臣属无能力谋反。

137. 悲哭其奈何?

三月,甲辰,魏主谒永固陵。夏,四月,癸亥朔,设荐于太和庙。魏主始进蔬食,追感哀哭,终日不饭;侍中冯诞等谏,经宿乃饭。甲子,罢朝夕哭。乙丑,复谒永固陵。

——《资治通鉴》卷一三七·《齐纪》三

【译文】

三月,甲辰(十二日),孝文帝祭拜太皇太后的永固陵。夏季,四月,癸亥朔(初一),在太和庙摆设祭品。孝文帝开始吃了点儿蔬菜,但一味回忆往事,悲伤哭泣,一整天没有吃饭;侍中冯诞等人劝谏,过了一夜后,孝文帝才开始吃饭。甲子(初二),孝文帝停止早晚各哭一次的仪式。乙丑(初三),再次祭拜永固陵。

魏主谒陵,情真意切,终日哀哭,茶饭不思,然哭真能治天下乎?

刘备在《三国演义》里的形象便是哭争天下,哭治天下。在很多关键时刻,他都是以哭而使己利益最大化。特别是鲁肃讨回荆州的故事,刘备以哭使荆州终归蜀国所有。看来哭也能争得天下一席之地。

然事物有其另一面。从大部分的情况来看,哭无济于治天下,徒增眼泪罢了。在封建社会,解决诸多问题有诸多办法,其中"刀"与"笔"是解决问题两把利器:战争时期,"刀"为之根本;和平时代,"笔"为之根本。哭未必有大作用,但在某些时候,也会产生特殊作用。

同时,哭于陵前体现魏主孝心,也传达了孝治思想。但真正之治不在于痛哭流涕,而在于要有所作为,在于创千古基业,在于保长治久安。

138. 位重更应多慎重

永明十一年　　春,正月,以骠骑大将军王敬则为司空,镇军大将军陈显达为江州刺史。显达自以门寒位重,每迁官,常有愧惧之色,戒其子勿以富贵陵人;而诸子多事豪侈,显达闻之,不悦。

——《资治通鉴》卷一三八·《齐纪》四

【译文】

南齐永明十一年(493)春季,正月,南齐任命骠骑大将军王敬则为司空,任命镇军大将军陈显达为江州刺史。陈显达认为自己出身寒门,却担任显要的官职,所以,每次晋升官爵时,他都面带惭愧恐惧,并且告诫他的儿子,不要依仗自己富裕显贵的地位欺凌他人;但是他的儿子们却常常强横放纵,陈显达听说后,非常不高兴。

陈显达因"门寒位重",所以行事非常谨慎,尤其担心自己的儿子以"富贵陵人",招惹是非。封建时代是个等级社会,讲求门第,讲求出身。寒门子弟踏进仕途已属不易,位高权重,更需处处小心。所以当陈显达听到"诸子多事豪侈"时,便有不悦之色,实为常情。对陈显达而言,以前经历的贫困,会使其倍感富贵来之不易,不可轻易糟践。勤俭持家久,豪奢运难长,这对出身寒门却又显贵之家,似乎也同样适用。更何况政治形势又是瞬息万变,高官显位可能转眼就成过眼云烟。

但与陈显达的做法相反之人也很多。有为官者也是出身寒门,骤然位高权重后便为所欲为、忘乎所以。经历了贫困的人,对于贫困充满恐惧,生怕此生再沦为贫困,也希望子孙后代不再贫困,这是人之常情。但强烈的社会反差和地位变迁,使他们中的某些人变得相当扭曲,疯狂地掠夺社会,掠夺财富,最终落得个身败名裂,甚至是家破人亡。

所以,为官者,贵在谦。这个"谦",既是谦虚、谦和的意思,也是谨慎、小心的意思。寒门亦好,富门也好,"富贵陵人"、"多事豪侈",总归都不是值得赞扬的事,总归都是让人心生嫌恶的事,甚至也是招致祸端的事。

139. 义利之轻重

子懋既不出兵攻叔业，众情稍沮。中兵参军于琳之，瑶之兄也，说子懋重赂叔业，可以免祸。子懋使琳之往，琳之因说叔业取子懋。叔业遣军主徐玄庆将四百人随琳之入州城，僚佐皆奔散。琳之从二百人，拔白刃入斋，子懋骂曰："小人！何忍行此！"

——《资治通鉴》卷一三九·《齐纪》五

【译文】

萧子懋既然不出动军队攻打裴叔业，部下的情绪都有几分沮丧。中兵参军于琳之是于瑶之的哥哥，他劝说萧子懋以丰厚的财物贿赂裴叔业，可以此免除灾祸。萧子懋派于琳之前去，但是于琳之却趁机劝说裴叔业捉拿萧子懋。裴叔业派遣军主徐玄庆带领四百兵士随于琳之进入江州城，萧子懋手下的官员都纷纷四处逃亡。于琳之领着二百人，拔出锋利的刀剑进入萧子懋的住处，萧子懋大骂于琳之说："无耻小人，怎么忍心干出这样的事呢？"

利益与情义，孰轻孰重，这是人们在生活中经常会遇到的难题。

从完美主义者角度而言，利与义最优配置状态为二者得兼。但事情往往并不能如人们所愿，而是多有遗憾。

有人认为利大于义。人们常说"富贵于我如浮云"。但对利益熏心者而言，利益至上，则是"情义于我如浮云"。有情有义，当然也不错，但与实实在在的"利"相比，那都是虚的，像是"浮云"，此为这类人的信条。

有人认为义大于利。作出这样选择的人,将义放在利的前面,符合中国传统所崇尚和宣扬的义利观。当然这种选择也可能与两个因素有关系:一因利小。尚未大到可以牺牲情义的地步。二因真正是情深义重。即使是利益重大,即使是生死关头,依然坚守信义,依然护守亲情,不抛不舍,不离不弃。

　　这是一种痛苦的道德选择,更是一种痛苦的对生命的选择,需要付以沉重的代价,而其结果又不可预测。对于领导者而言,在义与利之间,就要以公利、公义为原则,不能见利忘义,不能损公肥私。

140. 舍末逐本

夫壅水者先塞其原,伐木者先断其本;本原尚在而攻其末流,终无益也。

——《资治通鉴》卷一四〇·《齐纪》六

【译文】

堵水的人要先塞住水源,砍伐树木的人要先砍断树根;如果水源的源头还在却只堵塞水流的下游,终究不会有什么成效的。

对于任何事物而言,舍本逐末,是与辩证唯物主义的基本原理相违背的。

对于领导者而言,对于任何事物,皆应以抓主要矛盾为其根本,特别是问题众多时,更应着重分清主次,然后定夺,这样才能使问题得到根本的解决。

世事知之甚易,但行之甚难。既然抓住主要矛盾这么重要,可在那么多事物中如何分清主次矛盾,如何判定"本"与"末",是一件不易之事,而这又影响着后续者多事宜,故是关键一步。同时,明确"本""末"之后,更重要在于行,在行的变化中始终把握住主要矛盾,不为"末"所困扰。要做到这些,不仅需要经验、阅历,需要知识、能力,需要理论、方法,更需要聪敏、智慧。

141. 用人之道

夫爵禄废置，杀生予夺，人君所以驭臣之大柄也。

——《资治通鉴》卷一四一·《齐纪》七

【译文】

给予或剥夺官爵和俸禄，掌握能任意处置人民生命财产的权力，这是皇帝用来驾驭臣下的治事大权。

人们常将驭臣之术命为"帝王学"，或者帝王之厚黑学。而实际上，驭臣之术在于帝王依恃特殊的地位、独有的资源及无上的权力。

众所周知，爵位与俸禄是封建官僚们孜孜不倦之追求，其中爵位，是权势、地位之象征。而利益的分配和制度的制衡能从根本上保证臣之忠心。作为帝王，保持其政治合法性，是保证其权威的根本。许多人认为帝王保持权威的办法在于"杀生予夺"，司马光也持同样看法。实际上，绝对权威的树立除了政治、文化、教育等因素之外，根本在于经济的发展状况。经济发展了，国家强盛了，百姓饱暖了，皇帝的权威才能稳固。

对于当今领导者而言，"驭下"一词似乎充满着封建色彩。对下属可以"爵禄废置"，但决不可"杀生予夺"。现今的领导与被领导者之间完全是一种新型关系。只是领导者的权威依然是必要的，只是领导者应当形成相对权威，而不是绝对权威。相对权威既保证权力的必要集中，同时部下也有参与决策讨论的机会。绝对权威与当今行政管理要求不相和谐，可能导致事与愿违。

142. 选官需慎重

王肃为魏制官品百司,皆如江南之制,凡九品,品各有二。侍中郭祚兼吏部尚书。祚清谨,重惜官位,每有铨授,虽得其人,必徘徊久之,然后下笔,曰:"此人便已贵矣。"人以是多怨之;然所用者无不称职。

——《资治通鉴》卷一四二·《齐纪》八

【译文】

王肃为北魏制定官职的品第等级和各种机构,都按照江南的制度,共分九品,每一品又分正、从二品。侍中郭祚兼任吏部尚书,郭祚廉洁谨慎,十分珍惜官吏的职位、职称,每次选拔任命官吏,虽然发现有合适人选,但是一定还要彷徨考虑很久,然后才落笔签署,并说:"这个人就等待着富贵吧。"人们因此对他多有抱怨,但是经他所录用的官员没有德才和职位不相称的。

官员,作为管理国家的行政人员,择选应当慎之又慎,同时也要准确、精当。郭祚虽然手握升迁官员的大权,但却没有随心所欲,任意而为,而是谨慎权衡,这对于我们选拔官员亦有借鉴之处。

对于官员的考核,当然有许多方面,但有两个因素也不应忽略:一是经验。官员从政的根本在于如何有效地为国家做事,为民众服务,而施政经验非教育和书本所能直接得来,需在从政实践中不断积累,施政也才能行之有效。所以对选官而言,经验是条件之一。其二是骄心。初入仕途时,大部分官员行事慎而又慎。但随着权力的膨胀,环境的影响,滋生了骄心,个体心态发生根本变化,由原来忠于国、忠于民的官员,变成忠于钱、忠于财的了。所以,用官除了慎,更要准,要全面了解所选人员的才能与品行,然后再决定提拔与否。

143. 同党与异己

自是法珍、虫儿用事，并为外监，口称诏敕；王咺之专掌文翰，与相唇齿。

——《资治通鉴》卷一四三·《齐纪》九

【译文】

从此之后，茹法珍、梅虫儿当权，一并担任外监，口头宣称诏书；而王咺之则专门主管公文信札，与茹、梅二人互相紧密勾结。

茹法珍、梅虫儿与王咺之相互勾结，结为朋党，窃国弄权。这里我们就讨论一下同党和异己的关系。

我们将同党比作圆A，将异己比作圆B。在圆A中，是利益相近或相同的人，他们多是由姻亲、师生、同乡关系所形成的利益集团，对于权势格局有总体一致的看法；圆B也类似。圆A与圆B相交阴影部分，是与圆A、圆B都有关联的那部分人，他们或态度不鲜明，或立场不坚定，或脚踏两只船，在朋党相互争斗之中，首鼠两端，见风使舵，以求左右逢源。他们既是利益集团所要鄙夷的对象，也是他们壮大自己、打击对手所要争取的对象。

实际上，同党与异己化敌为友，化友为敌，有类化学反应，全因政治斗争形势变化而变化。随着一党斗争失败，另一党立刻出现新的分化。所以，同党与异己无非是因利益关系变化的不断排列组合而已。

143. 同党与异己

144. 不惜家国惜钱财

东昏尤惜金钱，不肯赏赐；法珍叩头请之，东昏曰："贼来独取我邪！何为就我求物！"后堂储数百具榜，启为城防；东昏欲留作殿，竟不与。又督御府作三百人精仗，待围解以拟屏除①，金银雕镂杂物，倍急于常。众皆怨怠，不为致力。外围既久，城中皆思早亡，莫敢先发。

——《资治通鉴》卷一四四·《齐纪》一〇

【译文】

东昏侯尤其吝惜金钱，不愿意赏赐别人；茹法珍磕头请他赏赐兵将，东昏侯竟说："贼寇来只是为了收拾我一人吗？为什么向我要东西赏赐？"后堂之中存放了几百块木料，有人向东昏侯启奏要拿去做防卫城市之用；东昏侯想留下来盖殿时使用，竟然不给。东昏侯又督促御府制作了三百人使用的精制兵器，准备等萧衍之围解除之后，出外游玩时，卫士们用以屏逐百姓。至于金银雕刻的物品，赶制速度要比平时快出一倍。众人都心有怨气，消极懈怠，根本不愿为他尽力。外面围困的时间已经很久，城中的人都希望能早点逃走，只是没有人敢于先有所动作罢了。

【注释】

①屏除，南朝齐东昏侯出游时，所经之处，屏逐百姓，家室皆空，巷陌悬幔为高障，置仗人防守，谓之"屏除"。见《南齐书·东昏侯纪》。

任何人看了东昏所作所为，皆会又好笑，又慨叹。

在封建集权国家里，普天下的事物似乎都是属于国君的。君王本身，何惜舍财。故此东昏王有二病。

一病吝赏。我们多次提到赏罚分明与公正。对于东昏王而言,惩难以分明,滥罚亦不在少数。惜金钱,不赏赐,何以让部众为其效命。特别在国家生死存亡的时刻,士兵为保家卫国奋身杀敌,然君王的一瓢冷水泼灭了他们保家卫国的热情,故有"皆思早亡,莫敢先发"之祸。此一病也。

二病迂腐。国难当头,形势紧迫,军事设施何其重要。但是东昏王在如此紧要关头都舍不得用以加固城防,还想着用来装饰殿堂。试想:国之不存,殿堂何用? 真是要钱不要命,要财不要国,迂腐之至。

144. 不惜家国惜钱财

145. 征象之论

灵帝光和元年，南宫寺雌鸡欲化为雄，但头冠未变，诏以问议郎蔡邕，对曰："头为元首，人君之象也。今鸡一身已变，未至于头，而上知之，是将有其事而不遂成之象也。若应之不精，政无所改，头冠或成，为患滋大。"是后黄巾破坏四方，天下遂大乱。

——《资治通鉴》卷一四五·《梁纪》一

【译文】

汉灵帝光和元年，南宫寺的母鸡快变成公鸡了，只有头上的冠子还没变，灵帝就这件事召见并询问议郎蔡邕，蔡邕回答说："头是元首，是皇帝的象征。如今鸡的全身都变了，只是头还没有变，而圣上知道，这是天下将要出事而不会成功的征兆。如果应对不妥当，朝政方面没有什么改善，头冠如果也变成了的话，祸患就更加大了。"之后，黄巾起义扰乱全国各地，天下因此大为混乱。

蔡邕以雌鸡变雄鸡的事例，劝诫帝王面对国难，应以国政为根本。

先说蔡邕进言之术。蔡邕进言亦非以直接方式，而是类比借喻，借题发挥，委婉进言。君臣皆深知所言何事，但不明说，使君臣皆有颜面于朝堂之上，至少可达到帝王默认的程度。这样的方式也较易被采纳，与直接强谏的效果有明显的不同。

二谈蔡邕针砭时弊。蔡邕根据当时国难当头，宦官与外戚轮流干政，国家朝政大权长期旁落、民不聊生的状况，适时提出改革政治的主张，只可惜在当时的情况下根本难以实施。

146. 身正方可令行

叡体素羸,未尝跨马,每战,常乘板舆督厉将士,勇气无敌;昼接宾旅,夜半起,算军书,张灯达曙。抚循其众,常如不及,故投募之士争归之。所至顿舍,馆宇藩墙,皆应准绳。

——《资治通鉴》卷一四六·《梁纪》二

【译文】

韦叡的体质向来羸弱,从来没有骑过马,每次战斗,都乘坐在板舆上监督激励将士们,勇气十足,所向无敌;他白天接待宾客来访者,夜半起来,谋算军书,直到清晨,没有倦意。他对部下爱护备至,常恐不及,所以投奔他的人士争相前来。他所到达之处住的地方,房屋围墙,都严格遵守法度。

纵观中国历史,但凡有作为的名将,无一不是体恤下属、抚兵爱民、身先士卒、以身作则的典范。孙子曾说"苟正其身矣,于从政乎何有? 不能正其身,如正人何!"己身不正,又怎能去端正他人呢?

只有严于律己,以身作则,方能政令通行,上下齐心,从而成就一番伟业。反之,如若领导者视法令如无物,置纪纲于不顾,宽以待己,严于律人,那必然会是"虽有令而不行"。

146. 身正方可令行

147. 聚敛甚于盗贼

魏御史中尉王显问治书侍御史阳固曰:"吾作太府卿,府库充实,卿以为何如?"固曰:"公收百官之禄四分之一,州郡赃赎,悉输京师,以此充府,未足为多。且'有聚敛之臣,宁有盗臣'。可不戒哉!"显不悦,因事奏免固官。

——《资治通鉴》卷一四七·《梁纪》三

【译文】

北魏御史中慰王显对治书侍御史阳固说:"我当太府卿时,国家贮藏财物、兵甲的仓库都充盈,您以为怎么样呢?"阳固回答说:"大人收取了各级官吏俸禄的四分之一,各州郡退赃赎罪所上缴的财物也全部运到国都,用这些来充满仓库,也不足以认为太多。况且'与其有搜刮财货的官吏,宁愿有盗窃府库财物的官吏',可以不戒备吗!"王显听了很不高兴,就借故上奏罢免了阳固的官。

王显通过对官员俸禄的尅扣以及将地方"赃赎"收归国库,在表面上看国库充盈,但实际上是收取不当,拆东墙补西墙,只是问题尚未暴露。

百官管理国家事务,国家本应给予一定俸禄,这属于正常财政支出,属于合情合理的范围。用一些官员俸禄充实府库,显然会影响他们的积极性,对工作可能就不及原先认真、勤勉,可能就会敷衍了事。这样一来,国家治理从上到下便会出现松懈,于国不利。而治理不力仅仅是百官被减俸禄一种较为直接的表现,若是积怨已深、愤恨已久,可能会直接导致百官造反。此外,由于官员的俸禄被减,他们便会利用手中权力变相地获取钱财,因为国家尅扣他们转为向民众或其他公共资源索取,此为大患也。

另外,财政收入的分配,在中央与地方之间应有一定的比例,作为各级政府运行的日常开支与不时之需。王显将地方之"赃赎"都收归国库,是中央财政与地方财政的相互争权。当然作为中央集权的国家,中央政府会有最终的财政处置权,但处置不当,就会引发地方和中央的矛盾。地方财政的匮乏,可能导致地方在处理问题时捉襟见肘,难免会引起地方上的埋怨,甚至与中央分裂。对中央财政来说,控制全局是理所当然,但也需充分考虑地方上的实际情况,不能简单地牺牲地方利益来维护中央利益,这无益于国家大局。

所以王显这种做法不是大力发展社会经济,积聚财富,而是通过尅扣俸禄、聚敛"赃赎"的方式"充盈府库",虽能满足一时所需,却不可能从根本上解决国家财政困难的问题。

148. 议祀嗣

太后好事佛，民多绝户为沙门，高阳王友李瑒上言："三千之罪莫大于不孝，不孝之大无过于绝祀，岂得轻纵背礼之情，肆其向法之意，一身亲老，弃家绝养，缺当世之礼而求将来之益！"

——《资治通鉴》卷一四八·《梁纪》四

【译文】

胡太后喜欢侍奉佛主，因此百姓很多都宁愿绝后而使自己的独生子成为和尚，高阳王的朋友李瑒上书说："三千种罪过没有比不孝更大的，而最大的不孝没有超过断绝香火后代的，怎么能轻易地纵容百姓违背礼法、任意行事，独生子对年老双亲丢下不奉养，用违背现世的礼法去求得来世的善报！"

李瑒认为绝祀之举为"三千罪"之首，由此可见封建时代礼教孝治天下以及传宗接代思想之浓烈。从历史发展的轨迹上看，这种反对绝祀并强调民以孝为本的思想在当时具有一定的历史合理性。

封建社会是一个男权社会，社会中以男性为主导，这种主导从社会的方方面面中体现出来。农耕时代，就一般民众而言，其主要生活是对土地等基本生产资料的依赖，耕作自然成为最主要的方式，男性作为整个生产劳动的主力，成为整个社会得以生存和发展的推动力。因此人户以有男丁为家庭之根本，故家多男丁，即为门户兴旺，家庭经济也较为殷实。

另外从历史上看,家庭养老成为主体,而男丁是养老的主要承担者,这是中国人千百年来的习惯。因此,家庭的男丁越多,养老的压力也就相对越小,也即俗语所谓"多子多福",且男丁多少似乎也成为家族社会地位的一种反映。就古代的观念和现实来看,没有男丁不仅年老无所依靠,而且还对不起列祖列宗。

　　封建时代的人们大多强调自身对传宗接代的重大责任,且对这一责任从未有过含糊。所以对他们来讲,当和尚(入沙门)、做宦官,皆为迫不得已且为后人耻笑的事情。就古代社会状况而言,这种反对绝祀思想是完全可以理解的,只是今天看来,未必就会是那么绝对和那么重要。

149. 得志须戒骄

（魏元义）既得志,遂自骄愎,嗜酒好色,贪客宝贿,与夺任情,纪纲坏乱。父京兆王继尤贪纵,与其妻子各受赂遗,请属有司,莫敢违者。乃至郡县小吏亦不得公选,牧、守、令、长率皆贪污之人。由是百姓困穷,人人思乱。

——《资治通鉴》卷一四九·《梁纪》五

【译文】

等到得势以后,（魏元义）就开始骄傲怠慢,嗜好喝酒、贪恋女色,贪婪吝啬宝贵财货,随心所欲处置事情,破坏纲常法纪。他的父亲京兆王元继更加贪婪放纵,他的妻子儿女都接受贿赂的财物,操纵有关部门,没有人敢抗拒。以至于连郡县的小官吏也不能公开选拔,而牧、守、令、长等各级官吏全都是贪污受贿的人。因此百姓艰难窘迫,人人都想造反。

由于帝王宠信,"既得志,遂自骄愎",嗜酒重贿,坏纪乱纲,而这也许只是中国封建时代政治现象的一个普通例子而已。在封建时代,多数官员靠科举制度或其他选官方式进入官僚集团。在仕途之初,小心留意官场潜规则,并多以诚恳、谦虚的面目示人。而后累迁至自身认为已满足之职位时,一改以前谦卑的形象,变得狂妄而骄横,前后判若两人,甚至也会像元义那样,贪客宝贿,嗜酒好色,无所顾忌。

随着权势增加,影响力增大,原来想都不敢想的事情就会做得更多。这样的事若是为国为民,非常值得称赏;但若是误国害民,则为官愈大,为政愈长,也就为害愈烈,但终有覆亡之时。

150. 私利使然

　　魏主欲自出讨贼，中书令袁翻谏而止。辛雄自军中上疏曰："凡人所以临陈忘身，触白刃而不惮者，一求荣名，二贪重赏，三畏刑罚，四避祸难。非此数者，虽圣王不能使其臣，慈父不能厉其子矣。明主深知其情，故赏必行，罚必信，使亲疏贵贱勇怯贤愚，闻钟鼓之声，见旌旗之列，莫不奋激，竞赴敌场，岂恹久生而乐速死哉？利害悬于前，欲罢不能耳。"

——《资治通鉴》卷一五〇·《梁纪》六

【译文】

　　北魏孝明帝想要亲自出征讨伐贼寇，中书令袁翻劝谏阻止了他。辛雄从军中上书孝明帝说："人们之所以身临战阵、奋不顾身，碰到锋利的刀剑而不害怕的原因，一是为了求取美名，二是贪图丰厚的赏赐，三是害怕刑罚，四是逃避祸害和灾难，不是因为这几种原因，即便是德才超群、达于至境的帝王也指使不动他的臣子，慈祥的父亲也不能激发起他的儿子。圣明的君主十分明白这一情况，所以奖赏一定要实行，惩罚一定要讲信用，使亲近的、疏远的，尊贵的、卑贱的，勇敢的、怯弱的，贤能的、愚蠢的各种不同类型的人，听到钟鼓的声音，看见旗帜排列，没有人不激动振奋，竞相奔赴敌阵，这难道是他们嫌弃活得太久了而乐于迅速的死去吗？正是因为利益与损害摆在眼前，想停止而又收不住啊。"

　　辛雄说得大致不差。"临阵忘身"，面对生死，无所畏惧，原因大致有四个：一是求取功名、荣耀；一是贪求厚重赏赐；三是害怕受到惩处；四是借此躲避祸难。而辛雄的话说得还挺绝对,说不是因这个缘由,就是圣明的君王也不能驱使臣子,仁慈的父亲也不能督促儿子。虽然在这四个理由当中,前两种是主动求取,是个人主观意愿;后两种是情势所逼,是迫不得已的被动选择。但世上的人,没有谁会厌恶长久地活着反而希望尽早地死亡,之所以"竞赴敌场","莫不奋激",而又"欲罢不能",究其实,唯两字:"利害"而已。

趋利避害是人的本能、人的本性。当这种"利害"关系以或生或死这种极端方式呈现时,人的本能便会发挥得淋漓尽致,人的本性也会展现得淋漓尽致。人生之悲壮,或在于此;人生之悲哀,也或在于此。

151. 德感义夫,恩劝死士

　　魏右民郎阳平路思令上疏,以为:"师出有功,在于将帅,得其人则六合唾掌可清,失其人则三河①方为战地。窃以比年将帅多宠贵子孙,衔杯跃马,志逸气浮,轩眉攘腕,以攻战自许;及临大敌,忧怖交怀,雄图锐气,一朝顿尽。乃令赢弱在前以当寇,强壮居后以卫身,兼复器械不精,进止无节,以当负险之众,敌数战之虏,欲其不败,岂可得哉! 是以兵知必败,始集而先逃;将帅畏敌,迁延而不进。国家谓官爵未满,屡加宠命;复疑赏赍之轻,日散金帛。帑藏空竭,民财殚尽,遂使贼徒益甚,生民凋敝,凡以此也。夫德可感义夫,恩可劝死士。今若黜陟幽明,赏罚善恶,简练士卒,缮修器械,先遣辩士晓以祸福,如其不悛,以顺讨逆。如此,则何异厉萧斧而伐朝菌,鼓洪炉而燎毛发哉!"

　　　　　　　　　　——《资治通鉴》卷一五一·《梁纪》七

【译文】

　　北魏右民郎阳平人路思令上书,认为:"军队出征有功绩,关键在于将领主帅,如果能得到合适的人担任主帅则天下轻易就可以廓清,如果选人不当则京都郊外也会成为战场。愚意以为近年来军中将领主帅大多由尊荣显贵的子孙担任,他们饮酒策马驰骋,意志安逸情绪轻浮,眉飞色舞,摩拳擦掌,用自认为擅长进攻性的战斗自夸;到了面临强敌之时,则忧愁恐惧交织于心,原先宏伟谋略的旺盛气势,一时马上就消失了。于是便命令瘦弱的兵士在前面挡住敌寇,身强力壮的兵士留在后面为自己护身,加上武器又不精良,前进与停止没有节度,以此抵挡占据险固地形的敌人,抵挡屡经战阵的贼寇,想使他们不败,怎么能够办得到呢! 因此兵卒们知道战争一定会失败,开始集结就首要考虑逃跑;将领主帅们畏惧敌人,徘徊而不敢前进。朝廷则以为给他们的官职和爵位低了,便多次地给他们加官晋爵;又怀疑给他们的赏赐太轻了,便每天散发钱财。因此,国库空虚,人民财产空竭,才使得匪徒越来越多,百姓生活十分困苦,所有的原因都在这里。品德可以感动坚守大义的人,恩惠可以鼓励敢死的勇士。现在朝廷如果能做到升贤降愚,奖赏好的,惩罚坏的,演习训练士卒,修缮武器,先派能言善辩的人去告诉盗贼灾殃与福分,如果他们不思悔改,便顺势派兵去讨伐叛逆。这样一来,平定消除反贼,与磨砺斧钺去砍朝生暮死的菌类植物,煽大火炉的火去焚烧毛发有什么不同呢!”

【注释】

①三河:今河北廊坊三河市。北魏都洛阳,则三河为京郊。胡三省注:“此指汉三河之地为言。魏都洛阳,三河则畿甸也。”

晓之以理,动之以情,几乎成为千百年来领导艺术中最为主要的方式之一。一方面,它反映领导艺术有其时代特殊性;但另一方面,它又是中国文化长期积淀的一个后果。离开中国文化谈领导艺术,很有可能不是隔靴搔痒,就是无的放矢,因为中国是在深厚的文化积淀中发展而来的具有鲜明民族特性的国家,一旦离开这种特性,其领导艺术便很易成为与中国国情不相符合的无源之水、无本之末,成为一种说教和教条。

在中国的文化传统中,恩与德是一种优良品格。在领导艺术之中它们属于“情”的范畴。动之以情,晓之以理,相辅相成。就领导行为来说,关键在于“理”。行政运行制度,上下隶属关系,各项工作开展,说到底,都还要“有理”、“合理”。领导者要以理服人,不能以势压人。有些领导也知“理”的重要性,也知“说理”的重要性,但没有办法做到这一点,只能是以训斥之方式,其效果往往适得其反。

德感义夫,恩劝死士,此皆为领导之“情”适时发挥作用。所以对于领导者而言,使部下能够真正感受到关怀,而做出有利于集体或国家的事情,这样的管理工作才算是成功的,这样的领导工作才算是成功的。

152. 天意实民意

帝忧愤无计，使人谕旨于荣曰："帝王迭兴，盛衰无常。今四方瓦解，将军奋袂而起，所向无前，此乃天意，非人力也。我本相投，志在全生，岂敢妄希天位！将军见逼，以至于此。若天命有归，将军宜时正尊号；若推而不居，存魏社稷，亦当更择亲贤而辅之。"时都督高欢劝荣称帝，左右多同之，荣疑未决。贺拔岳进曰："将军首举义兵，志除奸逆，大勋未立，遽有此谋，正可速祸，未见其福。"荣乃自铸金为像，凡四铸，不成。功曹参军燕郡刘灵助善卜筮，荣信之，灵助言天时人事未可。荣曰："若我不吉，当迎天穆立之。"灵助曰："天穆亦不吉，唯长乐王有天命耳。"荣亦精神恍惚，不自支持，久而方寤，深自愧悔曰："过误若是，唯当以死谢朝廷。"

——《资治通鉴》卷一五二·《梁纪》八

【译文】

孝庄帝忧伤愤慨但却无计可施，派人向尔朱荣传达旨意说："帝王迭兴，盛衰无常。现在天下纷乱，将军奋而起兵，所向无敌，这是天意，不是靠人的力量所能达到的。我当初来投奔于你，只是希望能够活下来罢了，哪敢妄想登上皇位！将军逼我做皇帝，我才到了现在这个地步。如果上天有意安排你做皇帝的话，将军你应选好时机登上皇位。如果你推辞而不做，想保存大魏的社稷，那么您也应该另选一位亲信而又贤明的人做皇帝，对他加以辅佐。"当时，都督高欢劝尔朱荣称帝，尔朱荣的部下大多赞同，尔朱荣犹疑未决。贺拔岳进言道："将军您首先发起义兵，志在铲除奸逆，大功还未告成，便急着有这种打算，恐怕只能很快招来灾祸，我看不出有什

152. 天意实民意

么好处。"尔朱荣于是便用黄金为自己铸像,共铸了四次,均未成功。功曹参军燕郡人刘灵助善于占卜,尔朱荣对他很信任。刘灵助认为无论从天时来看,还是从人事上看都不可以称帝。尔朱荣说道:"如果我做皇帝不吉利的话,便应当迎请元天穆做皇帝。"刘灵助说:"元天穆也不吉利,只有长乐王元子攸符合天意。"尔朱荣这时也精神恍惚,支持不住了,过了很长时间才清醒过来,深感惭愧悔恨地说:"错到这个地步,我只有以死来向朝廷谢罪了。"

古代社会生产力较为落后,特别是人对于自然的抵御能力相对比较差,对许多自然及社会现象既无法解释也无法抗拒,对天地自然的敬畏形成了天命观。实际上,这种天命观是人类对于无法控制的外在世界的一种依托,是期望依靠外在力量而获得力量。然而对天地的敬畏却被统治者所"盗用",成为国家生存灭亡的合法性依据。

古往今来,时过境迁。现而今,应是不会有多少人还相信什么"天意"了。"天意"为"民意"所取代,原以"天意"为归,也应是以"民意"为归了。而这个"民意"就是广大人民群众共同的需求、愿望及福祉。

153. 公事勿私责

帝姊寿阳公主行犯清路①，赤棒②卒呵之，不止，道穆令卒击破其车。公主泣诉于帝，帝曰："高中尉清直之士，彼所行者公事，岂可以私责之也！"道穆见帝，帝曰："家姊行路相犯，极以为愧。"道穆免冠谢，帝曰："朕以愧卿，卿何谢也！"

——《资治通鉴》卷一五三·《梁纪》九

【译文】

北魏孝庄帝的姐姐寿阳公主在路上妨碍了高道穆清路开道的士卒们执行公务，执赤棒的兵士喝止，寿阳公主不肯停车，高道穆便命令兵卒把车辆击碎。公主向孝庄帝哭诉，孝庄帝说："高道穆是清廉正直之士，他所做的是公事，怎么能够因为私情责备他呢！"高道穆见到孝庄帝，孝庄帝说："家姐在路上冒犯了您，我感到非常惭愧。"高道穆脱下冠帽，向孝庄帝表示歉意。孝庄帝说："是我对您有愧，您不必向我道歉。"

【注释】

①清路，古制，帝王或大臣出巡时清扫道路，驱散行人。胡三省注："中尉前驱之卒执赤棒，即清路者也。"《孔子家语·郊问第二十九》"郊之日，丧者不敢哭，凶服者不敢入国门。氾扫清路，行者必止。"王肃注："氾，遍也。清路以新土，无复行之。"

②赤棒，赤色的棒。古代大官出行，前导仪仗中兵器之一。《北齐书·王俨传》："魏氏旧制：中丞出，清道，与皇太子分路行，王公皆遥住车，去牛，顿轭于地，以待中丞过，其或迟违，则赤棒棒之。"

梁武帝不以公事而私责，可谓明主，封建帝王能有此作为，实为不易。

中国封建社会是面子社会，帝王之面子在绝对权威之下有绝对的意义,因此,对于帝王而言能因私事而"愧"高中尉,可谓难能可贵。

尽管中国封建社会为面子社会,但依法办事依是各级官吏所应遵循的基本原则。国家能良性运作,于民固然有利,而实际上最大受益者则为帝王家。放下面子,维护秩序,虽然在表面上是维护官员的公事公办,实际上是在维护皇权的稳定。

同时,对于帝王而言,如若长期因私废公、以私压公,那么国家的管理便会出现许多问题,帝王更难以一碗水端平,对统治极其不利。久而久之,形成私权压倒公权、公权形同虚设的局面,局面容易失控。

今天,法制的观念成为人们的共识。行政管理更应以法为依据、以法为准绳,讲求公开、公平、公正,不能讲人情世故,不能讲熟人面子,不能以私权而损公义。

154. 草菅人命恶至极

（尔朱）荣好猎，不舍寒暑，列围①而进，令士卒必齐壹，虽遇险阻，不得违避，一鹿逸出，必数人坐死。有一卒见虎而走，荣谓曰："汝畏死邪！"即斩之。自是每猎，士卒如登战场。尝见虎在穷谷中，荣令十余人空手搏之，毋得损伤，死者数人，卒擒得之，以此为乐，其下甚苦之。

——《资治通鉴》卷一五四·《梁纪》一〇

【译文】

尔朱荣爱好打猎，为了打猎不废寒暑。打猎时先设立围场，命令兵士必须整齐划一，即使遇到危险阻碍，也不得逃避。只要有一只鹿逃出，必定有数人因此而获死罪。有一名兵士看见老虎时逃跑，尔朱荣问他："你难道是怕死吗！"随即将其处死。从此每逢狩猎，兵士们就像登上了战场一样。一次在荒僻的山谷中发现了老虎，朱尔荣命令十几个兵士空手与老虎相搏，并且不得伤害老虎。死了好几个人，最后才将老虎擒住。尔朱荣以此为乐，他的部下深以为痛苦。

【注释】

①围，打猎的围场，围猎。

尔朱荣喜好打猎，原不为过；为打猎"不舍寒暑"，也还勉强说得过去。但为获取猎物，不惜舍弃士卒性命，实在是罪恶之极。很显然，在他这里，士卒的生命远不如猎物的性命更宝贵。"卒擒得之，以此为乐"；士卒坐死，不以为悲，以士卒生命换取个人欢乐，悖逆人道，莫过于此。

尔朱荣所为，是对人性的极大亵渎和践踏。作为士卒，长期征战即使没有功劳也有苦劳，理应得到善待。但尔朱荣不使其乐，却使其苦，并且这种困苦不是简单或繁重的劳动，也不是战场上的冲锋陷阵，而是为猎取动物而牺牲士卒的生命，这种丧失人性的行为，迟早会遭到报应。

155. 众强之别

高欢将与兆战,而畏其众强,以问亲信都督段韶,韶曰:"所谓众者,得众人之死;所谓强者,得天下之心。尔朱氏上弑天子,中屠公卿,下暴百姓,王以顺讨逆,如汤沃雪,何众强之有!"

——《资治通鉴》卷一五五·《梁纪》一一

【译文】

高欢将与尔朱兆交战,但却畏惧尔朱兆人数众多、军队强大,于是便问计于亲信都督段韶,段韶说:"所谓人数众多,乃是得到众人的拼死效力;所谓军队强大,乃是得到天下的人心。尔朱氏上弑天子,中间屠杀公卿百官,对下凌残百姓,大王您以顺讨逆,就如同以开水浇雪,尔朱氏又有什么人众兵强可言!"

段韶奏对高欢之言,论证了战争的性质及意义。在任何时代,战前都必经可行性分析,特别是论证战争的正义性,可以此获得民众物质和道义上的支持。没有获得民众支持的战争最终都会走向失败。

再说众与强的区别。"众者,得众人之死;强者,得天下之心。"段韶用简炼的语言区别了"众"与"强"。实际上"众"仅只表示人数之多,是一个数量问题;而"强"不是数量问题,更在于质量,是一种质的标示。"众"与"强"二者构成了质量的统一,形成军队作战两个最根本的要素,也成为衡量军队战斗力的两个重要指标。

"众"与"强"反映的是事物两个不同的方面,对要赢得胜利的军队来说,必须要有效地将二者结合起来。而真正的结合就在于"心",在于有共同的要求和愿望,在于团结一致、同仇敌忾,在于奋斗的勇气和坚定的信心,这样心归则众,心归则强。乌合之众的"假强敌"不足为惧。

156. 世乱识忠臣

丁未,帝遣使召椿还,遂帅南阳王宝炬、清河王亶、广阳王湛以五千骑宿于瀍西,南阳王别舍沙门惠臻负玺持千牛刀以从。众知帝将西出,其夜,亡者过半,亶、湛亦逃归。湛,深之子也。武卫将军云中独孤信单骑追帝,帝叹曰:"将军辞父母、捐妻子而来,'世乱识忠臣',岂虚言也!"

——《资治通鉴》卷一五六·《梁纪》一二

【译文】

北魏孝武帝永熙三年七月二十七日,元修(即北魏孝武帝)派使者召斛斯椿回军,于是斛斯椿就率领南阳王元宝炬、清河王元亶、广阳王元湛和五千名骑兵驻扎于瀍西。南阳王别舍沙门惠臻携带着皇帝的玉玺,手持千牛刀,跟随着元修。众将士得知孝武帝打算向西行进,当天夜里就逃亡了一半以上。元亶、元湛也都逃回。元湛是元深的儿子。武卫将军、云中人独孤信单人单马,追随着孝武帝。孝武帝叹息道:"将军您离开父母、抛弃妻子儿女来追随我,'世乱识忠臣'岂是一句虚话啊!"

孤独信忠心事主,可谓乱世之忠臣。

讲求信义,恪守忠诚,是封建时代颇为宝贵的一种品质。现而今,再讲求要忠诚于某某人,显然是不合时宜,甚或是迂腐不堪了。人与人之间的关系应该建立在平等的基础上。个人的利益诉求,要以法律为依据,以法律制度来保证,而不是由某个个人来保证。

157. 为国岂可纵贪污

行台郎中杜弼以文武在位多贪污,言于丞相欢,请治之。欢曰:"弼来,我语尔! 天下贪污习俗已久。今督将家属多在关西,宇文黑獭常相招诱,人情去留未定;江东复有一吴翁萧衍,专事衣冠礼乐,中原士大夫望之以为正朔①所在。我若急正纲纪,不相假借,恐督将尽归黑獭,士子悉奔萧衍,人物流散,何以为国! 尔宜少待,吾不忘之。"

——《资治通鉴》卷一五七·《梁纪》一三

【译文】

行台郎中杜弼认为在位的文武官员们多有贪污行为,便将此事告诉丞相高欢,请高欢整治贪污。高欢说:"杜弼,过来,我告诉你。天下贪赃枉法的习俗由来已久了。现在将士们的家属多在函谷关以西,宇文黑獭经常对他们召唤劝降,人心不安,是去是留,未有决定;江东还有萧衍,讲究典章礼仪,中原的士大夫们认为他才是正统的帝王。我如果急着肃正法律制度,缺少宽容,恐怕将士们都归顺了宇文黑獭,士大夫们都投奔萧衍去了。人才流失,我靠什么来维持国家? 你要稍稍等待,我不会忘了(整治贪污)这事的。"

【注释】

①正朔,帝王新颁的历法。古代帝王易姓受命,必改正朔,故正朔所在又代指正统之帝王。

高欢虽为高明之人,但也很难平衡两方面的关系:一是人心向背问题,一是贪污腐败问题。因这些贪污腐败之人是国家需用之人,一旦得罪他们,这批人或"尽归黑獭",或"悉奔萧衍"。其结果就会是"人物流散,何以为国"。

贪污腐败严重危害社会,这种危害性是致命的。但此时高欢却只能假装不当回事,因为心腹之大患是人心的向背问题。高欢的这套说辞,其实是一种无奈的表现。他给自己找了个理由:"天下贪污,习俗已久",其实是不着边际的套话。他心里也明白:"急正纲纪","人物流散",无以为国;"缓正纲纪",苟延残喘,同样是无以为国,只不过是时间的快慢而已,而他自己暂时也没有更好的办法罢了。

贪污腐败有如蝼蚁、蛀虫,再坚固的堤坝,再宏伟的大厦,任由它们镂空蛀食,迟早会崩溃、垮塌的。

158. 聪明与糊涂

自晋、宋以来,宰相皆以文义自逸,敬容独勤簿领①,日旰不休,为时俗所嗤鄙。自徐勉、周舍既卒,当权要者,外朝②则何敬容,内省③则朱异。敬容质悫无文,以纲维为己任;异文华敏洽,曲营世誉:二人行异而俱得幸于上。异善伺候人主意为阿谀,用事三十年,广纳货赂,欺罔视听,远近莫不忿疾。

——《资治通鉴》卷一五八·《梁纪》一四

【译文】

自晋朝至宋朝,历任宰相都安于文章义理的研究,而何敬容却勤于审阅官府的文书,天黑了也不休息,时人都笑他粗俗鄙陋。自从徐勉、周舍逝世后,当朝的权要,政府中有何敬容,宫中有朱异。何敬容质朴诚信,以维持社会秩序作为自己的责任;朱异则富有文采,敏捷广博,多方营求世人的赞誉。这二人的行为迥异,却都受到萧衍的宠幸。朱异善于窥测君主的心思,阿谀奉承,当权三十年,大肆收取贿赂,欺骗君主,远近人民无不对他忿怒痛恨。

【注释】

①簿领:谓官府记事的簿册或文书。《后汉书·南匈奴传》:"当决轻重,口白单于,无文书簿领焉。"《资治通鉴·唐代宗大历六年》:"混为人廉勤,精于簿领。"清 俞樾《古书疑义举例·高下相形例》:"后世记载之家,但有簿领而无文章,莫窥斯秘,于是读古人之书,亦不得其抑扬之妙,徒泥字句以求之,往往失其义矣。"阿英《袁中郎做官》:"他甚至说:'抱牍之苦,甚于抱病;簿领之趣,恶于药饵。'"亦称"簿领书"。《文选·刘桢〈杂诗〉》:"沉迷簿领书,回回自昏乱。"刘良注:"簿领书,谓文书也。"

②外朝:政府机构。汉武帝以后,分朝官为"中朝"及"外朝"。丞相为首的行政

机构为“外朝”，衙署在宫外，属于政府官系统，正式之诏令则由此颁发。

③内省：指宫中。《后汉书·皇后纪上·和熹邓皇后》：“宫禁之重，而使外舍久在内省，上令陛下有私幸之讥，下使贱妾获不知足之谤。”

朱异“善伺候人主意为阿谀”，竟能“用事三十年”，引起我们对当时政风的猜测：一边是善，何敬容“以纲维为己任”得到帝王的信任；一边是恶，朱异“曲营世誉”也得到皇帝的信任，“外朝”“内省”竟能如此共存，衍射了当时之政治风气。

不知武帝萧衍是假聪明，还是真糊涂。何敬容主持外朝，“以纲维为己任”，萧衍落得个既放心又省心；朱异常在近侧，总是专拣好听的说，萧衍也落得个很舒服很高兴。朱异“广纳货赂，欺罔视听”，弄得是“远近莫不忿疾”，大概武帝也只觉得是他们之间的事情，与自己并不相干。官员之中，有“自逸”的，有勤勉的，有“质悫”端正的，有“曲营”阿谀的，武帝不以为意，尽皆用之，竟也维持统治将近五十年。萧衍贤明乎？萧衍昏庸乎？政治确实复杂。

159. 专听生奸,独任成乱

古人云:"专听生奸,独任成乱。"二世之委赵高,元后之付王莽,呼鹿为马,又可法欤?

——《资治通鉴》卷一五九·《梁纪》一五

【译文】

古人云:"偏信一个人,则会产生奸邪;单独任用一个人,则会造成混乱。"秦二世专任赵高,王政君专任王莽,指鹿为马,怎么能够效法呢?

古人所训,岂有虚言乎?

兼听则明,偏听则暗。对于领导者而言,偏信其弊多多。领导者如若仅信任一人或数人,则完全可能出现政治秩序的混乱,从而导致误国误民。

中国古代的官僚体制设置应该说还是比较完备的,同时它也是一种等级较为森严的官僚体制。在体制内,一般采取上级逐步向下级授权和分权的方式,同级部门间或个人间亦能相互制约,以达到治理的目的。而一旦这种制度运作有了松动,特别是体制规则遭到破坏,整个国家的运作便会出现波折,甚或震荡。而这破坏的第一步,往往来源于帝王对于少数人的宠信。

任何制度如果能在理想状态下运作当然是最好的,但是事情往往事与愿违。本来国家机器间存在均衡制约关系,可以形成良性运转,但因帝王之"偏心",使得单个人的政治权力明显溢出制度秩序之外,从而对国家政治体制产生冲击,形成体制外对体制内的压力,最终影响到国家的政治运作。大权独揽,专横跋扈,为所欲为,无所约制,那么"专听生奸,独任成乱",就是一种必然,赵高、王莽恰成为史上的两个典型。

160. 为臣之道

　　及澄当国,倨慢顿甚,使中书黄门郎崔季舒察帝动静,小大皆令季舒知之。澄与季舒书曰:"痴人比复何似?痴势小差未?宜用心检校。"帝尝猎于邺东,驰逐如飞,监卫都督乌那罗受工伐从后呼曰:"天子勿走马,大将军嗔!"澄尝侍饮酒,举大觞属帝曰:"臣澄劝陛下酒。"帝不胜忿,曰:"自古无不亡之国,朕亦何用此生为!"澄怒曰:"朕,朕,狗脚朕!"使崔季舒殴帝三拳,奋衣而出。明日,澄使季舒入劳帝,帝亦谢焉,赐季舒绢百匹。

　　　　　　　　——《资治通鉴》卷一六〇·《梁纪》一六

【译文】

　　高澄执掌国家大权后,很快就骄傲自大起来,他让中书黄门郎崔季舒暗中窥探皇帝的举动,孝静帝所做的大大小小的事都让崔季舒知道了。高澄写给崔季舒的信中说:"那傻子比以前怎么样了,他呆傻的程度比以前稍好一点了没有?你应该用心去检查、核对一下。"孝静帝曾在邺城的东边打猎,骑马逐兽如飞,监卫都督乌那罗受工伐跟在孝静帝的马后高声呼喊道:"皇上不要让马跑起来,大将军要怪罪的!"高澄曾经陪着孝静帝饮酒,他举起手中大酒杯向孝静帝劝酒说:"臣高澄劝陛下喝一杯。"那样子好像他们是平起平坐一样,孝静帝不胜愤怒,对高澄说:"自古以来没有不灭亡的国家,朕还要这一生干什么?"高澄恼羞成怒地说:"什么朕、朕的,狗腿皇帝!"又让崔季舒打了孝静帝三拳,然后奋衣而出。第二天,高澄让崔季舒进宫去慰问孝静帝,孝静帝也表示歉意,并且赏赐给他一百匹绢。

高澄执掌国家大权后,狂傲自大,对皇帝日渐不恭。为加强对皇帝的控制,他不仅派中书黄门郎崔季舒暗中监视孝静帝的一举一动,而且在给崔季舒的信中直接称孝静帝为傻子。高澄目无主上,在向孝静帝劝酒时,自恃其权势,试图与皇帝平起平坐。皇帝动怒后,高澄不仅当面顶撞,骂皇帝是"狗脚朕",甚至冒天下之大不韪,唆使崔季舒"殴帝三拳"。高澄权势影响之大,以至于孝静帝狩猎时,监卫都督大声提醒他不要跑得太快时,不是担心天子安全,而是担心"大将军嗔"。

为臣之道固然有多种方式,但最重要的一点是,不得功高震主,更不能权大压主、威权欺主。而以其威权妄图谋逆篡位者,在讲求正统、正宗的文化氛围中,终是人神共愤,不得人心。因此,即便是有着经天纬地之才、匡世济时之略的汉朝开国功臣萧何,也不敢自恃功高,示强于主,相反却是处处示忠示弱,以求善终。

为人臣子者食君之禄,自当为君分忧。遇到有道明君时,投身报国,一展平生才华抱负,在其位、谋其政,奉公守法,公正无私,上为朝廷分忧,下为百姓解难,以谋开创政治清明之局面,使大道通行于天下。同时恪守本分,以其才智匡扶君主,不威权欺主,不居功自傲。如果遇到的是无道昏君,就应以智进谏,以理相争,扶社稷于倾危,救民众于水火,这才是为臣之道。古语有云:"穷则独善其身,达则兼济天下。"

161. 贵在"同人心"

粲抗言于众曰:"今者同赴国难,义在除贼。所以推柳司州者,正以久捍边疆,先为侯景所惮;且士马精锐,无出其前。若论位次,柳在粲下,语其年齿,亦少于粲,直以社稷之计,不得复论。今日形势,贵在将和,若人心不同,大事去矣。"

——《资治通鉴》卷一六一·《梁纪》一七

【译文】

韦粲高声对众人说:"今天我们共赴国难,为了铲除叛贼。我之所以推举柳司州(柳仲礼),正是因为他长期守卫边疆,以前曾让侯景害怕。况且他的人马精锐,没有人能超过他。如果论地位、资格,柳仲礼在我之下,如果论年龄大小,他也比我年少。只是为了国家考虑,不能计较那些。现在的形势,贵在将领团结。如果人心不统一,大事就完了。"

森严的等级制度形成了论资排辈的政治习惯,这是中国人的政治观念。资历就是一种资本,没有资历便成为仕途前进的一个障碍。而人们亦多将这一思维运用到争战之中,使之成为军队擢拔将领的一个规则。

恰是这种规则使得军队在战争时期多受束缚,特别是国家面临危难之时,并非靠论资排辈所能挽救的,非常之时需要非常之人。所以,韦粲力排众议推举柳仲礼,实为国家之幸事。选拔将领应根据其军事指挥能力,而不是根据其资历和年龄,这样才能使优秀的将领脱颖而出。

　　由于越级提拔,会使得军中部分将领特别是有战功的老将领会产生怨愤。因此如何有效地化解这些问题,成为领导者的责任。一旦这些问题没有得到根本性的解决,将形成一种严重的内耗,而这在战争期间对己方而言多为毁灭性的。因而,要从根本上解决将领间的协同问题并同仇敌忾,选拔特殊人才才有意义,也才有可能从根本上击败敌军。

162. 韬光养晦

　　渤海文襄王高澄以其弟太原公洋次长①,意常忌之。洋深自晦匿,言不出口,常自贬退,与澄言,无不顺从。澄轻之,常曰:"此人亦得富贵,相书亦何可解!"……(洋)每退朝还第,辄闭阁静坐,虽对妻子,能竟日不言。或时袒跣奔跃,夫人问其故,洋曰:"为尔漫戏。"其实盖欲习劳也。

　　　　　　　　　　　　——《资治通鉴》卷一六二·《梁纪》一八

【译文】

　　渤海文襄王高澄,因为弟弟太原公高洋年龄次于自己,对他常有嫉妒之心。高洋也将自己深深隐藏,很少开口说话,常常自我约束退让,与高澄说话,没有不顺从的。高澄很轻视他,常说:"这人也能富贵,谈相术的书还有什么用!"……(高洋)每次退朝回家,就把自己关在阁中静坐,即使对着妻儿,也能终日不言语。有时候脱了袜子狂奔,他的妻子问他为何这样,高洋说:"我与你逗着玩呢。"其实是在锻炼身体。

【注释】

　　①次长:排辈次于长子。胡三省注:"次长,言于兄弟行,澄居长而洋次之。"

　　高洋在劣势的形势下,忍辱负重,韬光养晦,以假意顺从的方式先得以生存,然后再有所图。照常理,对任何人来说,生存是第一要义,己之不存,权力何用。所以,学会韬光养晦亦为修身齐家治国之道。

　　韬光养晦,究其实质是:判明时势,低调行事,积蓄力量,等待时机。在形势明显不利于己方的时候,以隐忍的方式,保护自己;同时也在积极努力,为形势变化、时机转换做好各种准备。韬光养晦在表现上,貌似被动、无为、退让,在实质上却是一种以被动为主动,化无为为有为,以退让为进取,是一种以退为进的策略,是一种审时度势的智慧。

强大者多骄,是强大者大多最终走向灭亡的一个原因。所以,对于强大者而言,也仍需韬光养晦。因为强大者多有骄气,容易成为众矢之的;强大者也有弱点,容易成为他人攻击的"软肋"。所以,即使真的强大了,也仍须谦虚和谨慎。所谓骄者易败,慎者易成,说的就是这个道理。

163. 名胜实败

（邵陵王纶曰）夫征战之理，唯求克胜；至于骨肉之战，愈胜愈酷，捷则非功，败则有丧，劳兵损义，亏失多矣。

——《资治通鉴》卷一六三·《梁纪》一九

【译文】

（邵陵王萧纶说）战争之理，只为求得胜利；至于骨肉相残的战争，则愈是获胜愈残酷，打胜了也不是什么功劳，战败则必有所失。动用兵力，损害道义，亏失实在是太多了。

战争于任何时代都是很难避免的事。一旦有战事，必生灵涂炭，百姓受苦，因此邵陵王认为"征战之理，唯求克胜"，争取战争的胜利是最重要的，自然就不可能再去顾及普通百姓安危。战争的目的多是为获得更大的利益，一旦战争并不能带来更大的利益，则虽胜实败。以胜负考量"征战"成败，相对而言比较简单，战胜后的所获所得是可以考量的，难以考量的是道义的胜负及对百姓的损害。战争不得人心，则战后容易出现新乱，此战争名胜而实负。

另外，这段话还指出"骨肉之战"是较为常见又较为特殊的战争类型，特别见诸于皇位或家族土地财产的争夺。"骨肉"、"手足"之间刀兵相见，打胜了能算作是功劳吗？打败了，却肯定会有许多悲丧之事。背悖人伦，伤害感情，损兵折将，理亏义穷，胜则不足喜，败则更可悲，实在是"亏失多矣"。可历史往往是如此，让人不胜慨叹。

164. 以理取胜

　　魏达奚武遣尚书左丞柳带韦入南郑,说宜丰侯循曰:"足下所固者险,所恃者援,所保者民。今王旅深入,所凭之险不足固也;白马破走,酋豪不进,所望之援不可恃也;长围四合,所部之民不可保也。且足下本朝丧乱,社稷无主,欲谁为为忠乎!岂若转祸为福,使庆流子孙邪!"循乃请降。

　　　　　　　　　　——《资治通鉴》卷一六四·《梁纪》二〇

【译文】

　　魏国的达奚武派尚书左丞柳带韦前往南郑,游说宜丰侯萧循说:"您所依靠的是地势的险要,所依赖的是援兵,保护您的是您的子民。而现在王师深入,所依赖的险要地势不足以保持稳固了;白马之败,土豪不敢再进,您所期待的援兵现在也不可依赖了;我们的包围圈已经形成,您的子民也不能保护您了。况且您的国家已经陷入混乱,没有国君,您要为谁效忠呢?不如转祸为福,使福泽延绵子孙吧!"萧循于是请降。

　　成功劝降乃柳带韦之功也。而柳带韦与"田虎"斗,是用理取胜。

　　战争与博弈一样,总是存在着心理矛盾与纠结。我们有必要为"困虎斗"作心理学上的分析。"困虎"的心虚使之在战争中多以自保为主,能够在劣势中求得生存是他们的主要愿望。而在被围困中,对他们来说有三种选择:困兽犹斗,拼死一搏;放下武器,拱手投降;不战不退,以静制动。

　　困兽犹斗,拼死一搏。"困虎"的处境完全可以理解,他们心理上的劣势,使之在思维上容易破罐破摔,孤注一掷,与敌殊死一搏。这种冲动容易产生毁灭性后果。

放下武器,拱手投降。这是以和平方式结束战争的一种手段。这种方式对于双方来讲,政治、军事和经济成本最为低廉。对降者一方来说,待遇上会有一定的保障,政治上会有一定的地位。所以,对于"困虎"而言,这种方式也能使其获得一些实际利益,尽管利益远远小于己方获胜所带来的利益,但是毕竟还能有所保留,总归还是比输得个倾家荡产,甚至丢却性命要好得多。

不战不退,以静制动。这是一种以静待变、等待转机的应对方式。虽然后来的事情发展变化还无法预料,甚至情况还可能变得更加糟糕,但它依然不失为一种可取的方式,依然不失为即使在失败的氛围中仍保有希望的选择方式。历史上确也不乏这样的事例,在等待静观中迎来了转机,迎来转折,转危为安,转败为胜。

宜丰侯循还想负隅顽抗、困兽犹斗,但柳带韦的劝说,有理有据,难以辩驳:险不足固,援不可恃,民不可保,社稷无主,没有险要据守,没有援兵搭救,下不足以保民,上没有主君,宜丰侯循也确实没有再坚持下去的理由,"乃请降",倒也不失为是一种明智。柳带韦"纵横"之术,不战而屈人之兵,倒是足以称道。

165. 秽史

　　齐中书令魏收撰《魏书》,颇用爱憎为褒贬,每谓人曰:"何物小子,敢作魏收作色!举之则使升天,按之则使入地!"既成,中书舍人卢潜奏:"收诬罔一代,罪当诛。"尚书左丞卢斐、顿丘、李庶皆言《魏史》不直。收启齐主云:"臣既结怨强宗,将为刺客所杀。"帝怒,于是斐、庶及尚书郎中王松年皆坐谤史,鞭二百,配甲坊。斐、庶死于狱中,潜亦坐系狱。然时人终不服,谓之"秽史"。

　　　　　　　　　　——《资治通鉴》卷一六五·《梁纪》二一

【译文】

　　北齐的中书令魏收撰写《魏书》,喜欢用个人的爱憎以褒贬人物,他经常对人说:"哪里的家伙,敢给我魏收脸色看!我若是举荐他,就能让他上天,我若是举劾他,就能让他入地!"《魏书》撰成,中书舍人卢潜上奏:"魏收诬陷毁谤一代人物,罪当诛杀。"尚书左丞卢斐、顿丘李庶都说《魏史》不符合史实。魏收上书北齐皇帝说:"我已与强大的宗族结了怨,可能会被刺客所杀。"皇帝大怒,于是卢斐、李庶和尚书郎中王松年,都被定以谤史的罪名,每人鞭刑二百下,发配甲坊。卢斐、李庶都死在监狱中,卢潜(也因为与卢斐的关系)被囚禁。但当时的人都不服魏收,称他为"秽史"。

　　历史书写者不仅需要剔除心中的私恩私怨,也不应受到当时各种禁忌的限制,而应据实记载,秉笔直书。而人总是生活于一定的社会文化之中,生活在一定的社会关系之中,因此史家们极有可能出于各种需要对现实生活进行"补白"或"歪曲"。这对于当时记史者来讲,也许是迫不得已而为之,但这种历史就不是真正的历史。

魏收撰史书以个人好恶为标准倒还算罢了,可其甚至狂妄无忌到:不与自己作对,举之"升天";与自己作对,使之"入地"的地步。他以这样的态度来修史,那修撰出来的史书的真实性,真是可想而知。难怪当时就有大臣"皆言《魏史》不直",难怪时人不服,谓之"秽史"。

但历史越久远越公正,这是一个真理。还历史以原貌,给后人以鉴戒,乃书史者之良心和责任。

166. 秉性难移

娄太后以帝酒狂，举杖击之曰："如此父生如此儿！"帝曰："即当嫁此老母与胡。"太后大怒，遂不言笑。帝欲太后笑，自匍匐以身举床，坠太后于地，颇有所伤。既醒，大惭恨，使积柴炽火，欲入其中。太后惊惧，亲自持挽，强为之笑，曰："向汝醉耳！"帝乃设地席，命平秦王归彦执杖，口自责数，脱背就罚，谓归彦曰："杖不出血，当斩汝。"太后前自抱之，帝流涕苦请，乃笞脚五十，然后衣冠拜谢，悲不自胜。因是戒酒，一旬，又复如初。

——《资治通鉴》卷一六六·《梁纪》二二

【译文】

娄太后因为文宣皇帝（高洋）酗酒发狂，便拿手杖打他，说："这样的老爹才会生出这样的儿子来！"高洋说："那我就该把您老嫁给胡蛮子去。"太后大怒，于是不言不笑。高洋想逗娄太后笑，自己匍匐爬到床下，用身子将床举起，把太后摔在地上，太后颇受了一些伤。高洋酒醒后，非常悔恨，让人堆起木柴，点上火，打算跳进火中。太后又惊又怕，亲自拉住他，勉强地笑说："之前是你喝醉了呢！"文宣帝于是在地上设座，命令平秦王高归彦手执木棍，他自己责备着自己，脱去衣服，露出背脊，等着接受惩罚。又对高归彦说："如果没有打出血来，我就杀了你。"太后亲自上前，将文宣帝抱住，文宣帝流泪痛哭，苦苦请求，于是改为打脚底五十下，之后穿上衣服，戴好帽子，向母亲赔罪，悲哀得难以控制。因此，高洋宣布戒酒，可是只过了十天，又和从前一样了。

这则故事告诉我们：人的性格、性情，很多是天生固有的，具有相当的稳定性，很难发生根本性的改变。而以此用于识人，则当会减少一些失误。

相当部分领导者总是比较注意考核下属的所作所为，试图从中了解其缺点或优点。但在这样的情况下，下属多会以较紧张的心态应对，其表现未必是正常状态，所以也未必能真正表现出其性格特征。

无意观察在一定程度上能够把握所用之人的真性情，但无意观察往往具有偶然性，这种偶然性可能会产生片面的判断。所以除了仔细观察之外，更大程度上应该着重于长期观察，综合考量，这样才能全面了解其能力、素养、性格等。总而言之，长期的观察会使识人更加准确。

166．秉性难移

167. 进谏与纳谏

　　帝之为太原公也,与永安王浚偕见世宗,帝有时涕出,浚责帝左右曰:"何不为二兄拭鼻!"帝心衔之。及即位,浚为青州刺史,聪明矜恕,吏民悦之。浚以帝嗜酒,私谓亲近曰:"二兄因酒败德,朝臣无敢谏者,大敌未灭,吾甚以为忧。欲乘驿至邺面谏,不知用吾不。"或密以白帝,帝益衔之。浚入朝,从幸东山,帝裸裎为乐。浚进谏曰:"此非人主所宜!"帝不悦。浚又于屏处召杨愔,讥其不谏。帝时不欲大臣与诸王交通,愔惧,奏之。帝大怒曰:"小人由来难忍!"遂罢酒,还宫。浚寻还州,又上书切谏,诏徵浚。浚惧祸,谢疾不至,帝遣驰驿收浚,老幼泣送者数千人,至邺,与上党王涣皆盛以铁笼,置于北城地牢,饮食溲秽,共在一所。

　　　　　　　　　　——《资治通鉴》卷一六七·《陈纪》一

【译文】

　　文宣帝(高洋)做太原公的时候,同永安王高浚一起去见世宗(高欢),高洋有时流出了鼻涕,高浚就责备他的手下说:"你们为什么不为我的二哥擦鼻子!"高洋因此含恨在心。等高洋当了皇帝,高浚则当上了青州刺史,聪明宽厚,官民悦服。高浚因为高洋爱喝酒,私下对亲信说:"我二哥因为喝酒而败坏德行,朝中官员没有人敢直言劝谏的。现在大敌未灭,我很忧虑呢。正打算乘驿马车到邺城当面劝谏,不知道他肯不肯听从?"有人偷偷将此事告诉了文宣帝,文宣帝因此更恨高浚了。高浚入朝觐见,陪着文宣帝前往东山,文宣帝以赤裸身躯为乐。高浚劝谏道:"这事情不是一个国君应该做的!"文宣帝很不高兴。高浚又在背后召见杨愔,讥讽他没有向皇帝谏言。当时文宣帝不愿意大臣与各亲王往来,杨愔害怕,便把这件事上奏了文宣帝。文宣帝大怒道:"卑鄙小人,总是让人难以忍受!"遂撤了酒席,回到宫中。高浚很快也回到青州,又上书文宣帝,恳切规劝。文宣帝下诏征招高浚,高浚害怕大祸临头,声称有病不去,文宣帝便派人乘驿马疾行,抓捕高浚。州中老幼为之哭号送行的有数千人。抵达邺城后,高浚与上党王高涣都被囚禁在铁笼中,关进北城的地牢。吃喝拉撒,皆在同一地方。

帝高洋与永安王高浚为本家兄弟。高浚"聪明矜恕,吏民悦之"。但高洋做了皇帝,高浚人前人后还把他当兄弟看待,不仅不太注意他们之间的身份、角色变化,而且还是直言不讳,想说什么就说什么,有时甚至还是哪壶不开提哪壶,弄得高洋帝是"心衔之","盖衔之",并最终怒不可遏:"小人由来难忍",最终招致祸端。而我们只是由高浚事例来谈论进谏、纳谏。

进谏是封建时代大臣为皇帝建言献策所履行的政治责任,是为帝分忧解难的一种方式。历代帝王也相当重视谏言,并且几乎所有的朝代都以杀谏官为恶。

作为帝王,本应以天下苍生为重,以社稷利益为重,这是理所当然的历史重任。当帝王不以国家为重而贪恋个人腐化生活,就是昏君。为臣者应为帝拨正,使其不入歧途,这是明臣之所为。永安王高浚的做法,虽然让高洋很生气,但他也确实是尽到了责任。然昏庸的帝王却从另一角度考虑:臣下过分劝诫自己,是让自己难堪,也许还要篡政夺权,而这一点对于昏君而言是不能容忍的,所以谏官常常会招致杀身之祸。

领导者提高自身的领导力,全面提高个人的基本素养,这样才能更好地识别善恶忠奸,才能有利于国家治理。

168. 言必有中

鲁公幼有器质，特为世宗所亲爱，朝廷大事，多与之参议；性深沉，有远识，非因顾问，终不辄言。世宗每叹曰："夫人不言，言必有中。"壬寅，鲁公即皇帝位，大赦。

——《资治通鉴》卷一六八·《陈纪》二

【译文】

鲁公（宇文邕）从小就有高贵的器质，很受北周世宗（宇文毓）的爱护，朝中的大事，多半与他商议；宇文邕性情沉稳，有远见，除非有人征求他的意见，不然他终日不发一言。世宗叹道："此人平常不说话，一说话必定中肯。"壬寅日（四月二十一日），鲁公即位，当上了皇帝，大赦天下。

语言在传递信息及人际交往中都是必不可少的。鲁公"性深沉"，平时大概也不喜多说话，"非因顾问，终不辄言"。但鲁公又"有远识"，看问题比其他人看得准、看得透，不说则已，一说就能说到点子上。所以应向鲁公学习，"夫人不言，言必有中"。

对于领导者而言，言语得当是非常重要的一个方面。简洁，应是领导语言最为基本的要求。如果领导者的言语过于复杂，部下就会难以理解和知晓其意图，出现信息传递障碍，不利于执行。

适度，是领导者在运用语言过程中，尤其在奖惩部下时所应遵循的原则。奖赏的方式多种多样，而口头表扬也是一种相当重要的方式，其效果不一定比物质奖赏差。但在表扬过程中应遵循奖赏有度、措词得当的原则。

　　准确,也应是领导语言应遵循的一个重要原则。领导语言不清楚,表达内容不准确,看待问题不确切,势必会引起下属理解与执行上的偏差,导致工作上的失误。就领导工作而言,"准确"比"简洁"、"适度"更重要,不仅要"言之有物",也要"言必有中"。这是领导能力与水平的一个真正体现。

169. 有过改之，善莫大焉

天子之过，如日月之食，人莫不知。

——《资治通鉴》卷一六九·《陈纪》三

【译文】

天子的过失，如同日食、月食，没有人会不知道。

权威是领导者必备的条件之一，维护权威是领导工作之必须，而权威的树立和维护，则来源于其正确的领导。若是在决策中犯了错误，也要勇于承担，这也是维护其权威所不可缺少的。

诸多历史的经验和教训不断提醒着人们，承认过错未必就是没有面子和失去权威。只要是人，就有可能犯错误。犯错误并不可怕，糟糕的是掩盖错误、推脱责任。这样不仅不利于维护权威，反而更有损权威。

同时，勇于承认过错、勇于承担责任还可以获得意想不到的效果。其一，部下以常态心理认为领导主动承认错误是比较困难的，而领导者敢于承认"过"，对部下而言是一种意外，反倒会使他们对于领导者的胸襟有新的认识。单从这一点，便有利于领导者树立和维护权威。其二，人性的类比心理使得部下认识到，领导都能正确面对自己的错误，对部下的过错应该也会客观、公正地对待，从而会更加信任和拥护领导。人非圣贤，孰能无过。有过改之，善莫大焉。

170. 时变则事变

旦日,叡将复入谏,妻子咸止之,叡曰:"社稷事重,吾宁死事先皇,不忍见朝廷颠沛。"至殿门,又有人谓曰:"殿下勿入,恐有变。"叡曰:"吾上不负天,死亦无恨。"入,见太后,太后复以为言①,叡执之弥固。出,至永巷,遇兵,执送华林园雀离佛院,令刘桃枝拉杀②之。

——《资治通鉴》卷一七〇·《陈纪》四

【译文】

第二天早上,高叡准备再次进谏,他的妻、儿都竭力劝阻。高叡说:"国家大事,我宁愿牺牲性命,报答先皇,不忍心看见朝廷动荡变乱。"走至殿门前,又有人对他说:"殿下您不要进去,里边恐怕有祸乱呢。"高叡说:"我上不负皇天,死了也无遗憾。"入宫后,觐见胡太后,太后再向他要求留士开到百日,高叡仍然不肯,且态度越来越坚决。高叡走出殿门,到了永巷,遭遇了伏兵,将他捉拿至华林园雀离佛院,太后命令刘桃枝将高叡用杖击杀。

【注释】

①太后复以为言:见前,"太后欲留士开过百日,叡不许;数日之内,太后数以为言。"

②拉杀:用杖击杀。《史记·齐太公世家》:"齐襄公与鲁君饮,醉之,使力士彭生抱上鲁君车,因拉杀桓公,桓公下车则死矣。"

高叡将生命置之度外,"宁死事先皇",也不忍看"朝廷颠沛",其对国家之忠心超越了对自身生命的关注,不听劝阻,一而再、再而三地坚持进谏,以至丢却性命,确实忠心可嘉。在"社稷事重"、"朝廷颠沛"的情形下,确实需要这样义无反顾、慷慨赴死以拯救国家的忠勇精神。而我们这里讨论的是在一般情况下,对待事物的执拗心态。

固执,从正面可理解为对事物有着执著的追求。对领导者而言,其正面意义就是,唯有这样的耐心和坚持才能获得成功。然而事物总是有另一方面,一旦这种心态变成一意孤行、执迷不悟,就很容易犯错。

因此,领导者应真正做到与时俱进,认真审视事物的发展和内在规律,并根据不断变化的形势适时改进。时代发生变化了,事情也就发生了变化。所以领导者在遵纪守法、坚持原则的前提下,也应该具有应变能力及临机处置能力,这也应是当今领导所应具备的一个基本素质。

171. 告密者戒

祖珽与侍中高元海共执齐政。元海妻,陆令萱之甥也,元海数以令萱密语告珽。珽求为领军,齐王许之,元海密言于帝曰:"孝徵汉人,两目又盲,岂可为领军!"因言珽与广宁王孝珩交结,由是中止。珽求见,自辩,且言:"臣与元海素嫌,必元海谮臣。"帝弱颜①,不能讳,以实告之,珽因言元海与司农卿尹子华等结为朋党。又以元海所泄密语告令萱,令萱怒,出元海为郑州刺史。子华等皆被黜。

——《资治通鉴》卷一七一·《陈纪》五

【译文】

祖珽与侍中高元海共同执掌北齐政权。高元海的妻子,是陆令萱的外甥女,高元海屡次将陆令萱说的隐秘的话告诉祖珽。祖珽请求担任领军,高纬(北齐后主)应允了他的请求,高元海却暗中告诉高纬说:"孝徵(祖珽字)是汉人,两眼又盲,怎么可以担任领军呢!"遂揭发祖珽与广宁王高孝珩结交的情形,祖珽因此没有得到任命。祖珽求见,为自己辩护道:"我与高元海向来有矛盾,一定是他陷害我。"后主脸嫩,不能隐瞒,只能以实情相告。于是祖珽也将高元海与司农卿尹子华等人结党营私的事情报告后主。又将高元海所泄露的隐秘话告诉给陆令萱,陆令萱大怒,将高元海贬为郑州刺史。尹子华等人都被罢官。

【注释】

①弱颜:见人辄羞。俗谓脸嫩。胡三省《注》:"见人辄自羞而颜有怩忸者为弱颜,今人犹有是言。"

如此勾心斗角式的政治斗争,在其背后,实际上是这样一种逻辑:争斗的双方为了获取更大的利益,皆以谗言诬告对方,从而使对方陷入被动,使自己占得主动。而这二者的此消彼长,共同"谱写"着中国的政治斗争史。告密就是一种常见的打击对手的方法。

国家有机密,涉及社会稳定、政权安危;个人有隐私,涉及名誉地位、人身权利,这是社会常态。除非是职责所系、工作需要,职场之间相互交换隐私信息,多为私心私利所驱使。但仅限于亲朋好友之间,并未传之于利害相关的他人,没有对相关人等造成伤害,也算是做人的一个基本底线。或因怨恨,或因嫉妒等心理情绪发作,泄密于他人,本就不可取。但因个人私利,用泄密方式,排挤、整垮他人,以利自己向上爬,那就不仅仅是性格问题,而是人品问题了。

对某人的表现有意见,应是通过正常的渠道、合理的程序反映。个人意愿、个人诉求,只要是正当合理,当然可以传布于人、公之于众,但都应当本着公平、公正的原则。公民社会的建立、有序社会的建立有赖于此。

172. 威严不利育人

　　周主遇太子甚严,每朝见,进止与群臣无异,虽隆寒盛暑,不得休息;以其嗜酒,禁酒不得至东宫;有过,辄加捶挞。尝谓之曰:"古来太子被废者几人?余儿岂不堪立邪!"乃敕东宫官属录太子言语动作,每月奏闻。太子畏帝威严,矫情修饰,由是过恶不上闻。

——《资治通鉴》卷一七二·《陈纪》六

【译文】

　　北周武帝(宇文邕)对待太子(宇文赟)管教很严格,每次朝见时,太子的进退举止都要与众大臣一致,即使是寒冷的冬天,或是酷热的夏天,也不能够休息;又因为太子爱喝酒,武帝又禁止酒入东宫(太子的居所);太子有过错,武帝就对他进行鞭打。武帝曾对太子说:"自古以来被废的太子不知有多少人了。你以为我不能立其他几个儿子为太子吗?"于是命令东宫的官员记录太子的言语动作,每月奏报。太子害怕武帝的威严,于是便掩饰其真情,刻意修饰,因此他的过错不再为武帝所知。如此培养人怎么能不失败呢?

　　人性化的教育与压迫式教育差异巨大。周主"遇太子甚严",就是想使其成为有为之君。从人性本能来看,压迫式的教育只能产生表面上的顺从,甚至是虚假顺从,如太子的"矫情修饰"。由于虚假,就会掩盖其真实的过错,以至"过恶不上闻",这就不仅达不到教育的目的,甚至是与教育的目的背道而驰了。

　　而人性化的教育则以人之本心和个人实际情况为前提,能够根据人的兴趣爱好,以扬长避短的方式进行教育和培养。采取适当的教育方式,这样才能达到教育者与教育对象的良性互动,才能真正达到育人的效果。

　　己所不欲,勿施于人。周主希望太子能很好地继承大业,这愿望是好的,但因苛之过严,终难得其所愿。宽严适度,刚柔相济,恐怕这也是广泛而有效的育人之法之一。

173. 为政八失

于是乐运舆榇诣朝堂,陈帝八失:其一,以为"大尊比来事多独断,不参诸宰辅,与众共之"。其二,"搜美女以实后宫,仪同以上女不许辄嫁,贵贱同怨"。其三,"大尊一入后宫,数日不出,所须闻奏,多附宦者"。其四,"下诏宽刑,未及半年,更严前制"。其五,"高祖斫雕为朴,崩未逾年,而遽穷奢丽"。其六,"徭赋下民,以奉俳优角抵"②。其七,"上书字误者,即治其罪,杜献书之路"。其八,"玄象垂诫,不能谘诹善道,修布德政"。

——《资治通鉴》卷一七三·《陈纪》七

【译文】

于是,乐运载着棺材前往朝堂,指摘北周宣帝(宇文赟)的八项过失:第一,认为"陛下最近处理事情多独断专行,不与各位辅佐大臣商量意见。"第二,"搜罗美女,以充后宫,仪同以上官员的女儿不许出嫁,无论贵族或贫民,都感到怨恨。"第三,"陛下一进入后宫,便好几天不肯出来。百官所须上奏之事,都要通过宦官告之。"第四,"下诏命令宽松刑罚,不到半年,又重订法令,比先前还要严苛。"第五,"高祖(宇文邕)去掉雕饰,崇尚朴实。他逝世未过一年,宫殿就变得更加富丽豪华。"第六,"劳役下民,收取赋税,却将收入用来奉养俳优角抵之人。"第七,"臣子上书写错了字,便治其罪,这是杜绝了建言献策之路。"第八,"天象已经垂示警戒,而陛下却不能听取好的意见,实行德政。"

【注释】

①仪同:官名。始于东汉。

②俳优角抵：乐舞谐戏与角斗之戏。曾作为娱乐形式出现在皇廷、官府、军队和民间集会等场合中。

这就是所谓的"陈帝八失"。

领导者在决策过程中，针对不同决策类型和内容，应该充分发挥主观能动作用，权与责一体承担。但同时也应多听取各方面意见，特别是认真听取反对意见，因为在反对意见中往往也蕴含着正确和道理。

帝王对于制度朝令夕改，并且逾改逾严，以严刑治理国家，此非国之本、民之福；上书者有字误便治人之罪，只能阻塞人们进谏的通路。对他人之严者本应先严己，然陈帝非但不严己，反而在国家尚未安定时便骄奢淫逸，自身的奢靡增加了国家财政的负担，就不可避免地会对百姓更残酷地剥削。

所以，不可"事多独断"；不可只听信亲近之人；不可朝令夕改，变本加厉；不可穷奢极欲；不可盘剥百姓；不可失心丧德。此"陈帝八失"，可为当今领导者戒。

174. 恩礼解职权

坚乃以高颎代昉为司马;不忍废译,阴敕官属不得白事于译。译犹坐听事,无所关预,惶惧顿首,求解职;坚犹以恩礼慰勉之。

——《资治通鉴》卷一七四·《陈纪》八

【译文】

杨坚命高颎接替高昉出任司马一职。但还是不忍将郑译革职,便暗地里吩咐官属,不要将事情向郑译汇报。郑译成日坐在厅中办公,却发现没人搭理自己,不禁惶恐地向杨坚磕头,请求解除官职。杨坚对郑译仍是礼遇有加。

郑译与杨坚原为同僚,还是"少同学"。杨坚一度还曾靠郑译"留意"援引。后杨坚得势,待郑译"甚厚","赏赐不可胜计",甚至"委以心膂","朝野倾属"。但郑译与刘昉"皆恃功骄恣,溺于财利,不亲职务",弄得杨坚很不满意:"坚始疏之,恩礼渐薄"。但杨坚显然还顾及"同学"、"同僚"的面子,还顾及以前相互提携的情谊,"不忍废译"。于是采取让部下转移事权的方式,使得郑译成为有名无实的官员,郑译自己"觉悟","惶惧求解"。而杨坚也挺够意思,"犹以恩礼慰勉之"。

领导者似乎经常碰到这样的情景:通过长期观察,培养提携新人,使得新人能够在政治上有所作为。而随着新人的权力日益扩大和增强,新人开始由谦虚逐步变为自大。杨坚对郑译的方式,使得所亲者有所感悟并顿然惊醒,也不失为一种好的办法。

所以,选用、用人是一门领导艺术,裁撤人员而又能使其愿意接受也是一门领导艺术。

175. 法须备小人，也须防君子

　　帝以李穆功大，诏曰："法备小人，不防君子。太师申公，自今虽有罪，但非谋逆，纵有百死，终不推问。"

　　　　　　　　　　　　——《资治通鉴》卷一七五·《陈纪》九

【译文】

　　隋文帝（杨坚）因李穆功劳至大，下诏说："法律是用来防备小人的，不是用来防备君子的。李穆（太师申公），自今以后，即使有罪，只要不是谋逆，即使再大的罪，也不审问。"

　　在中国传统文化的历史语境中，所谓的"小人"意为：不遵法度，不守规则；自私自利，反复无常；对上谄媚，对下蛮横；失势时装傻充愣、哭穷喊穷，得势时趾高气扬、颐指气使。其所有的言语行为都从一己之利出发，对待任何事与人都以一己之私为标准。而所谓的"君子"意是：有文化、有修养、有品格、有操守；遵守法纪，恪守原则；对人讲人性，对事讲道理；坚持独立人格，不为名势所趋，不为流风所蔽，不为名利所使。其所有的言语行为都从公义、公理出发，对待任何事与人都以公义、公理为准绳。

　　太师申公所谓"诏曰：'法备小人，不防君子'"，原因就在于"小人"无意守法度，"君子"存心守法度。现实生活中的"小人之行"与君子之风也只是社会的道德评价，而法律制度与道德评判相辅相成，以稳定社会、匡扶人心，两者不可偏废。

176. 负才使气当自制

初,北地傅𬘡以庶子①事上于东宫,及即位,迁秘书监、右卫将军兼中书通事舍人,负才使气,人多怨之。施文庆、沈客卿共谮𬘡受高丽使金,上收𬘡下狱。

——《资治通鉴》卷一七六·《陈纪》一〇

【译文】

最初,北地(今甘肃宁县)傅𬘡以庶子的官职为当时还是太子的陈后主(陈叔宝)做事,后主即位,傅𬘡升任秘书监、右卫将军,兼任中书通事舍人,自负有才干,任性使气,许多人对他怀恨在心。施文庆、沈客卿都进谗言说他收了高丽国使节的贿赂,后主逮捕傅𬘡下狱。

【注释】

①庶子:官名。周代司马的属官。掌诸侯、卿大夫之庶子的教养等事。秦因之,置中庶子、庶子员。汉以后为太子属官。隋、唐以后,改称左右庶子。历代相沿,清末始废。

应该说,傅𬘡"下狱"是咎由自取。

有才干是国家选拔人才的重要标准之一。国家在什么时候都需用人材,特别是在战乱时期。然才德相配,方能相得益彰。傅𬘡有才却任性使气,过分彰显个人才能,认为自己了不起,高兴了就做,不高兴了就不做,想怎样就怎样,此为非德之人,最终为此所害。

有才当然是件好事,但若因此恃才傲物,把其他人都不放在眼里,与大家的关系都弄得很紧张,"人多怨之"也就不足为怪了。

所以，即使有才，也应虚心待人，谦谨待己，始终本着谦虚的心态。而好为人师、以才欺人，终究不是真正的为人、为事之道。诚然，谦虚也应有度，有才却过分谦虚也易让人心生反感。过分谦虚既有些虚伪，也是另外一种骄傲。

负才使气，可能跟个人的性格、性情有关，但会误人、误事、误己，也是思维不成熟、政治不成熟的一种表现，自然也会在无形中限制自身更大的作为。

177. 恩隆政治

　　帝给赐陈叔宝甚厚,数得引见,班同三品;每预宴,恐致伤心,为不奏吴音。后监守者奏言:"叔宝云,'既无秩位,每预朝集,愿得一官号。'"帝曰:"叔宝全无心肝!"监者又言:"叔宝常醉,罕有醒时。"帝曰:"饮酒几何?"对曰:"与其子弟日饮一石。"帝大惊,使节其酒,既而曰:"任其性;不尔,何以过日!"帝以陈氏子弟既多,恐其在京城为非,乃分置边州,给田业使为生,岁时赐衣服以安全之。

——《资治通鉴》卷一七七·《隋纪》一

【译文】

　　隋文帝(杨坚)对陈叔宝的赏赐十分丰厚,陈叔宝也屡次受到他的召见,位列三品;每次设宴,怕引叔宝伤心,便不在宴会上演奏吴国之乐。后来,监督看守陈叔宝的官员报告说:"叔宝说,'我没有职位,却每次都要参加召见,希望能得一个官职。'"文帝说:"陈叔宝这人,真是没有心肝!"看守的官员又说:"陈叔宝常常大醉,很少有醒着的时候。"文帝问:"他一次喝多少酒?"监守者答:"(陈叔宝)和他的子弟,一天能喝一石。"文帝大惊,命叔宝节制饮酒。不久又说:"随着他的性子吧。他不喝酒,怎么过日子呢?"文帝因京中陈姓子弟甚多,恐怕他们在京城为非作歹,便将他们分别遣送到偏远的郡县,发给他们农田,让他们自力更生,每年按时赐给他们衣物以安抚之。

　　陈叔宝是为南朝陈国亡国之君,在位时生活奢侈,不理朝政,与宠妃日夜游宴,即使隋军南下,面临亡国之险,依然置若罔闻,不以为然。所以连隋文帝都不无"沉痛"地说:"叔宝昏醉,宁堪驱使!"

而这个陈叔宝也确实是不可救药。亡国之君,恭列新朝,不思羞愧,还想着要谋一"官号"。"官号"无可得,就又故态复萌,"旧病"复发,"日饮一石","罕有醒时"。隋文帝开通且也心细,"引见"陈叔宝上朝,还注意"不奏吴音",免得陈叔宝伤心。听到叔宝饮酒过度,恐伤其身体,还想让人使其"节酒"。但隋文帝为人到底老道,转而又想:不让这个昏庸的亡国之君喝醉,他又怎样度过那些无聊而郁闷的时日呢?

陈叔宝不知高低,谋求职位"官员";任性常醉,罕有醒时,使隋文帝算是彻底看透了这个无聊无用之人,对其大概也彻底放了心。

隋文帝待"陈叔宝甚厚",又是"给田业",又是"赐衣服"。但文帝未必是真仁厚,然却是真高明。因这不只是如何对待一个亡国之君的问题,更是如何驯服、收拢亡国之臣民的大问题。所以,如何对待陈叔宝,不是一个简单的态度问题,更不是一个赏赐多寡的经济问题,而是一个重大的政治问题。人们常谓政治多为权术,但胸怀宽阔、视界高远、手段灵活、内外宾服,谁能说这不是一门艺术?

178. 重农抑商

夏,六月,甲午,初制工商不得仕进。

——《资治通鉴》卷一七八·《隋纪》二

【译文】

夏季,六月甲午日(六月十三日),隋文帝下令,工人、商人都不准当官。

中国封建社会长期以来重农抑商,这一政策在当时的确起到过一定的积极作用。

封建社会中,农业耕作是最为主要的生产方式,农民依附于土地,从事生产劳动,是保证国家财政收入、政权稳固以及社会稳定最为根本的基础。这应是封建王朝厉行重农抑商政策最为根本的依据。

但是工商者不能入仕的政策对人才选拔有诸多不利。将工商者排除于政治体制之外,使得中国两千多年来一直是一个以农业为本的封建社会。而在封建社会末期,西方资本主义已经开始迅速发展,海外侵略成为他们资本积累的来源。由于封闭,中国的工商业发展相当缓慢,这是近代中国远远落后于西方并被动挨打的一个主要原因。

179. 人忌"三心"

贺若弼复坐事下狱,上数之曰:"公有三太猛:嫉妒心太猛,自是、非人心太猛,无上心太猛。"

——《资治通鉴》卷一七九·《隋纪》三

【译文】

贺若弼又因犯事入狱,隋文帝(杨坚)责备他说:"你有三'太猛':嫉妒之心太猛,自以为是、以为他人皆非的心太猛,不尊重上司的心太猛。"

贺若弼此三心太猛,而世间非贺若弼一人有此三心。

先说嫉妒心。领导者是握有权势之人,若其嫉妒心强则很难处理上下级及同僚关系。领导者应胸怀宽广,容纳四方,特别是领导的层次越高,这种容纳能力越要与之相匹配。而与之相反,有的领导者,地位上升,嫉妒心越强,对工作产生不利影响。在人际关系中,嫉妒心强的人也难以与他人友好共处,自己经常处于心理紧张状态,对于个人立身也很不利。充满嫉妒心之人,其考虑问题多以自己的利益为出发点,或是以伤害甚至控制他人为出发点。

世上没有凡事都是己是而人非的道理。对于领导者而言,自以为是、他人皆非,同样是需要戒除的心态。以公正、客观的心态待人接物,必会收到良好效果。而对上司、上级,虽不必谄媚奉迎,但还是应摆正自己的位置,对领导应有必要的尊重,这是工作需要,也是现实需要。如若大家都不服领导安排,不听领导指挥,自以为能,自行其是,那就什么事情也都做不成了。

180. 为政怎能惜名位

（隋炀）帝颇惜名位，群臣当进职者，多令兼假而已，虽有阙员，留而不补。

——《资治通鉴》卷一八〇·《隋纪》四

【译文】

隋炀帝杨广对官位十分吝惜，官员中应该升迁的，多只让他们兼职代理而已；即使有空缺的职位，宁愿空置，也不补实。

隋炀帝爱惜官位，不轻易进补官员，是一种用人决策之失误。皇帝，对于广大士民来说只是一个符号，他的触角根本不可能延伸到社会的底层，其统治民众只能依靠各级官员。而隋炀帝留阙不补，"多令兼假"，很容易造成管理上的漏洞。

缺位，这是行政管理中最大的纰漏。国家不将行政职位配置齐全，会导致行政管理职能的缺失，造成国家机器运转的间断。而这种现象，不可避免地会对社会生活产生负面影响。

错位，领导者吝惜职位，对于一些职位采用兼职做法，也因职位性质的相似性，在职能上有所交叉。这种交叉容易造成官员在行政管理过程中对于有更多利益的事务积极插手，对于风险较大的事项则根本不予参与或采取逃避的做法，因此产生错位和空档。这种错位导致职责的不明确，容易造成更多的"拉锯""扯皮"现象。

因此，国家对于职位的设置及分配既不能吝惜也不能慷慨，必须根据实际需要确定。既不能人浮于事，也不能职位虚置，以保证政治秩序的稳定。

181. 得宠莫骄狂

　　初，元德太子薨，河南尹齐王暕次当为嗣，元德吏兵二万余人，悉隶于暕，帝为之妙选僚属，以光禄少卿柳謇之为齐王长史，且戒之曰："齐王德业修备，富贵自钟卿门；若有不善，罪亦相及。"謇之，庆之从子也。暕宠遇日隆，百官趋谒，阗咽道路。暕以是骄恣，昵近小人，所为多不法。遣左右乔令则、库狄仲锜、陈智伟求声色。令则等因此放纵，访人家有美女，辄矫暕命呼之，锜载入暕第等，淫而遣之。

　　　　　　　　　　——《资治通鉴》卷一八一·《隋纪》五

【译文】

　　当初，元德太子杨昭去世，河南尹齐王杨按次序应当立为嗣子，元德太子属下的两万余官吏兵卒，全都隶属于杨。炀帝为他精心地挑选僚属，任命光禄少卿柳謇之为齐王的长史，并且告诫柳謇之说："齐王德行、业绩修习完美，那么富贵自然就会来到你身边，齐王若有什么不好的地方，罪过也会相及于你。"柳謇之是柳庆的侄子。杨得到炀帝的宠信日益隆重，文武百官都赶着去拜谒他，以至于人都挤满道路。杨因此而骄傲放纵，亲近小人，所作所为多是不法之事。他派身边的乔令则、库狄仲、陈智伟去寻找歌舞女色。乔令则等人因此就更加放纵，打听到人家有美女，立即就假借杨的命令招来，装上车子送入杨府第，奸淫后便休弃去。

　　隋炀帝以光禄少卿柳謇之为齐王长史，且戒之曰："齐王德业修备，富贵自钟卿门；若有不善，罪亦相及。"而事实证明，隋炀帝的担心不无道理，在宠遇日隆、百官趋谒的繁华盛景之下，齐王终于"以是骄恣，昵近小人，所为多不法"。

在官场中，恃宠而骄、因宠不法的现象并不鲜见，而在这一现象的背后却往往有着如出一辙的结局，那就是得宠者不是因失宠而败、失宠而亡，便是声势震主、心生不轨，甚至妄图谋朝篡位。因此，对于领导者而言，不仅要防止属下恃宠而骄、目中无人，破坏部门和谐，损害领导威信，同时也要防止自身被下属"甜言蜜语"攻陷，导致闭目塞听、脱离群众、迷失自我。作为一名领导者，其手中往往拥有一定的权力，或对各种决策有着最终决定权，或对各种利益有着最终分配权，其权其利往往令下级敬而爱之、爱而趋之。因此，作为领导者，对于下属的"敬爱"应明察秋毫，决不能为下属的言行所蒙蔽、所误导，更不能因个人喜好取向过分宠信下属，导致偏听偏信。

对于受宠者而言，应清醒地认识到"受宠"只是一时的表面繁华，必须清醒地对自身的角色和能力进行准确定位。应把领导的"宠"看成是领导对自己工作的肯定和支持，而不能恃宠而骄，自以为高人一等，从此目空一切。

江山代有才人出。对于受宠者而言，如其不能与时俱进，不能符合新形势的需要，那么其"失宠"，甚至被代替，便理所当然。因此，对于受宠者而言，受宠时当淡然处之，低调做人，决不能如齐王般"以是矫恣"，让"百官趋谒"、声势逼人，把自己置于焦点之中，四面树敌，成为别人攻击的对象。而失宠时，当卧薪尝胆，提升自身其德、其才、其能，使符合新形势的需要。

182. 演讲之术

玄感屯上春门,每誓众曰:"我身为上柱国,家累巨万金,至于富贵,无所求也。今不顾灭族者,但为天下解倒悬之急耳!"众皆悦。父老争献牛酒,子弟诣军门请自效者,日以千数。

——《资治通鉴》卷一八二·《隋纪》六

【译文】

杨玄感驻军于上春门,对众人宣布号令:"我官居上柱国,家中财产万贯,对于富贵,我已无所求。我现在不顾灭族之祸,只是为了解除天下的危难。"大家都很高兴。父老们争着献上牛肉美酒,子弟纷纷到大营投效从军,每天得到的以千为单位计算。

此演讲激励兵士之法,不可谓不高明,一言既出,士气大增。杨玄感此次演讲用的是比较之法。其角度有三:

经济角度。对于普通民众而言,运用经济角度分析问题,容易让其信服。杨玄感是礼部尚书,可谓家财万贯,但在这种情况下仍以国家安危为念。两相比较,民众自然而然感到:作为尚书,家财万贯,况且能为国家不惜个人利益,而我们仅为一般民众,家道贫穷,又有何惧?

政治角度。追求政治上的权势是入仕者之目标,能够保全和扩大权势更是他们的最大追求。因此一般而言,为官为宦者,特别是政治家,能舍弃个人之政治利益为国家利益而战,使得人们情感上对其多有崇敬,因此也愿意为其效力。

国家利益角度。杨玄感的演讲除了涉及经济、政治等个人利害关系外,最重要的是从国家利益出发,宣称其举是为解国家的"倒悬之急",而不在于个人私利,因此号召力更为强大。在任何时代,国家利益作为一种旗帜具有根本性的导向作用,因此以国家利益为号召极具鼓舞性。

183. 激将法

春,正月,右御卫将军陈稜讨杜伏威,伏威帅众拒之。稜闭壁不战,伏威遗以妇人之服,谓之"陈姥"。稜怒,出战,伏威奋击,大破之,稜仅以身免。

——《资治通鉴》卷一八三·《隋纪》七

【译文】

春季,正月,右御卫将军陈稜讨伐杜伏威,杜伏威率部众抗击。陈稜紧壁营垒,不出来交战,杜伏威送给他妇人的衣服,称他为"陈姥"。陈稜大怒,率军出战,杜伏威率军奋力攻击,大破官军,陈稜仅得只身逃脱。

听完这则故事,我们不免会联系起另一则与之相似之事:诸葛亮也曾送裙给司马懿,意在让司马懿出战,而司马氏却没有受此激将。两相比较,可见陈稜确实沉不住气。

激将法广泛应用于各种场合,战争年代激将法的用途非常普遍,而且会直接影响到战争的胜败。战争的相持阶段,往往是胜负的转折点,在这其中,双方主帅的些微言行也许就会决定着战争的胜败。

激将之法可谓是一种心理战术(或曰心理技术),但还应讲求内外有别。对他人的激将之法,应保持冷静、保持克制,不能因窘迫受辱,就贸然冲动,不计后果。而在内部,根据某些人珍视荣誉(包括顾惜面子)、甚至是争强好胜的心理特点,以激将之法适时地鼓励其信心,激发其斗志,也往往能收到出乎意料的奇效。

184. 与民约法

（李）渊还,舍于长乐宫,与民约法十二条,悉除隋苛禁。

——《资治通鉴》卷一八四·《隋纪》八

【译文】

李渊返回,住在长乐宫,与百姓约法十二条,将隋朝的苛政酷令全部废除。

"与民约法"乃立国之本。中国历史上的动荡年代,有为之帝王在"逐鹿中原"过程中,多有与民约法的表现,许民以愿,安定民心,所以他们多有所成。

"与民约法"实际上也是帝王律己之行为。帝王通过"与民约法"警戒自身之行为,防止因不断胜利而骄傲导致功败垂成,成千古一憾。此其一。

其二,律人。战争初期,将领们也知道,没有来自民众对军队物资和兵源的支持,是不可能取得战争胜利,此时或许还能善待民众;但随着不断的胜利,以为胜利都是因于自己的浴血奋战,会逐渐忽视民众在战争中的根本性作用,甚至会骚扰伤害民众。在这种背景下"与民约法",也能较好地处理军队与民众的关系。

而从民心上看,"与民约法"益处多多。在战争年代,民众的内心摇摆不定,这种摇摆的心态必须通过明示法令加以平衡,而使民多权利、少义务是上策。国家通过给予民众权利,保护民众利益,使民众感到帝王之仁政。这样,人心的天平自然会发生变化。在"与民约法"中把握民众的心理,这样才能达到"约法"的目的。

185. 志在于国，不在于物

凡人君言动，不可不慎。窃见陛下今日即位而明日有献鹞雏者，此乃少年之事，岂圣主所须哉！又，百戏散乐，亡国淫声。近太常于民间借妇女裙襦五百余袭以充妓女，拟五月五日玄武门游戏，此亦非所以为子孙法也。

——《资治通鉴》卷一八五·《唐纪》一

【译文】

凡是人君的言行，不能不慎重。我见到今天陛下即位，而次日就有人献鹞雏，玩鹞雏是小孩的事，岂是圣主所为！况且，乐舞杂技是亡国的淫声。最近太常寺在民间借了五百多套妇女的裙子短衣充作歌妓之衣，拟于五月五日在玄武门玩耍，这可不是子孙后代所应当效法的事。

孙伏伽（中国历史上第一位状元）因帝李渊即位不久即沉溺于声色之中，力谏帝王勿玩物丧志。

开国帝王艰辛创业很容易产生自满心理或补偿心理，这种心理体现在立国后即沉溺于声色犬马的享乐之中，历朝历代比比皆是。而玩物丧志会引起朝政荒疏，导致政局不稳，因此不得不防。

因此，对于帝王而言，志在于国，不在于物。因个人之喜乐而忘国家之兴亡，非帝王将相之所为。国家长治久安，需要领导者为国家、为民众树立榜样。即使作为一个普通人，也需为家庭、为子孙做榜样。

186. 俗世欲望

怀戎沙门高昙晟因县令设斋,士民大集,昙晟与僧五千人拥斋众而反,杀县令及镇将,自称大乘皇帝,立尼静宣为邪输皇后,改元法轮。遣使招开道,立为齐王。开道帅众五千人归之,居数月,袭杀昙晟,悉并其众。

——《资治通鉴》卷一八六·《唐纪》二

【译文】

怀戎的僧人高昙晟,趁着县令备办斋宴,百姓云集的机会,与五千名僧人聚集了参加斋会的人反叛,杀了县令以及镇守的将领,自称大乘皇帝,立尼姑静宣为邪输皇后,改年号为"法轮"。派人招降高开道,封高开道为齐王。高开道率领部众五千人归顺了高昙晟,过了数月,又击杀了高昙晟,吞并了他的全部人马。

佛教从印度传入中国以后,努力实现本土化,也力求能够符合封建统治阶级的需要,并成为中国思想文化的一个重要内容。但从当时看,遁入空门、削发为僧尼者,有些人并非是因为信仰的缘故,而是有着诸多的现实原因,并非是因真心向佛。

然而所引僧为帝、尼为后打破了常规,凸显出人欲望的一面。

人皆有欲,无论贤愚。问题是要把个人欲望控制在合情、合理、合法的范围内。同年,作为领导者,除了要有效地"管理"好自己的欲望之外,还应"管理"好属下的欲望,既不要抑制正当合理需求,也不能听任私欲泛滥成灾。

187. 沽名钓誉

（王）世充立三牌于府门外，一求文学才识堪济时务者，一求武勇智略能摧锋陷敌者，一求身有冤滞拥抑不申者。于是上书陈事者日有数百，世充悉引见，躬自省览，殷勤慰谕，人人自喜，以为言听计从，然终无所施行。

——《资治通鉴》卷一八七·《唐纪》三

【译文】

王世充在太尉府的门外树立了三个牌子：一个牌子招求有文学才识、足能成就时务的人；一个牌子招求有武勇智略、能带头摧锋陷敌的人；一个牌子招求遭受到冤屈、郁郁不得申说的人。于是，每天都有数百人上书陈事，王世充都一一接见，并亲自审阅他们的上书，对他们殷勤慰问。上书之人都很高兴，以为王世充会言听计从，但最后王世充什么事也没有做。

从表面上看，王世充能够认真地执行求贤政策，向前人学习，对于上书陈事者多有善待。然实际却是只图虚名而实无用之。

王世充表面上"悉引见，躬自省觉，殷勤慰谕"，似乎很重视上书者献策建言，既给士人留下爱才之名，也使士人"人人自喜"，但实际上是"终无所施行"。"有为"之举比"无为"危害更深。求则用之，用则不疑，此求贤才能真正达到效果。

188. 趁热打铁

　　秦王世民追及寻相于吕州,大破之,乘胜逐北,一昼夜行二百余里,战数十合。至高壁岭,总管刘弘基执辔谏曰:"大王破贼,逐北至此,功亦足矣。深入不已,不爱身乎! 且士卒饥疲,宜留壁于此,俟兵粮毕集,然后复进,未晚也。"世民曰:"金刚计穷而走,众心离沮;功难成而易败,机难得而易失,必乘此势取之。若更淹留,使之计立备成,不可复攻矣。吾竭忠殉国,岂顾身乎!"遂策马而进,将士不敢复言饥。追及金刚于雀鼠谷,一日八战,皆破之,俘斩数万人。

　　　　　　——《资治通鉴》卷一八八·《唐纪》四

【译文】

　　秦王李世民在吕州追上寻相,将他打得大败,并乘胜追击逃敌,一昼夜走了二百多里,打了几十仗。到了高壁岭,总管刘弘基抓住马缰绳规劝道:"大王打败敌人,追击逃敌到了这里,功劳也足够了。您这样不断深入,难道不爱惜身体吗? 况且士兵们饥饿疲惫,应当在此停留扎营,等到兵马粮草都齐备了,然后再进击也不晚。"李世民说:"宋金刚无计可施,落荒而逃,军心涣散;功劳难立,失败却很容易,机会难得,失去却很容易,一定要趁此机会将他拿下。如果我们滞留不前,让他有时间考虑对策加强防备,就不可能轻易打败他了。我尽心竭力效忠国家,怎么能只顾惜自己的身体呢?"于是打马追击,将士们也不敢再提饥饿。终于在雀鼠谷追上宋金刚,一天交锋八次,都打了胜仗,杀死、俘虏了几万人。

秦王李世民、总管刘弘基两人所处社会地位不同,考虑问题的角度和出发点也就都不一样。刘弘基显然有"船到码头车到站"的思想,且从"建功之业""亦足矣"、"贵胄之身"应爱惜、士卒饥疲需休整、兵粮未集有顾虑等几个方面陈述"复世""来晚"的因由,应该说也都很有道理。但古为今来,皆是有大志者,才能有大作为;有大作为者,必有大意志、大雄心,而且他们最清楚的是"功难成而易败,机难得而易失"。所以抓住一切有利时机,并发挥有利时机的最大效能,成为他们的必然选择。

在机会或机遇面前,有为者与平庸者的区别,不仅在于能够作出机会是否有利于己的正确判断,不仅在于是否能够积极主动抓住机遇,更重要的还在于抓住机遇之后全力以赴的决心、不屈不挠的信心,以及不达目的决不罢休的勇气和毅力。

所谓的"机会"稍纵即逝,就需迅疾地作出正确判断,不能错失良机;所谓的机不可失,时不再来,就是机会难得,机会并非俯拾皆是,也非是束手可待,一次错过,可能就是一生错过;所谓的功败垂成、半途而废,很大程度上就是缺乏努力坚持的决心和信心。此皆可为今人尤其是领导者所鉴戒。

189. "逐鹿"之过

（苏）世长曰："隋失其鹿,天下共逐之。陛下既得之矣,岂可复忿同猎之徒,问争肉之罪乎!"

——《资治通鉴》卷一八九·《唐纪》五

【译文】

苏世长说:"隋朝失去了他的政权,天下英雄都想得到他。陛下您既然得了政权,怎能再忿恨同猎之人（共同争夺政权者）,责问他们争抢猎物之罪呢!"

隋朝末年,统治腐败之迹显露,天下觊觎神器之人皆"逐鹿中原",最终"鹿"死李渊之手。李渊欲诛"争肉"之人而后快,幸得苏世长劝阻才作罢。

帝王、"逐鹿"、中原,这些都是赋有历史含义的名词。而这些历史性的名词映射到今天,仍可以看到"逐鹿"的影子,只不过表达的形式不同。

在竞选职位的过程中,获得升迁者因未升迁者与之共同"逐鹿"过,那么他们可能因此成为非朋友关系,并且升迁者可能会对未升迁者有打压的现象;而未升迁者也可能因嫉妒、报复的心理对升迁者作出不良反应。这种因竞争而形成的打压或报复现象,即类似于所引"逐鹿"产生的后果。

那么这种不良之后果是怎样造成的呢? 胸怀是其根本。有些领导者表面上看胸怀大度,非常有气量,而实际上鸡肠小肚,容不得他人与之竞

189.「逐鹿」之过

争,特别是容不得他人超越自己,不管竞争中结果如何都会产生怨恨共同"逐鹿"之人的心理。

对当今领导者而言,"逐鹿"应是一种正常的竞争过程,不能简单地将之归为成功或失败。获取职位,更应谦虚谨慎,更应善待他人,谋求合作,以利工作;未获职位,也应从自身多找原因,放下包袱,调整心态,以积极的态度努力工作,以争取以后的机会。很显然,一时得势,就得意忘形、欺压他人;一时失势,就心灰意懒、怨恨他人,都是一种狭隘的短视行为,既不利于工作开展,也不利于个人再进步。

190. 无序则乱

太子令、秦、齐王教与诏敕并行,有司莫知所从,唯据得之先后为定。
——《资治通鉴》卷一九〇·《唐纪》六

【译文】

太子所下达的令,秦、齐二王所下达的教和皇帝的诏敕并行,官吏们不知所从,只能按照"先来后到"的规矩来执行指令。

从引文来看,唐高祖李渊到晚年也未能实现政令一,而是政出多门。太子李建成、秦王李世民、齐王李元吉的指示与"诏敕"往往先后下达,搞得"有司莫知所从",不知到底听谁的是好,于是就也来个"先来后到":谁的指令先到,就按谁的指令办。这种状况也许与兄弟之间争夺权位而李渊又迟迟难以定夺有关。但政令不一,有司无所适从,势必会引致朝政紊乱、甚至祸端,"玄武门之变"就应是这种斗争不可调和的必然结果。

秩序是国家得以运转的根据和基础,良好的秩序是社会稳定的保证,也是当政者所追求的目标。而社会秩序能否良性运行则在于政府的有效管理。

国家社会秩序建立,应参照权力的集中—分散—集中运转模式。在权力的高端,权力应是高度集中的,这种高度集中的形式对国家一统具有威慑力;在权力的中间状态,权力的运行应是有机的平行,这样可以使国家权力在内部互相监督。而平行必须是有机的,即不能是简单的重复或叠加;在权力的末端也须高度集中,形成对口袋的"缩口",使基层权力有效运转,防止过分的分散而导致运转无效。这种集中—分散—集中模式,我们称之为权力有序运转的菱型结构范式。只有秩序良性发展了,社会取得全面发展才会成为可能。

191. 处事应智勇

（尉迟）敬德曰："王今处事有疑，非智也；临难不决，非勇也。且大王素所畜养勇士八百余人，在外者今已入宫，擐甲执兵，事势已成，大王安得已乎！"

——《资治通鉴》卷一九一·《唐纪》七

【译文】

尉迟敬德说："如今大王处理事情犹豫不定，这是不明智的；面临危难，不能决断，这是不果敢的。况且大王平时所培养的八百多名勇士，原是在外的，现在已经进入宫中，他们身披铠甲，手拿武器，（政变的）形势已经形成，大王怎么能够制止得住呢！"

这是"玄武门之变"前夕尉迟敬德力劝李世民杀兄而登基的言词。尉迟敬德劝李世民杀兄，以需智、需勇相激。实际上，对于智勇，尉迟敬德仅说其一，未说其二。

"处事有疑，非智也"。处理事情最忌讳犹豫不决，"三思而后行"多是对犹疑的一种辩解。而不论何种情形，决策实施之前一定要有充分的准备，认真考虑得失利弊，才能加以执行。所以犹疑与"三思而后行"无非是对一种事物的两种看法，只是后者是对胜者而言，前者则对败者而言。

"临难不决，非勇也"。面对着自身安危，每个人都会作出判断并形成决定，问题的关键在于这种决定作出的快与慢，对与错。而下定决心，快刀斩乱麻，是"勇"的表现；面对危难，"犹豫不决"也可能是在平衡利弊，是"智"的表现。所以遇事不能有勇无谋、贸然行事；也不能有谋无勇，迟迟不敢决断。

所以对于领导者而言，智和勇都是需要的。做到智勇双全，堪称完美。

192. 忠臣与良臣

（李世民）上曰："忠、良有以异乎？"（魏征）对曰："稷、契、皋陶，君臣协心，俱享尊荣，所谓良臣。龙逄、比干，面折廷争，身诛国亡，所谓忠臣。"

——《资治通鉴》卷一九二·《唐纪》八

【译文】

太宗问："忠、良有什么区别吗？"回答道："后稷、契、皋陶，君臣齐心合力，共享荣耀，这就是所说的良臣。龙逄、比干犯颜直谏，身死国亡，这就是所说的忠臣。"

魏征原为太子李建成的幕僚，建成死后，归顺李世民。"君臣协心，俱享尊荣"是为良臣，从字面上看，良臣大多是帝王的顺臣，他们替天子巡牧州府，通过具体行政行为成为国家的有用之材，并且与帝王共享尊荣。在和平年代，臣与君王共治天下，达到善治。享天下者，必先治天下，因此他们也是和平时期的善臣。

"面折廷争，身诛国亡"是为忠臣，这些臣子们不是以帝王之喜好作为行为准则，而是以维护江山社稷为其行为的准则。帝王有过错，敢与帝王相抗争，不在图私利，而在于图朝廷能够长存，即使"身诛"也无所畏惧，心甘情愿舍身为国。这类的臣子大多出现于朝代末年或危难时期，为了国家社稷，宁愿身死而不忘报国，是为忠臣之表率。

所以领导者要擦亮眼睛，辨别忠臣良将，量才使用，这样才能使更多的人才为国尽力。

193. 治国如治病

（李世民）谓侍臣曰："治国如治病，病虽愈，尤宜将护，傥遽自放纵，病复作，则不可救矣。"

——《资治通鉴》卷一九三·《唐纪》九

【译文】

太宗曾对亲近大臣说："治理国家如同治病，病虽痊愈，仍需用心护理，倘若突然放纵自我，致使旧病复发，那就不可救治了。"

经过唐初经济的恢复和发展，在李世民时代出现了"贞观之治"的盛况，可谓是"大病初愈"，国家步入社会、经济发展的正轨。但李世民强调：必须对业已恢复的国力继续增强，使之更加强大，而不是"大病初愈"便放纵享乐。同为他很清楚，"病复作，则不可救矣"。李世民的这一比喻非常形象贴切，国家如人体，也会生病患。在病患初愈之后，将养身体，保护健康，非常重要，而不能是"好了伤疤忘了疼"，不管不顾，"遂自放纵"。任谁也经不起这样的反复折腾，人体是如此，国家也是如此。李世民之后，唐朝经历了百多年的兴盛，包括武则天执政时期以及唐玄宗的"开元盛世"，使唐代社会、经济发展达到了封建时代的一个顶峰。

194. 择人

上谓魏征曰:"为官择人,不可造次。用一君子,则君子皆至;用一小人,则小人竞进矣。"对曰:"然。天下未定,则专取其才,不考其行;丧乱既平,则非才行兼备不可用也。"

——《资治通鉴》卷一九四·《唐纪》一〇

【译文】

太宗对魏征说:"从工作的需要出发设立机构,挑选人才,不可仓促行事。任用一位君子,则众位君子都会来到;任用一位小人,则其他小人纷纷出仕。"魏征答道:"是的。天下未平定时,则对于一个人专取其才能,不考察其德行;动乱平定后,则非德才兼备之人不可任用。"

千古君臣的对话道出了两个道理。选官问题一直是中国政治的一个重要问题,历朝历代都非常重视。李世民强调选官的重要性,认为选官择人,要慎重,不能轻率。选官为君子,则君子皆至;选官为小人,则小人竞进。选人得当与否,是有其连带及示范效用的。李世民的标准倒也简单明确:用君子不能用小人。选官的品德才行直接决定了他所选用人才的品行高低。

魏征的看法与李世民有所不同,认为天下未定、国家急需人才之时,用人标准可适当放低,主要考察其才能;等到天下平定时,治理天下必须选用才能和品德俱佳的人为官。魏征深知:守业之于创业更难,如何保证国家的长治久安和政治秩序的清明,很大程度上取决于国家所用各级官员的品行和能力。而官员能力再强,品行不佳,也许会为害更甚。

195. 智勇贪愚

是以黄石公《军势》曰:"使智,使勇,使贪,使愚,故智者乐立其功,勇者好行其志,贪者急趋其利,愚者不计其死。"

——《资治通鉴》卷一九五·《唐纪》一一

【译文】

所以黄石公《军势篇》说:"用将士们的智慧,用他们的勇武,用他们的贪婪,用他们的愚昧,有智慧的人乐于建功立业,勇武的人乐于实现自己的志向,贪婪的人急于得到他的利益,愚昧的人不计较生死。"

建功立业,小则可以荣华富贵,大则可以青史留名,这是智者们的愿望,是智者们的选择;好勇斗狠,争强好胜,只图自己快意,不计后果,这是勇者们的特点,是勇者们的选择;唯利是图,欲壑难填,有利益就捞,见便宜就占,这是贪者们的表现,是贪者们的选择;不谙世事,不明事理,懵懵懂懂,糊糊涂涂,甚至面临危难境地而不自知,这是愚者们的行为,是愚者们的选择。

智者、勇者、贪者、愚者,不同类型的人,有不同的言行表现,与他们自身的思想意识、心理素质、能力水平都有关系,他们共同组合成了人世间的众生相,历代如此,历来如此。而黄石公《军势》所谓"使智、使勇、使贪、使愚",不单是为辨析人群类型,而是希望利用不同的人不同的性格特点,因人而异,因势利导,化敌之有利为敌之不利,化敌之不利为己之有利,也可谓是中国古代心理战、宣传战的早期论述了。

196. 攻心之法

丁未，上曰："人主惟有一心，而攻之者甚众。或以勇力，或以辩口，或以谄谀，或以奸诈，或以嗜欲，辐凑①攻之，各求自售，以取宠禄。人主少懈，而受其一，则危亡随之，此其所以难也。"

——《资治通鉴》卷一九六·《唐纪》一二

【译文】

丁未（二月二十七日），唐太宗说："君主只有一颗心，可是把它当做目标，努力争取的太多。有的以勇武力量，有的只凭口才，有的以谄谀逢迎，有的以奸诈邪恶，有的以嗜好欲望，各类人凑在一起，各自兜售自己的一套，以图取得恩宠。君主稍有松懈，而接受其中的一类人，则危亡随之而来，这便是君主行事之难呐！"

【注释】

①辐凑：形容人或物聚集，像车辐集中于车毂一样。亦作"辐辏"。

李世民深知为帝王之难。以一心抵多心，故其难也。

对上攻心之法有"辩口"、"谄媚"等各种各样的方式，使人主对每个人防不胜防。而实际上，不管用什么样的方式攻主之心，其根本无外乎是"以取宠禄"，获得个人利益。因此对于领导者而言，必须加以防备。

人臣为了各自的利益，采用诸多让帝王应接不暇的方式、方法，但是作为领导者，必须深知各种攻心法，如稍有松懈，被攻心者所迷惑，则可能带来巨大的危害。另外，领导者要把非为己之私利而进的谏言，与攫取个人私利的攻心法区别开来，不能堵塞言路。否则，同样会给国家带来危害。

197. 皇家教育

闰月，辛亥，上谓侍臣曰："朕自立太子，遇物则诲之，见其饭，则曰：'汝知稼穑之艰难，则常有斯饭矣。'见其乘马，则曰：'汝知其劳逸，不竭其力，则常得乘之矣。'见其乘舟，则曰：'水所以载舟，亦所以覆舟，民犹水也，君犹舟也。'见其息于木下，则曰：'木从绳则正，后从谏则圣。'"

——《资治通鉴》卷一九七·《唐纪》一三

【译文】

闰六月辛亥（初四），太宗对身边大臣说："朕立李治为太子以来，遇见任何事情都借机教育他。看见他用饭，就说：'你知道了耕种之艰难，才能常吃上饭啊。'看见他骑马，就说：'你知道马的辛苦，不耗尽它的力量，才能经常骑着它啊。'看见他坐船，则说：'水能够载船，也能够翻船，百姓便如同这水，君主便如同这船。'见到他在树下休息，则说：'木头经过墨线处理才能正直，君主能纳谏者才为圣君。'"

唐太宗对教育后代甚为重视，曾撰《帝范》以教育诸子。他教隐太子承乾可谓用心良苦，不仅随时随地予以教诲，还将教育寓于各种事物之中，不可谓不高明。同时他深知，教育太子，应以百姓的疾苦为念，以君民舟水关系为念，以君臣一体、从谏如流为念。"知稼穑之艰难"，体恤民生。百姓安居乐业了，帝王、朝廷才有衣食之源；"知乘马劳逸"，爱惜民力。民众得以适时休整，国家才能长治久安；李世民注重君民关系，甚至将其提到了"水能载舟，亦能覆舟"的高度。而作为君王的品行，既要正身如直，又要从谏如流，李世民教子真可谓是循循善诱、苦口婆心了。这种情景式教育方式在当时有一定的积极作用。太子为储君，未来的皇帝，在各方面的行为表现应符合太子的身份。

198. 五者得天下

群臣皆称："陛下功德如天地，万物不得而名言。"上曰："不然。朕所以能及此者，止由五事耳。自古帝王多疾胜己者，朕见人之善，若己有之。人之行能，不能兼备，朕常弃其所短，取其所长。人主往往进贤则欲置诸怀，退不肖则欲推诸壑，朕见贤者则敬之，不肖者则怜之，贤不肖各得其所。人主多恶正直，阴诛显戮，无代无之，朕践祚[①]以来，正直之士，比肩于朝，未尝黜责一人。自古皆贵中华，贱夷、狄，朕独爱之如一，故其种落皆依朕如父母。此五者，朕所以成今日之功也。"

——《资治通鉴》卷一九八·《唐纪》一四

【译文】

众大臣齐声说道："陛下的功德与天地等量齐观，难以名状。"太宗说："不能这么说。我之所以有如此功劳，只是因为做到了这五条罢了：一是自古以来帝王大多嫉妒能力超过自己的，而我看见别人的长处，便如同自己拥有一般。二是每个人的行为能力，不可能十全十美，我任用人才，常常弃其短处，取其长处。三是君王们任用有才之人，恨不能将他抱在怀中，为己所用；摒弃无能之辈，则恨不能将其推入深渊。而我看见贤才则非常敬重，遇见无能者亦加以怜悯，使贤才与无能之人都能各得其所。四是君王大多讨厌正直之人，对敢于直谏者暗中加害或公开杀戮，没有哪个朝代不是这样。而我自即位以来，正直的大臣在朝中比肩接踵，我未曾贬黜责罚一人。五是自古以来帝王都以中原为贵，轻贱歧视夷、狄等少数民族，唯独我爱护他们，与汉族一般无二，所以各个少数民族都像依靠父母一样的依靠我。上述五点，就是我能有今日成就的原因。"

【注释】

①践祚：登上王位。

李世民确为千古明君。他在"自白"中以较客观的方式评析帝王应为之五事。人多有妒忌心，包括万人之上的帝王，看到有"胜己者"，恐怕也会心里不舒服。而李世民却能"见人之善，若己有之"，确乎非是一般人所能具有的胸怀和气量。李世民自己应是非常看重这一点，把它放在得天下、坐天下的第一位。针对贤与不肖的看法和做法，李世民与其他帝王的不同之处在于：多数人采用进贤退不肖，而李世民却使贤与不肖各得其所。人的能力有大小，这是客观存在。对帝王而言，贤与不肖皆可为国家的人才资源，因此必须对其进行有效的配置。对于贤者，固然可将其置于重要的职位上；而对于不肖，也要根据其实际情况，予以采用。这种做法改变了之前人们所公认的唯贤进仕的思想。对于民族关系问题，李世民比先代的帝王走出了重要的一步，视少数民族为一家。自周代以来，中原地区长期以正统自居，鄙视周边的少数民族，因此战乱频繁，成为中华帝国内耗的一种表现。而李世民以博大的胸怀对所有的民族一视同仁，从而从根本上保证了国家的安全与稳定。

199．"易后"岂可类"易妇"

　　它日，李勣入见，上问之曰："朕欲立武昭仪为后，遂良固执以为不可。遂良既顾命大臣，事当且己乎？"对曰："此陛下家事，何必更问外人！"上意遂决。许敬宗宣言于朝曰："田舍翁多收十斛麦，尚欲易妇；况天子欲立一后，何豫诸人事而妄生异议乎！"昭仪令左右以闻。庚午，贬遂良为一潭州都督。

　　　　　　　　——《资治通鉴》卷一九九·《唐纪》一五

【译文】

　　又一天，李世勣入宫朝见，高宗问他："我想要立武昭仪为皇后，褚遂良固执己见认为不行。褚遂良既是顾命大臣，那么这件事情是否应该停止呢？"李世勣答道："这是陛下的家事，何必去问外人！"高宗废后之意遂定。许敬宗在朝中扬言道："庄稼汉多收了十斛麦子，尚且想着换个媳妇，何况天子要立皇后，人们又何必干预并且妄自生出各种异议呢？"武昭仪让身边的人将此话转报给高宗。庚午（初三），高宗将褚遂良贬为潭州都督。

　　自古帝王之家事亦国事也。高宗李治置顾命大臣之言于不顾，非为明君，其害有四。

　　皇后母仪天下，地位非常重要，岂能轻易废黜？废后只能使后宫形成无序状态和恶劣竞争。后宫无宁日，则国无宁日，此一害。

　　后宫常与朝廷相联系，后宫的斗争结果会使朝廷出现重大的政治变动，形成一种新的斗争格局，而这种斗争往往是以社会稳定和经济发展为代价的。特别是经常性的变更与短暂的动乱,都给整个社会带来"阵痛",而最终受苦的仍是毫无反抗之力的民众。对于官员而言,虽多有贬谪,但多是暂时的胜负罢了。此二害。

高宗李治不听顾命大臣褚遂良的劝阻,只能导致前朝元老们的寒心。因此,朝堂之上难免形成元老派与新生派之间的斗争,而以后的历史也证明这一点。加剧朝堂之争,此其三害。

武昭仪,即武则天,得势后竟改唐为周,差点断送了李唐的江山,此四害也。而这恐怕也是李治在"易后"时无论如何都没有想到的。

200. 人君养人,在省征役

来济对曰:"……故人君之养人,在省其征役而已。今山东役丁,岁别数万,役之则人大劳,取庸则人大费。臣愿陛下量公家所须外,余悉免之。"上从之。

——《资治通鉴》卷二〇〇·《唐纪》一六

【译文】

来济回答说:"……因此,君主想要让百姓休养生息,只需要减免差役兵役就够了。现在山东服役的丁壮,每年有数万之多,让他们义务服役,则百姓劳苦困顿;雇佣他们干活,则百姓的负担过重。臣建议陛下考虑除了公家必须的徭役外,其他的一律减免。"高宗采纳了他的建议。

从常理上讲,国家长治久安之根本在于民安,一般的朝代取用于民都是以民力为限。但往往有其他不可预知的因素,如天灾。在古代的中国,农业几乎是靠天吃饭,天气的因素在农业生产中起着关键性的作用。而国家税赋制度是既定的,天灾是难以预测的,此其一。其二,国家可能长年处于战争状态,战争必然需要大量集中调配国家资源,而民众则是主要征役对象。在诸多压力之下,民众的生存压力日益增大。而生存这一底线一旦被突破,必然出现混乱状况,甚至有可能出现农民起义。面对着这种历史教训,唐朝前期国家财政主要采用量入为出的运作方式,这一方式是以减少民众的赋税为根本,使得民众抵抗自然灾害和突发性事件的能力多有增强。

今天国家也对农民实行减轻负担、甚至全免农业税政策,这对于广大农民而言无疑是件好事,但各种配套措施还应进一步健全,以使农民也能享受到改革开放、经济发展的成果,享受到更多的好处和实惠。

201. 国事不可如儿戏

（上官）仪因言："皇后专恣，海内所不与，请废之。"上意亦以为然，即命仪草诏。左右奔告于后，后遽诣上自诉。诏草犹在上所，上羞缩不忍，复待之如初；犹恐后怨怒，因绐之曰："我初无此心，皆上官仪教我。"仪先为陈王谘议，与王伏胜俱事故太子忠，后于是使许敬宗诬奏仪、伏胜与忠谋大逆。十二月，丙戌，仪下狱，与其子庭芝、王伏胜皆死，籍没其家。

——《资治通鉴》卷二〇一·《唐纪》一七

【译文】

上官仪于是进言说："皇后专权自恣，天下百姓都不能心服，请求废黜。"唐高宗也认为应当如此，便命令上官仪起草诏令。左右的人急忙跑去告诉武后，武后赶忙来到唐高宗处诉说。当时废黜武后的诏令草稿还在唐高宗处，高宗羞惭畏缩，不忍心废黜，又待她如原来一般；还怕武后怨恨恼怒，骗她说："我当初并没有这个想法，都是上官仪给我出的主意。"上官仪原先任陈王谘议，与王伏胜都曾事奉已废太子李忠，武后于是指使许敬宗诬告上官仪、王伏胜与李忠阴谋篡权弑君。十二月，丙戌（十三日），上官仪被捕入狱，和他儿子上官庭芝、王伏胜都被处死，家产被查抄没收。

在上官仪建言废武后之前，高宗就已对武后有所不满。"（武后）及得志，专作威福，上欲有所为，动为后所制，上不胜其忿"。上官仪也许此前也对武后不满，但他这时的表态至少也是对高宗的一种顺应，所以高宗"亦以为然"。但看来武后的耳目众多,废诏还在草拟之中,"左右奔告于后"。武后迅速做出反应,"遽诣上自诉"。也许是武后气势汹汹、咄咄逼人,高宗竟"羞缩不忍,复待之如初"。进而还担心武后不依不饶、不肯善罢甘休,竟又讨好似地对武后说:不是我想这样,都是上官仪教我这样做的。

皇后废立,是为国政大事,而高宗对这件事的处置,先如夫妻拌嘴吵架,后如小儿告状讨饶,将国家大事混杂于夫妻关系,视若儿戏,不仅有失郑重,甚至近乎荒唐。由此看来,武则天后来当权执政也并非偶然。

202. 文武之道

理国之要，在文与武。今言文者则以辞华为首而不及经纶，言武者则以骑射为先而不知方略，是皆何益于理乱哉！故陆机著《辩亡》之论，无救河桥之败，养由基射穿七札，不济鄢陵之师，此已然之明效也。

——《资治通鉴》卷二〇二·《唐纪》一八

【译文】

治理国家的关键，在文治和武略两个方面。现今讲礼乐教化者只注重华美的辞赋，而不重视治理国家之术；谈武略者则以骑马射箭等个人技艺为先，而不重视运筹帷幄等军事策略，这对国家的治乱有什么裨益呢！因此，陆机著《辩亡论》，能总结孙吴兴亡的原因，却挽救不了他自己在河桥的败亡；楚大夫养由基能一箭射穿七层铠甲，却不能避免楚军在鄢陵之战中的失败，这已经是人所共知的事实了。

治国在于文治武功，一张一弛，构成治国和谐的乐曲。文者，当然不能是只会写漂亮文章，还需有经纶之才，真正能够为国家出谋献策，并具有行政管理能力。武者，既要有勇，也要有谋。文治武功相互协调才能成大事。

战争不是单个人之间的较量，是天时、地利、人和等因素的综合较量，因此单枪匹马解决不了所有的问题，必须依靠智谋才能取胜。相对而言，和平时代文治更为重要。而和平时期也不能麻痹大意，也要居安思危。只有人民安居乐业，政治稳定，国家才能繁荣富强。

203. 官之何为

　　麟台正字射洪陈子昂上疏，以为："朝廷遣使巡察四方，不可任非其人，及刺史、县令，不可不择。比年百姓疲于军旅，不可不安。"其略曰："夫使不择人，则黜陟不明，刑罚不中，朋党者进，贞直者退；徒使百姓修饰道路，送往迎来，无所益也。谚曰：'欲知其人，观其所使。'不可不慎也。"又曰："宰相，陛下之腹心；刺史、县令，陛下之手足；未有无腹心手足而能独理者也。"又曰："天下有危机，祸福因之而生，机静则有福，机动则有祸，百姓是也。百姓安则乐其生，不安则轻其死，轻其死则无所不至，袄逆乘衅，天下乱矣！"

　　　　　　　　——《资治通鉴》卷二〇三·《唐纪》一九

【译文】

　　麟台正字射洪县人陈子昂上疏，认为："朝廷派遣使者巡察四方，不可任用不称职的人，刺史、县令的任用，也不可不严加选择；近年来百姓疲于征战，不可不安抚。"其大致内容为："派遣使节不加选择，则对官员的升降就不能明察秋毫，刑罚就不适当，结党营私者得以进用，忠贞正直者被罢黜；白白地让百姓修整道路，迎送使节，对国家毫无益处。谚语说：'想了解某一个人，先观察他所任用的使节。'不可不慎重选择。"又说："宰相，是陛下的心腹；刺史、县令，是陛下的手足；从来没有无腹、心、手、足却能够独自治理国家的君主！"又说："天下有危机，祸福因此而产生，'机'静则有福，'机'动则有祸，这'机'就是百姓。百姓安定就以活着为乐，不安定就将死看得很轻，轻视死亡，就什么事都做得出来，邪恶叛逆乘机而起,天下就会大乱!"

陈子昂一语言中。官之所为,关乎天下兴亡,为人君者不得不慎重对待。

陈子昂先从君臣的关系论述官员职位的重要性。宰相为天下官之首,总揽天下百官,地位重要,故为帝王之腹心;刺史、县令等地方官员执行皇帝的治国政策,犹如皇帝之手足。宰相与刺史、县令一起构成自上而下的官僚体系,对皇帝来说,都不可或缺。

另一层面是臣与民的关系。作为中国的百姓,陈子昂分析了民众的安居乐业与国家的危机祸福之间的关系:百姓安居乐业,则国家稳定;百姓困苦,民不聊生,不吝其死,就会"无所不至",就可能出现社会的动荡。所以,为政者应多行其善,努力搞好臣民关系。

204. 恬不知耻

醴泉人侯思止,始以卖饼为业,后事游击将军高元礼为仆,素诡谲无赖。恒州刺史裴贞杖一判司,判司使思止告贞与舒王元名谋反,秋,七月,辛巳,元名坐废,徙和州,壬午,杀其子豫章王宣;贞亦族灭。擢思止为游击将军。时告密者往往得五品,思止求为御史,太后曰:"卿不识字,岂堪御史!"对曰:"獬豸①何尝识字,但能触邪耳。"太后悦,即以为朝散大夫、侍御史。它日,太后以先所籍没宅赐之,思止不受,曰:"臣恶反逆之人,不愿居其宅。"太后益赏之。

——《资治通鉴》卷二〇四·《唐纪》二〇

【译文】

醴泉(今陕西省礼泉县)人侯思止,起初靠卖饼为生,后来在游击将军高元礼家当奴仆,一向诡诈无赖。恒州刺史裴贞杖责一名判司,判司指使侯思止诬告裴贞与舒王李元名谋反,秋季,七月,辛巳(初七),李元名因此被罢黜,流放到和州,壬午(初八),诛杀李元名的儿子、豫章王李宣;裴贞也被灭族。朝廷提拔侯思止为游击将军。当时,告密的人往往能官至五品,侯思止请求担任御史,太后说:"你不识字,怎么能担任御史!"回答说:"獬豸哪里识字,却能用角触倒邪恶的人。"太后很高兴,便任命他为朝散大夫、侍御史。有一天,太后将早先没收的住宅赐给他,侯思止不肯接受,说:"我憎恶叛逆的人,不愿意居住在他们的宅子里。"太后更加欣赏他了。

【注释】

①獬豸：也称解廌或解豸，传说中的一种独角兽，体形大者如牛，小者如羊，类似麒麟。拥有很高的智慧，懂人言知人性，能辨是非曲直，能识善恶忠奸，发现奸邪的官员，就用角把他触倒，然后吃下肚子，是勇猛、公正的象征。

侯思止"始以卖饼为业"，后事"元礼为仆"，都只不过是其安身立命的一种方式，并无足为怪。他一直"诡谲无赖"，看来是其品行本性，并终于等来机会，以罗织罪名、诬陷他人，以为自己进身之阶，并在"得五品"之后，还"求为御史"，公然讨官要官。武则天倒不以为怪，只是心平气和地对他说：你不识字，怎么能担当御史呢。也是好言相劝的意思。但侯思止不仅"无赖"而且确实"诡谲"，因他的回答出人意料，让武则天不怒反喜，不仅给侯思止加官，而且还以"宅赐之"。而思止的反应又是出乎寻常，竟然拒绝接受，而且理由还振振有辞、冠冕堂皇，让太后更高兴了。只是他以镇妖辟邪的"獬豸"作喻，以"恶反逆之人"自况，以他恬不知耻的品行而言，简直就是个黑色幽默。

205. 委曲求全

（娄）师德宽厚清慎，犯而不校。与李昭德俱入朝，师德体肥行缓，昭德屡侍之不至，怒骂曰："田舍夫！"师德徐笑曰："师德不为田舍夫，谁当为之！"其弟除代州刺史，将行，师德谓曰："吾备位宰相，汝复为州牧，荣宠过盛，人所疾也，将何以自免？"弟长跪曰："自今虽有人唾某面，某拭之而已，庶不为兄忧。"师德愀然曰："此所以为吾忧也！人唾汝面，怒汝也；汝拭之，乃逆其意，所以重其怒。夫唾，不拭自干，当笑而受之。"

———《资治通鉴》卷二〇五·《唐纪》二一

【译文】

娄师德为人宽厚，清廉谨慎，别人冒犯他也从不计较。他与李昭德一同入宫朝见，娄师德身体肥胖行动缓慢，李昭德老是停下等他，他却赶不上，李昭德便怒骂他："庄稼汉！"娄师德慢慢地笑着说："我不做庄稼汉，谁应当做庄稼汉呢！"他的弟弟被任命为代州刺史，将要赴任时，娄师德对他说："我身居宰相之位，你又为州刺史，得到的恩宠太盛，正是别人所妒忌的，你要怎样使自己免于灾祸？"他弟弟直身而跪说："今后就是有人唾我脸上，我也只擦拭而已，希望不会使哥哥担忧。"娄师德神色忧虑地说："这正是让我担忧的！人家唾你的脸，是生你的气，你擦拭，便违反人家的意愿，加重了人家的怒气。唾液，不擦拭它会自己干，应当笑着承受。"

在古代，做官当然荣耀，但也不无隐忧。娄师德看似宽厚从容，凡事不多计较,即使同僚戏谑也不以为意,但恐其内心未必是如此。他不仅仅为自己担心,怕遭人嫉妒,还为弟弟担心。只是他为其弟所出的"唾面自干"的主意,既说不上高明,也非是常人所能做到。娄师德类似的经验之谈只能说明,在那个时代,一些人为保官位,为求荣耀,将自己的本性扭曲到了何种程度。

娄师德"备位宰相",位极人臣,但在官场上也要委曲求全,足可见古代官员在政治上求生存、求荣宠又是多么不容易。

206. 荐人不求回报

（娄）师德在河陇，前后四十余年，恭勤不怠，民夷安之。性沉厚宽恕，狄仁杰之入相也，师德实荐之；而仁杰不知，意颇轻师德，数挤之于外。太后觉之，尝问仁杰曰："师德贤乎？"对曰："为将能谨守边陲，贤则臣不知。"又曰："师德知人乎？"对曰："臣尝同僚，未闻其知人也。"太后曰："朕之知卿，乃师德所荐也，亦可谓知人矣。"仁杰既出，叹曰："娄公盛德，我为其所包容久矣，吾不得窥其际也。"

——《资治通鉴》卷二〇六·《唐纪》二二

【译文】

娄师德在黄河、陇山一带，前后四十多年，谦恭勤勉，毫不懈怠，汉人和夷族都安居乐业。他秉性朴实稳重，宽宏大量，狄仁杰入朝任宰相，实际上是娄师德推荐的；狄仁杰却不知道，心里对娄师德颇为轻视，一再地排挤他到外地。太后发觉后，曾问狄仁杰："娄师德有贤能吗？"狄仁杰回答道："作为将领，他能谨慎守卫边疆，是否有贤能就不知道了。"太后又问道："娄师德有知人之明吗？"狄仁杰回答说："我曾经与他同事，没有听说他善于用人。"太后说："我之所以知道你，就是由于娄师德的推荐，他也可以称得上是知人善任了。"狄仁杰退出后，感叹说："娄公有盛德，我受到他的包容太久了，我根本看不到他盛德的边际。"

娄师德举荐狄仁杰为宰相，仁杰不知，且"意颇轻师德"。后狄仁杰从太后处知晓后惭愧不已。师德性宽厚，荐人以才且能不图回报，足见其胸怀之坦荡无私。而太后武则天倒是很会做"思想政治"工作,她不动声色、不紧不慢地开导狄仁杰,言语平和像是很随意地聊天。狄仁杰不明就里,对太后所问皆照实回答,自己怎么想的就怎么说,什么娄师德"为将"还能尽职尽责;至于他"贤能"与否反正自己不知道;而且作为同僚,自己也不知道师德是否有知人、识人之德才。而太后最后才揭出谜底,并且依然是不动声色:"我之所以知道你,正是由于师德的举荐,这应该可算是'知人啦'。"响鼓不用重槌,狄仁杰的羞惭可想而知。引文并不长,但娄师德的大度宽容,武太后的沉着冷静,狄仁杰的耿介率直,也可谓是跃然纸上。

207. 奖及识人者

侍御史张循宪为河东采访使,有疑事不能决,病之,问侍吏曰:"此有佳客,可与议事者乎?"吏言前平乡尉猗氏张嘉贞有异才,循宪召见,询以事;嘉贞为条析理分,莫不洗然。循宪因请为奏,皆意所未及。循宪还,见太后,太后善其奏,循宪具言嘉贞所为,且请以之官授之。太后曰:"朕宁无一官自进贤邪!"因召嘉贞,入见内殿,与语,大悦,即拜监察御史;擢循宪司勋郎中,赏其得人也。

——《资治通鉴》卷二〇七·《唐纪》二三

【译文】

侍御史张循宪任河东采访使,有疑难之事无法决断,很是忧虑,于是问侍奉他的官吏道:"这里有没有能与他商议事情的贤能之人呢?"官吏说曾任平乡(今河北省平乡县)尉的猗氏(今山西省临猗县)人张嘉贞有奇才。张循宪召见张嘉贞,向他请教这件事情。张嘉贞为他详细剖析了这件事,条理分明,没有一点不清晰之处。张循宪于是请他代撰奏疏,精密详尽,都出人意料。张循宪回到朝中,觐见太后,太后称赞他的奏疏写得很好,张循宪详细地报告了张嘉贞代作奏折的过程,并请求太后将他所担任的侍御史职务授予张嘉贞。太后说:"朕难道没有一个官位来授予贤能之士吗!"于是召见张嘉贞,让他进入内殿,和他谈话之后,太后非常高兴,当即任命张嘉贞为监察御史;并擢升张循宪为司勋郎中,以奖赏他能发掘人才。

在前面我们论述了荐非其人则荐人者亦应连带受罚;同样,所荐得人,则应奖及识人者,此为法之公平。

奖及识人者多益。其一,对个人而言,被荐者若真为贤才,则能真正地为国家尽力。其二,对国家而言,大臣举荐贤才,能让更多有才之士为国所用,是利国利民之举。

此外,奖及识人者对于政治风气也能起净化作用。为政者多有举荐,且所荐为贤能者,可形成一种推荐人才的风气。当然,奖赏荐人者必须注意,这种做法只能作为特例。选举官员必须以正常的铨选制度为根本,因为一旦这种奖及识人者被广泛应用,则难免会被歪曲、利用。因此,这种奖赏举荐者的做法只能作为铨选制度的一种补充,为政者必须慎用。

208. 君王十失

　　魏元忠自端州还，为相，不复强谏，惟与时俯仰，中外失望。酸枣尉袁楚客致书元忠，以为："主上新服厥命，惟新厥德，当进君子，退小人，以兴大化，岂可安其荣宠，循默而已！今不早建太子，择师傅而辅之，一失也。公主开府置僚属，二失也。崇长缁衣，使游走权门，借势纳赂，三失也。俳优小人，盗窃品秩，四失也。有司选进贤才，皆以货取势求，五失也。宠进宦者，殆满千人，为长乱之阶，六失也。王公贵戚，赏赐无度，竞为侈靡，七失也。广置员外官，伤财害民，八失也。先朝宫女，得自便居外，出入无禁，交通请谒，九失也。左道之人，荧惑主听，盗窃禄位，十失也。凡此十失，君侯不正，谁正之哉！"元忠得节，愧谢而已。

——《资治通鉴》卷二〇八·《唐纪》二四

【译文】

　　魏元忠从端州回京，被任命为宰相，就不再犯颜直谏了，遇事只是随波逐流；朝野人士对他都很失望。酸枣（今河南省延津县）县尉袁楚客写信给魏元忠说："皇帝刚刚即位，正应使德政日新，您此时应当引荐君子，罢黜小人，以振兴深远的教化，怎么能安于个人的荣华恩宠，对一切都缄默不语呢？现在不早早定太子之位，选择师傅加以辅佐教诲，是第一个过失。允许公主开建官署设置官员僚属，是第二个过失。尊崇僧侣，使他们得以奔走游说于权贵之家，仗势欺人，收受贿赂，是第三个过失。戏子艺人，却能窃取朝廷的官位俸禄，是第四个过失。有关部门选拔贤才，都以是否贿赂或倚仗权势来决定录用与否，是第五个过失。皇帝宠爱提拔宦官几乎达千人之多,为将来的变乱埋下祸根,是第六个过失。对王公贵戚的赏赐毫无节制,使得他们竞相奢侈浪费,是第七个过失。大量增设正员以外的员外官,耗费钱财,伤害民力,是第八个过失。先朝的宫女可以随意在宫外居住,出入宫门不受限制,交结权贵,大行请托之风,是第九个过失。旁门左道之徒,蛊惑皇上的视听,从而窃取俸禄职位,是第十个过失。当今朝政有这十大过失,您不去匡正,谁还能匡正!"魏元忠读罢来信,只是惭愧抱歉而已。

魏元忠本以强谏而著称,然成为宰相后便成为"惟与时俯仰"之辈,失去当年为帝王分忧的大臣本分,即使袁楚客指出"主上十失",希望魏元忠能够"正之",但其仍不为所动,置国家社稷于不顾。

所引涉及的"君王十失",在本书其他篇章也都曾提到过,而我们列举君王之得失,可以使为政者能有所警惕,有所借鉴。

袁楚客所列"君王十失",主要涉及宦官外戚横行,依仗权势,贪污腐败;滥置"员外官",吏治混乱;任用"左道之人,荧惑主听"等问题。每个问题单列出来,都说不上是特别要紧的(且这些问题也都不是一时形成的),但综合起来,反映了武则天统治后期百弊丛生的朝政乱象。封建时代,公主作为帝王之女不能干预政治,而在武则天时期,太平公主竟"开府置僚属",实为不妥。袁楚客还提到了国家用人等问题。武则天时代,除了用贤能狄仁杰之外,也多用薛怀义等佛道之人,引致以儒学为正途的官宦们的不满。同时也涉及奖惩问题,奖惩是保证国家平稳运转的重要手段,而这手段能否正确使用,也是为政者需认真考虑的事情。

总体来说,武则天不失为一位杰出女性,在其当政时期,也曾多有作为。但到其晚年所出现的各种问题,也终于使"武周"政权走到了尽头,恐怕这也是楚客的"致书"和魏元忠的"正之"都难以避免和挽回的。魏元忠之所以会有"不复强谏,惟与时俯仰"的态度,不知是否因为他是看清了这一点。

209. 和事天子

　　丙申,监察御史崔琬对仗弹宗楚客、纪处讷潜通戎狄,受其货赂,致生边患①。故事,大臣被弹,俯偻趋出,立于朝堂待罪。至是,楚客更愤怒作色,自陈忠鲠,为琬所诬。上（唐中宗李显）竟不穷问,命琬与楚客结为兄弟以和解之,时人谓之"和事天子"。

　　　　　　　　　　　——《资治通鉴》卷二〇九·《唐纪》二五

【译文】

　　丙申（二月初九）,监察御史崔琬对着皇帝的仪仗上奏,弹劾宗楚客、纪处讷暗中勾结戎狄,接受蛮族的贿赂,导致边疆地区发生叛乱。依照旧例,大臣被弹劾,应当弯腰低头快步退出金銮殿,站在朝堂听候治罪。这次,宗楚客不但不退出,反而勃然大怒,脸色铁青,向中宗申述自己的忠诚耿直,声称受到了崔琬的诬陷。唐中宗对此竟然没有严加追究,只是命崔琬与宗楚客结为兄弟以和解,时人都称中宗为"和事天子"。

【注释】

　　①边患:这里指阙啜忠节之事,参见公元七〇八年十一月。

　　"和事天子"面对臣子之间的争斗,不问青红皂白,命双方结为兄弟以和解矛盾,真是很有"新意",很有创意。作为君主,对业已发生的严重事件不加深问,特别是已涉及国家安全,竟仍以无所谓的态度解决。这种"和稀泥"式的解决方法,或许能够暂时平息双方的怒气并取得和解,但根本的问题却仍然存在。

　　崔琬的弹劾，不论事实是真是假，应该说都是一件很严重的事情。若弹劾属实，则属里通外国，不仅边患堪忧，而且危及朝廷存亡；若弹劾不实，则属随己意诬陷朝廷大臣，致使朝政凭生事端，尤应为监察御史的职责所不容。所以无论事情是真是假，作为皇帝的中宗李显都应严肃认真对待。而他的做法，不知是他认为这不过是臣僚们之间很正常的互相倾轧，不足为怪；还是他确实认为身为大臣"受其货赂"或是"诬告同僚"，也都不是什么大不了的事情。反正他的做法让人搞不清楚：他是装糊涂还是假聪明。

　　作为领导者，对下属之间的争端，应详加了解，以妥善的方式加以彻底解决，而不是以"和事"的方式表面平息事态。

210. 职责所系

　　右补阙辛替否上疏，以为："……陛下不停斯役，臣恐人之愁怨，不减先朝之时。人人知其祸败而口不敢言，言则刑戮随之。如韦月将①、燕钦融②之徒，先朝诛之，陛下赏之，岂非陛下知直言之有益于国乎！"

——《资治通鉴》卷二一〇·《唐纪》二六

【译文】

　　右补阙辛替否上疏认为："……如果陛下不能停止这项工程（为二女造观），臣担心百姓的忧愁怨恨，不会比先帝（唐中宗）之时更少。每个人都知道将会造成灾难祸患，却不敢直言规谏，恐怕一旦说出来就会受到刑罚杀戮。像韦月将、燕钦融这样的忠臣义士，被先帝诛杀，陛下却给予他们很高的赞赏，难道不是因为陛下深知直言进谏于国家有利吗！"

【注释】

　　①韦月将：参见七〇六年八月。
　　②燕钦融：参见七一〇年五月。

　　辛替否长篇大论、慷慨陈词，反对朝廷大兴土木、奢侈浪费。而且他也知道因言获罪的严重后果，并且援引前例，情愿有所担当，"亦先朝之直"，在所不惜，所愿"惟陛下察之"，改变不当做法。"上虽不能从，而嘉其切直"，一是对辛替否也算是有所安慰，二是也表明他还没有昏聩到不可收拾的地步。

敢于直言,针砭时弊,击中当朝为政之要害,诚为至言。然为人君者多好大喜功,耽于奢华。为国家之利的谏言往往以自己的性命为赌注,因为逆耳之忠言容易触怒帝王而招来杀身之祸;而如若仅为个人私利,为人臣者则完全可以不言,保持沉默,这样所获得的利益可能比直言的利益更多。但在其位,就要履其职、担其责、谋其政,一切以是否利国利民为标准,而不应以为保私利、明哲保身的态度去对待。古代的臣子尚如此,现今的各级领导者难道还不如古人吗?

211. 伴食宰相

（卢）怀慎与（姚）崇同为相，自以才不及崇，每事推之，时人谓之"伴食宰相"。

——《资治通鉴》卷二一一·《唐纪》二七

【译文】

卢怀慎与姚崇同时担任宰相，自认为才干不及姚崇，每次遇到事情，都请姚崇决定，世人称他为"伴食宰相"。

人贵有自知之明。卢怀慎心知才不及人，但能以贤而让，实则不易，虽为"伴食宰相"，但仍有可圈可点之处。

为人臣者，应以行善为先，以不行恶为要。我们一直强调这种理念是为官者重要的政治理念。为善，就是为政者要考虑如何为百姓做好事，如何为国家多做事；不行恶，就是不做损害国家和百姓的事情。卢怀慎虽不才，但不与贤者争权，使贤者能发挥更多、更好的作用，而不是去排挤他、阻挠他，单凭这一点，也可谓是行善不行恶。仅这一点，也是当今有些领导者做不到的。

当然，卢怀慎的做法，不是没有可推究之处。仅仅因为"才不及人"，每事推之，轻而易举地推卸掉应尽的职责，自己落得个轻松自在，那么，作为一般官员来说，这就是不称职、不合格；作为"宰相"，就更不合适。宰相作为百官之首，更应以国家为己任，真正做到在其位、谋其政，不能尸位素餐。当然，任何有责任的领导者，也都不能尸位素餐。

212. 何所益者大

张说曰:"自古帝王于国家无事之时,莫不崇宫实,广声色。今天子独延礼文儒,发挥典籍,所益者大,所损者微。陆子之言,何不达也!"

——《资治通鉴》卷二一二·《唐纪》二八

【译文】

张说道:"自古以来帝王在国家安定之时,无不大肆兴建宫殿,增加歌舞女色,当今天子却唯独延纳礼遇文士儒者,阐发和弘扬先圣遗留的文献典籍,这样做对国家的贡献极大,耗费的钱财却极为有限。陆先生的话,怎么如此不通达呢!"

古之帝王于和平时代的第一压力便是维护当朝的江山社稷。那如何维护社稷呢?其中最主要的是尊重人才、重视教育、重视文化。

贤能之士是和平年代治理国家与维护稳定的重要依靠。良好的教育政策和制度又是国家培养人才的重要保障。

唐玄宗能于"开元盛世""延礼文儒,发挥典籍",不"崇宫室,广声色",有强烈的"居安思危"思想,不能不说是一代明君。张说所讲的道理,做君王的大概也都明白,"延礼文儒,发挥典籍,所益者大",是着眼于长远。但耗时费力,周期长,见效慢,而且即使见效,也都是融于政治、经济等各个方面,难以确证。而"崇宫室,广声色",着眼于眼前实实在在的物质享受,看得到,摸得着。对这些帝王来说,眼前最为重要,至于以后,他管不了那么多。

所以,对于领导者施政而言,其境界是有高下之分的,其理念是有优劣之别的,其效果也是有好坏之论的。

213. 廉洁自律

庚辰,工部尚书张嘉贞薨。嘉贞不营家产,有劝其市田宅者,嘉贞曰:"吾贵为将相,何忧寒馁!若其获罪,虽有田宅,亦无所用。比见朝士广占良田,身没之日,适足为无赖子弟酒色之资,吾不取也。"闻者是之。

——《资治通鉴》卷二一三·《唐纪》二九

【译文】

庚辰(十月二十二日),工部尚书张嘉贞逝世。张嘉贞从不经营家产,有人劝他购买田地住宅,张嘉贞说:"我居于将相的高位,哪里用得着担忧饥寒!如果犯法获罪,即使有田地住宅,也没有什么用处。近来常常见到朝中的官员大量占有良田,身死之后,只能成为无赖子弟流连酒色的资本,我不做这种事。"听到的人都认为他的见解很正确。

前文述及张嘉贞以"异术",为张循宪所荐举,为太后所擢拔。但看来张嘉贞不仅是有"异才",而且还有"异见"、"异识"。对待营置家产,广市田宅,张的态度很是达观:尊贵为将相,饿不着,冻不着,何必再去买那么多房子、那么多田地;若是获罪遭籍没,房子、田地都被查抄、充公,要那些房子、田地也没用。

以张嘉贞的聪敏,他未必不会不知道广置家产、积聚财富的"好处"。"贵为将相",要想聚富敛财,也一定有很多的机会和条件。但似乎他更着重的是自己的言语行为,不能让君上心生嫌恶,不能让同僚主动攻讦。或者也可以这样说,张嘉贞洁身自好、廉洁自律是值得称道的优秀品行,而他这样做的实际结果,也是一种保权位、保身家的正当方式。而无论如何,张嘉贞的这个做法都是值得肯定和称道的。

214. 各有所长

　　上（唐玄宗）即位以来,所用之相,姚崇尚通,宋璟尚法,张嘉贞尚吏,张说尚文,李元纮、杜暹尚俭,韩林、张九龄尚直,各其所长也。

——《资治通鉴》卷二一四·《唐纪》三〇

【译文】

　　唐玄宗登上皇位以来,所任命的宰相中,姚崇尊崇通达,宋璟尊崇法治,张嘉贞崇尚吏治,张说崇尚文治,李元纮、杜暹崇尚节俭,韩休、张九龄崇尚正直,各有所长。

　　作为"开元盛世"的帝王,能够擢用具有不同特长的宰相,可谓是圣心独裁,开一代用人之典范,确为后人学习的榜样。

　　在国家的治理过程中,官僚体系内部既是一个整体,又存在着分工合作。君王重用之人,皆各有所长,如人尽其才,通力协作,国家的治理实为轻松之事。

　　国家用人,除各展其所长外,还要注意年龄结构的合理配置。另外,除了"专业人才"外,如有对各领域都有较深认识的"通才",则为最佳。

215. 谨防陷阱

　　李适之性疏率,李林甫尝谓适之曰:"华山有金矿,采之可以富国,主上未之知也。"它日,适之因奏事言之。上以问林甫,对曰:"臣久知之,但华山陛下本命,王气所在,凿之非宜,故不敢言。"上以林甫为爱己,薄适之虑事不熟,谓曰:"自今奏事,宜先与林甫议之,无得轻脱。"适之由是束手矣。适之既失恩,韦坚失权,益相亲密,林甫愈恶之。

　　　　　　　　　　——《资治通鉴》卷二一五·《唐纪》三一

【译文】

　　李适之性情疏阔率直,李林甫曾经对他说:"华山有金矿,如果加以开采,可使国家富足,皇上还不知道这件事。"过了几天,李适之趁上奏之机向玄宗说了这件事。玄宗去问李林甫,李林甫回答说:"这事我早已知道,但华山是陛下的本命,王气所在之地,不应该开凿,所以我不敢说。"玄宗于是认为李林甫对自己尽心至爱,对李适之考虑事情不够周全很是不满,对李适之说:"以后奏事,应当先与李林甫商量,不要轻率建议。"李适之从此不敢多言政事。李适之失去了恩宠,韦坚失去权力,二人同病相怜,越发亲密,李林甫也愈发厌恶他们了。

　　"李适之与李林甫争权有隙",李林甫因而也一直很嫌恶李适之。但李适之的性格粗疏率直,不知不觉就钻进了李林甫设计的圈套。李林甫既然早就知道华山有金矿,而且因是"王气所在",不宜开采。但他把这个讯息说给李适之,还说"采之可以富国",显然是诱导李适之,给人的感觉好像是他为李适之好,让李适之上奏时可多一条让皇上高兴的好消息。而李林甫确是狡诈,待皇上询问此事时,他竟然说:我早知道华山有金矿,只因"王气所在,凿之非宜",所以才没敢上达圣听。李林甫不仅为自己找了个很好的理由,从中也没有关涉李适之的"唐突",没有说李适之的不是。但却不动声色、三言两语就确立了自己在圣上面前的好形象,确立了政敌在圣上面前的坏形象,轻而易举地就达到了贬损、抑制政敌的目的。所以,以"口蜜腹剑"形容李林甫实不为过矣。

所以,为政者要谨防陷阱,分清敌友,勿为他人所陷。

216. 选人者鉴

十二月，杨国忠欲收人望，建议："文部选人，无问贤不肖，选深者留之，依资据阙注官。"滞淹者翕然称之。国忠凡所施置，皆曲徇时人所欲，故颇得众誉。

——《资治通鉴》卷二一六·《唐纪》三二

【译文】

十二月，杨国忠想要收买民心，建议道："选择文官时，不管是否有贤能，选择候补时间长的官员，依据资历和缺额，分配官职。"那些沉抑于下而不得升进的人一致赞赏。杨国忠凡是施行设置官员，都曲意顺从一些人的私欲，所以颇受众人赞誉。

从表面上看，杨国忠论资排辈的选官方式使政治上的"滞淹者"有了被选择的机会。但杨国忠的本意显然不是顾念或怜惜那些在仕途上长期没有长进的人，他的目的是"收人望"、"得众誉"，不仅要为自己捞取好名声，也在于要培养私己之势力。

而杨国忠依仗自己的权势，在选人、用人方面，竟然无所顾忌、为所欲为，不管萝卜、白菜，"无问贤不肖"，只要是"深者"，一律选用上来，完全不考虑这些人是否恰当合用；完全不考虑朝政是否需要；完全是权势在手、利欲熏心、胡作非为、祸国殃民的典型表现。

从杨国忠的选人事例也可看出，是否能选对人、用对人固然有很多因素的制约和影响，但最根本的一条应是：秉持公心选人、用人，则应无大谬；挟持私心选人、用人，则多有大错。

217. 不报忧,国之忧

　　自去岁水旱相继,关中大饥。杨国忠恶京兆尹李岘不附己,以灾沴归咎于岘,九月,贬长沙太守。岘,祎之子也。上忧雨伤稼,国忠取禾之善者献之,曰:"雨虽多,不害稼也。"上以为然。扶风太守房琯言所部水灾,国忠使御史推之。是岁,天下无敢言灾者。

　　　　　　　　　　——《资治通鉴》卷二一七·《唐纪》三三

【译文】

　　自从去年连续发生洪灾和旱灾,关中地区百姓遭受大饥荒。杨国忠痛恨京兆尹李岘不依从自己,便把灾害的责任都归咎于李岘。九月,贬李岘为长沙太守。李岘,是李祎的儿子。玄宗担心下雨太多会损伤庄稼影响收成,杨国忠找来长得较好的禾苗献给玄宗,说:"虽然雨水过多,但是没有影响庄稼。"玄宗信以为真。扶风(今陕西省凤翔县)太守房琯上报本县遭受水灾,杨国忠让御史推脱隐瞒。那年,天下没有人敢说受灾。

　　杨国忠对君主报喜不报忧,乃国之忧也。封建时代,农业是为国家的根本产业,涉及政权稳定,涉及国计民生,因此帝王们对此都非常重视,特别是在天灾时期。

　　在"水旱相继,关中大饥"的情形下,具体负责朝政事务的杨国忠,不仅自己不据实上报朝廷,而且打击迫害为灾害焦心忧虑的其他官员。他不仅自己以"禾之善者"欺骗瞒哄唐玄宗,而且只因京兆尹李岘不攀附自己,就把自然灾害的原因归咎于李岘个人,欺下瞒上,置生民安危、朝廷利益于不顾。

但唐玄宗看到大雨连绵不止,也不是完全就相信杨国忠所谓"雨虽多、不害稼"的一面之词。他后来又试着询问同样宠信的高力士,并鼓励他"卿可尽言"。但高力士却没有就事论事,而是无所顾忌地对玄宗发了一通牢骚:"自陛下以权假宰相,赏罚无章,阴阳失度,臣何敢言。"

杨国忠打击据情实报的官员,致"天下无敢言灾者"。高力士的一番言论,甚至有将灾害的原因追究到玄宗头上的意思,因正是他"以权假宰相",才会有"赏罚无章",才会有"阴阳失度";有了"阴阳失度",才会"水旱相继"。责任如此重大,所以高力士才会不无怨气地说:我还敢说什么呢!而玄宗面对如此大不敬的言辞,竟"默然",看来他也实在没什么好说的了。

当前一些地方的领导者也是只报喜,不报忧。当上级领导视察地方工作或自己汇报工作时,表现出来的都是成绩。成绩属于过去,问题属于现在,这应成为领导工作的出发点。不满足于"喜"的成绩,切实解决当前之"忧",是领导应有的职责。

218. 不可以言为讳

　　有老父郭从谨进言曰："禄山包藏祸心,固非一日;亦有诣阙告其谋者,陛下往往诛之,使得逞其奸逆,致陛下播越。是以先王务延访忠良以广聪明,盖为此也。臣犹记宋璟为相,数进直言,天下赖以安平。自顷以来,在廷之臣以言为讳,惟阿谀取容,是以阙门之外,陛下皆不得而知。草野之臣,必知有今日久矣,但九重严邃,区区之心无路上达。事不至此,臣何由得睹陛下之面而诉之乎!"

　　　　　　　　　　——《资治通鉴》卷二一八·《唐纪》三四

【译文】

　　有一位名叫郭从谨的老人进言说:"安禄山包藏祸心,阴谋反叛已经很久了,其间也有人到朝廷去告发他的阴谋,而陛下却常常把这些人杀掉,使安禄山奸计得逞,以致陛下出逃。所以先代的帝王务必延请求教忠良之士,以广视听,就是这个道理。我还记得宋璟做宰相的时候,敢于犯颜直谏,所以天下得以平安无事。但从那时候以后,朝廷中的大臣都忌讳直言进谏,只是一味地阿谀奉承,取悦于陛下,所以对于宫门之外所发生的事陛下都不得而知。那些远离朝廷的臣民早知道会有今日了,但由于宫禁森严,远离陛下,区区效忠之心无法上达。如果不是安禄山反叛,事情到了这种地步,我怎么能够见到陛下而当面诉说呢!"

　　俗语说,良药苦口利于病,忠言逆耳利于行。道理虽然通俗易懂,但现实生活中能够接受"逆耳忠言"的人却并不多,即便是一代明君唐太宗李世民,亦不能把魏征的"逆耳忠言"全部欣然接受,甚至还曾放下狠话："早晚杀了这乡巴佬。"如果不是皇后贤惠，魏征恐怕早已身首异处，而所谓诤臣名君也就无从说起了。而唐明皇过分宠信安禄山，亲小人，而诛贤臣。久而久之，臣民便不得不曲附上意，以言为讳，阿谀取容，以求自保。至此，贤臣之心无路上达，"阙门之外，陛下皆不得而知"。由此可见，当臣下"以言为讳"之时，便是阿谀成风之时，便是"陛下"远离事实真相之时，更是国家危急存亡之时。

而"忠言"之所以"逆耳"，并非仅仅在于"忠言"本身，而且在于听话者当时的情绪状态和心理状况。即便是"金玉良言"，如果与听话者当时的情绪和心理发生了抵触，就会发生"逆耳"现象。事实上，大部分人是不大容易接受逆耳忠言的。相当一部分领导喜欢听软话、听好话，因此，作为领导者首先应摆正心态，广开言路，博闻兼听，"访忠良以广聪明"。如若一味只听好话，偏听偏信，久而久之，下属便必然"以言为讳"，曲意附和，使下情无以上达，使领导者远离真相实情。而作为领导者，难免会受到各种批评和非议。而对于各种批评最明智的态度便是虚心宽容。如果领导者断然拒绝各种批评，不仅会使上下级之间产生敌对情绪，也会滋长阿谀之风，使得各种正确的建议无法下情上传。因此，作为领导者应用宽容去面对各种批评，甚至是那些故意的伤害，以达到"不战而屈人之兵"。

应当说，忠言逆耳表面是领导不够宽容大气，而实际上为了达到规劝目的也必须讲究方式方法，做到晓之以理，动之以情，令人心悦诚服。

因此，即便是金玉良言，也必然讲究方式方法，方能达到目的。如若不然，过分的简单直白，不仅可能使得忠言逆耳，让领导者无法接受和改变，从而失去规劝的意义，也可能自毁长城。因此，作为下级更应掌握交流的艺术，根据环境不同、对象不同，适时采取不同的进言方式，使对方能够接受、乐意接受，做到忠言不逆耳。

219. 说法

太子太师韦见素等议,以为:"法者天地大典,帝王犹不敢擅杀,而小人得擅杀,是臣下之权过于人主也。去荣既杀人不死,则军中凡有技能者,亦自谓无忧,所在暴横。于律,杀本县令,列于十恶。夫国以法理,军以法胜;有恩无威,慈母不能使其子。……王法有无,国家乃为之轻重。"

——《资治通鉴》卷二一九·《唐纪》三五

【译文】

太子太师韦见素等人认为:"法律是天下的根本,作为帝王尚且不敢随意杀人,而王去荣竟敢擅自杀人,这是臣下的权力超过君主。王去荣犯了杀人罪而不处死,军队中凡是身怀一技一能的人都会自认为无所顾虑,在各地横行为暴,那些做郡县官的不就很难治理了吗?陛下作为天下的君主,对人的爱应当没有亲疏之分,如果那样做,保全了一个王去荣而失掉天下的百姓,有什么利益可言呢!按照刑律,杀本县县令属于十恶之罪。而陛下却要加以赦免,致使王法不能施行,人伦道德不能伸张,我等奉行诏书,实在难以服从。国家要以法律来治理,军队要严格执行军令才能取得胜利。如果只用恩惠而无威权,就是慈祥的母亲也不能说动他的儿子。……而王法的有无,才是国家的根本所在。"

韦见素等人的说法,应该说切中要害。这主要涉及几个问题。

一是法不能滥用。作为君王,不能擅杀,不能滥施刑罚,乱杀无辜;作为臣下,则更不能擅杀,不能越权。王去荣擅杀县令,却当死不死,以至其他人也"所在暴横",其影响是十分恶劣的。

二是法无亲疏。王去荣因私怨而杀本县令,属十恶不赦之罪,然帝王仅以王去荣"善用砲",就赦免他,为宠一己之私而置天下公法于不顾,以个人意志代替国家法律,从而出现司法的不公正性。

三是不能因需不同而用法不同。执法、用法因人而异,因时而异,不仅会失去法律的严肃性,也必然会失去法律的公正性。

值得提醒的是:封建时代的法大多是人治下的法,是王法;而我们今天的法是在法律面前人人平等的法。所以借鉴古代司法之时,应本着客观的态度、历史的观点去看待。

220. "五太" 定去留

（李）泌曰："臣今报德足矣，复为闲人，何乐如之!"上曰："朕与先生累年同忧患，今方相同娱乐，奈何遽欲去乎!"泌曰："臣有五不可留，愿陛下听臣去，免臣于死。"上曰："何谓也?"对曰："臣遇陛下太早，陛下任臣太重，宠臣太深，臣功太高，迹太奇，此其所以不可留也。"

——《资治通鉴》卷二二〇·《唐纪》三六

【译文】

李泌说："我现在已经报答了陛下之恩，想要重新做个散淡的人，那将是多么快乐!"肃宗说："朕与先生多少年来共经患难，现在正到了同享欢乐的时候了，为何想要立刻离开我呢!"李泌说："我有五条理由不能够留下来，希望陛下能够答应我离去，使我免于一死。"肃宗说："这是什么意思?"李泌回答说："我与陛下相遇太早，陛下任用我太重，宠爱我太深，我的功劳太高，事迹太奇，这就是我不能够留在朝中的原因。"

李泌实际上也是延循了古代宠臣功高盖主只能急流勇退的做法，否则多有不测。这是一种特殊的避难术：与帝王讨价还价，却不是力图得到任何好处，而是为了放弃利益，以求全身自保。再说说"五太"吧。

"臣遇陛下太早"。一般而言，帝王与宠臣之间的关系都是建立于帝王初建基业时，这种关系除了是朝堂之上的君臣之外，一般还有其他诸如姻亲、乡里、朋友等多种私人关系。而这种个人关系掺杂到君臣关系中，就使得在碰到一些问题时难以处理甚至会危害到朝政。

"任臣太重"。这是与第一条相关的。任人政治对帝王而言是一道永远的难题。由于时间、精力等各方面原因,不可能通识人才贤才,所以只能于亲者中选而任之。而这种思维一旦固化,不论贤愚,任人唯亲,对于政治发展则相当不利,因为将朝政长期依恃于一个或几个亲信,无论如何都是件令人担忧的事情。

　　"臣功太高"。我们在其他篇章中也说到臣功太高对于帝王、对于国家而言都是一种潜在的威胁,这种威胁又往往使得功高之臣性命难保。李泌深谙此道,故退而自保,明哲保身。

　　对为政者而言,贪恋权力是最为可怕的,对权力的过分贪恋,容易成为众矢之的,而急流勇退则是双赢选择。权力争斗永远是复杂而微妙的,只有最高统治者才能最终决定政争者最后命运,特别是重臣之命运。对权力的过分贪恋,是对帝王的一种掣肘,阻碍权力的更新换代,削弱帝王对权力的控制能力,此为无意中获大罪也。

221. 暴贵须谨慎

（邢）延恩以制书授（刘）展，展疑之，曰："展自陈留参军，数年至刺史，可谓暴贵矣。江、淮租赋所出，今之重任，展无勋劳，又非亲贤，一旦恩命宠擢如此，得非有谮人间之乎？"因泣下。

——《资治通鉴》卷二二一·《唐纪》三七

【译文】

邢延恩把任命的制书授给刘展，刘展心中起疑，说："我自从在陈留郡任参军以来，数年间官至刺史，可以算得上是飞黄腾达。江、淮地区是国家租赋的主要产地，江淮都统是一个十分重要的职务，我刘展既没有显赫的功勋，又不是皇上的亲信，而一下子受到如此的重用和信任，是不是有小人进谗言想要陷害我呢？"说着便泪如雨下。

暴贵多暴亡，是为事物之二端也。

一般而言，仕途上能够脱颖而出成为国之栋梁的毕竟是少数人。而少数飞黄腾达的暴富者，多有其特殊的方式得逞其志，成为勋贵。这种特殊的方式往往又是以不合法或不合理的方式进行的。时间一长，他们得以升迁的特殊方式自然而然成为人们攻讦的把柄，不一定在什么时候就成为致命的一击。

暴贵者因根基不稳，内心的恐惧感仍大为存在。而这种恐惧转变为对外界特别反应敏感，自我保护意识更加强烈，且往往对外界刺激防卫过当，既会主动设置一些"假想敌"，也会得罪一批"假想敌"，从而陷入困境。

暴贵者的荣华宝贵甚至身家性命也多系于帝王的一时兴起或一念之间。刘展对自己升迁太快,已心怀忧虑;对自己并无"勋劳",却又获皇上"制书"、"宠擢",更加惴惴不安,甚至怀疑有人挑拨离间陷害他,焦急焦虑竟然哭了起来。

　　刘展得帝王恩宠不喜反泣的异常表现,恰恰说明:在专制集权的时代,"伴君"确实犹如"伴虎"。

222. 尊物贵人

　　景山至,则钩校所出入,将士辈多有隐没,皆惧。有裨将抵罪当死,诸将请之,不许;其弟请代兄死,亦不许;请入一马以赎死,乃许之。诸将怒曰:"我辈曾不及一马乎!"遂作乱,癸丑,杀景山。

——《资治通鉴》卷二二二·《唐纪》三八

【译文】

　　邓景山到任后,就查对府库所出入的账目,大多数将士都存在贪污行为,他们都很惧怕。有一副将抵罪应当处死,诸将请求赦免,邓景山不同意,副将的弟弟请求代兄去死,景山也不同意,他们又请求以马匹来赎免死罪,邓景山这才同意。诸将愤怒地说道:"我们还不如一匹马吗!"于是诸将作乱,于癸丑日(初三),杀了邓景山。

　　说到马,想到西周时代一匹马加上一束丝的价值等于五个奴隶,那是不把奴隶看成人的时代,物物交换,以人为物。到封建社会初期,不能再把人视同为物,人的生命有了最基本的保障。邓景山用马代人而死,完全忽视部下作为人的价值的存在,将部下当作比马更为下贱的物品,这种损害人的最基本尊严的做法,为时人所怒,最终惹来杀身之祸。

　　也许有人认为,从表面上看,杀马而赎人之罪与曹操割须而代杀头之罪应没有什么太大的区别,似乎邓景山还是在珍惜人的生命。而实际上却是对人生命的鄙夷。他通过这种以马代死的方式间接地告诫部下,他们不过是被驾驭、听使唤的动物罢了。

邓景山是受皇上之命到军中覆检靡散损耗的。大概因"将士辈"多有贪占,大家都很害怕,对邓景山的查验自是多有抵触。邓景山许以马赎裨将死罪,或许也是安慰将士的一种善意,但虑事不周,没有顾及"诸将"作为人的心理感受,结果却是适得其反。所以,任何情况下,尊重人,珍视人,都不应是一句空话。古代如此,当今更应是如此。

223. 恩与义

怀恩勇而少恩,士心不附,所以能入寇者,因思归之士耳。怀恩本臣(郭子仪)偏裨,其麾下皆臣部曲①,必不忍以锋刃相向,以此知其无能为也。

——《资治通鉴》卷二二三·《唐纪》三九

【译文】

仆固怀恩虽然勇敢,但对部下缺少恩义,士兵并不归心于他,他们之所以能够前来进犯,这是因为思归故里的缘故。仆固怀恩本是我的部将,他的部下都是我的家兵,他们一定不忍兵刃相见,由此可知,仆固怀恩不可能有所作为。

【注释】

①部曲:古代豪门大族的私人军队,带有人身依附性质。《三国志·魏志·邓艾传》:"孙权已没,大臣未附,吴名宗大族,皆有部曲。"

中国人有着浓烈的"恩"的思想。作战期间,对于部下之功赐以赏,则为以恩使之能够归心,并在以后的战争中能够获得更大的胜利。但"少恩"使得部下怨其功无所赏,再有战事时,也就难以尽其力。郭子仪分析怀恩的队伍,认为"士心不附",且都是以义为本,忠于郭子仪,忠于朝廷,因为朝廷和郭子仪对其有恩,而不忍锋刃相向,故判断怀恩不会有什么大的作为。

恩义与仁政一样,是封建社会得以维系的根基。在特别讲求恩情与义气的封建时代,恩义在某些关键时刻能发挥重大的作用。

224. 不痴不聋，不作家翁

郭暧尝与升平公主争言，暧曰："汝倚乃父为天子邪？我父薄天子不为！"公主恚，奔车奏之。上曰："此非汝所知。彼诚如是，使彼欲为天子，天下岂汝家所有邪？"慰谕令归。子仪闻之，囚暧，入待罪。上曰："鄙谚有之：'不痴不聋，不作家翁。'儿女子闺房之言，何足听也！"子仪归，杖暧数十。

——《资治通鉴》卷二二四·《唐纪》四〇

【译文】

郭暧曾经与升平公主发生口角，郭暧说："你倚仗你父亲是天子吗？我父亲是不屑于做天子！"公主怨恨，乘车飞奔入宫奏报唐代宗。代宗答道："此事并非你所能知。假如真是这样，他们想要做天子，天下怎么会是你家的呢！"安慰劝说一番，便让公主回去。郭子仪听说此事后，将郭暧囚禁起来，自己入朝等待代宗的惩处。代宗对郭子仪说："有一句俗话说：'不痴不聋，当不了家长。'儿女闺房中的话，不值得听信呢！"郭子仪回家，打了郭暧数十大棍。

夫妻间吵架本不足为奇，但是问题的关键在于其妻子的身份非同一般，而郭暧又说出了一句"谋反"的话。面对如此"大逆不道、罪诛九族"的话，对代宗皇帝和郭子仪双方而言都是一个难题。代宗皇帝如果追究郭暧的罪过，其结果可能是杀了郭暧，伤了郭子仪等一批朝廷重臣的心，最终可能就是失去皇位，丢了江山。同样，郭子仪心中也未尝不明白、不担心自己"功高盖主"。这件事完全可以给皇帝一个足够的"口实"，让自己丢官弃职，丢了性命，甚至诛灭九族。双方的博弈就此开始。

对郭子仪而言，除了造反，他只剩下一条路可以走，那就是负荆请罪，请求皇帝的原谅。他选择了后者。面对负荆请罪的郭氏，唐代宗没有因为天子的光环而晕眩，而是以清醒的头脑想明白了怎样处理这件事才算恰当。如果皇帝追究郭暧的罪过，其结果就算丢不掉江山，也会失去爱婿，伤了功臣的心。于是他选择了原谅。但是如果是"法外施恩"加以赦免，皇家的颜面何在，天子权威不可侵犯的律条何在，天子今后又将如何处理那些出言不逊、挑战皇权的狂徒？又如何君临天下，威震四海，压服那些"功高震主"的重臣？此时是选择皇权、法制，还是选择重臣、民心，对于任何一个皇帝来说都会难以抉择。而睿智的代宗却做了一个诙谐、轻松的选择，以"鄙谚有之：'不痴不聋，不作家翁。'儿女闺房之言，何足听也"，既保全了皇家的绝对权威，又再一次收拢了臣民。

因此，所谓的"不痴不聋，不作家翁"，并不全是对郭子仪而言，也是对为人翁婆者而言，是对代宗自己而言，对天下所有领导而言。在我们身边，无论同事、邻里，还是萍水相逢之人，不免会产生磨擦，如若斤斤计较，患得患失，结果就会越想越气，伤害身体，激化矛盾。如果做到遇事"痴聋一点"，麻烦、烦恼自然就少得多。当然，所谓的"痴聋"，并不是无知无觉，而是"揣着明白当糊涂"。在此，"痴聋一点"成为一种效果神奇的交际武器。只要能够坚持原则，分清是非，顾全大局，头脑清醒，遵守道义，避恶从善，在无关紧要的小事上不做过多计较，不寸利必争，不小题大做，顺其自然，则为人为事都会有更好的效果。

225. 任人唯亲

臣光曰：臣闻用人者，无亲疏、新故之殊，惟贤、不肖之为察。其人未必贤也，以亲故而取之，固非公也；苟贤矣，以亲故而舍之，亦非公也。夫天下之贤，固非一人所能尽也，若必待素识熟其才行而用之，所遗亦多矣。古之为相者则不然，举之以众，取之以公。众曰贤矣，己虽不知其详，姑用之，待其无功，然后退之，有功则进之；所举得其人则赏之，非其人则罚之。进退赏罚，皆众人所共然也，己不置豪发之私于其间。苟推是心以行之，又何遗贤旷官之足病哉！

——《资治通鉴》卷二二五·《唐纪》四一

【译文】

臣司马光曰：我听说用人者，没有亲疏、新旧之别，只以贤能、不肖为考察标准。有的人未必是贤人，如果以亲朋故友的关系而被录用，这固然是不公道的；若是贤能之人，因为亲朋故友关系被舍去，也是不公道的。天下的贤人，当然不是一个人所能收尽的，如果一定等待完全熟识他的才干再行录用，那么所遗漏的贤人也就很多了。古代担任宰相的就不是这样。他让众人来推举，以公正来录用。众人说这是贤人，自己虽然不了解详细情况，但暂时任用他，等到他没有功绩再将他辞退，有功绩就提拔。所推举的是贤人就奖赏他，不是贤人就惩罚他。晋升和辞退，奖赏和惩罚，都是大家所公认的，自己在中间没有丝毫的隐私。如以这样的态度以任用人才，又怎么会有遗漏贤才和官吏不称职这样的大毛病呢！

　　用人唯贤与用人唯亲向来是选拔任用人才中存在的两种对立现象。用人唯贤者,求贤若渴,不拘一格引进贤才。贤者,有智慧、有才干,抱旷世之才,行经世之志,他们为求贤若渴者所任用,则如鱼得水。与之相反,用人唯亲者,不管自己的亲人、同学能力如何,德行如何,统统任用,借以巩固、壮大自己的地位。难怪一些平庸之辈能平步青云,呼风唤雨,胡作非为,为虎作伥。真是"一人得道,鸡犬升天"。而那些真正的人才,只能屈居檐下,渐失光华。

　　古人云:"试玉要烧三日满,辨才需待七年期。"所谓贤者,用人者如何辨识? 我们反对任人唯亲,但也提倡用人必亲,这个"亲"不是狭义理解的亲戚、亲属等血缘或地缘关系,而是知人善任,熟悉对方的品行、能力及适合他的职位。"知人知面不知心"。正是因为知人难,所以领导者经过严格考察,一般都会重用自己最熟悉、最信任的人。辩证地讲,亲者未必不是贤人,而贤人未必不能成为亲者。只有熟悉、了解的"亲者",将其放到最适合他们的职位,才能最大限度地发挥他们的聪明才智。

　　崔枯甫在面对"作相未二百日,除官八百人","所用多涉亲故"的质问时,说"苟平生未之识,何以谙其才行而用之"。因此作为领导者,任用自己比较熟悉和信任的人,也是无可厚非的。因为用自己了解的人总比用错人强,用与自己工作配合默契的人不仅有利于团结,还能充分发挥团队精神,有利于工作的开展。但正如司马光所言:"夫天下之贤,同非一人所能尽也,若必待素识熟其才行而用之,所遗亦多矣。"要解决好这一问题就要建立一套良好的举才制度,使天下人都有举才之心,行举才之事。司马光给我们提了这样一个建议:"古之为相者则不然,举之以众,取之以公。众曰贤矣,己虽不知其详,姑用之,待其无功,然后退之,有功则进之;所举得其人则赏之,非其人则罚之……己不置豪发之私于其间。"其一:给公众以公权力,由公众推举官员;其二就是奖罚制度,通过对举贤的表彰奖励,调动民众举贤的积极性。并通过适当的惩罚,避免人们为私利而盲目举荐;其三就是任用人才要心底无私,唯才是举。

　　司马光提出"举才""用才"的三条建议在当时集权的封建社会是不可能完全实现的,但今天我们不妨学学古人,学学他们传下来的宝贵经验。

226. 选曹三法

协律郎沈既济上选举议，以为："选用之法，三科而已：曰德也、才也、劳也。今选曹^①皆不及焉；考校之法，皆在书判、簿历、言词、俯仰而已。夫安行徐言，非德也；丽藻芳翰，非才也；累资积考，非劳也。执此以求天下之士，固未尽矣。"

——《资治通鉴》卷二二六·《唐纪》四二

【译文】

协律郎沈既济奏上有关选任官员的奏折，他认为："选拔任用官员的办法，只有三个类别：德行、才干、劳绩。现今主持选官事务的选曹对此全未涉及；所实行的考查官员的内容，只有书判、簿历、言词、俯仰等科。行事安稳，讲话从容，这并不就是德行；撰写文章，清词丽句，这并不就是才干；长期积累下来的资望和考课成绩，这并不就是劳绩。以此三项为标准，来延招天下之士，当然是不能尽得天下之才。"

【注释】

①选曹：官名。主铨选官吏事。

自古以来，选官用人乃国家大事。在我国漫长的封建社会，历代统治者为巩固自己的统治地位，都十分重视培养和选拔人才。在发展教育的同时，不断探索建立了一套考试与选官制度，其中最为重要的是科举制度的创立与完善。读书—考试—做官三者联系，把权位与学识结合起来，营造了中华民族尊师重教、勤奋读书的传统，促进了文化事业的发展。

协律郎沈既济所言，认为当时的选用之法偏离了德、才、劳的考察。但是古代的选用制度是否真的无法体现德、才、劳呢？答案当然是否定的。今天我们同样可以通过较为合理的考察制度来考察官员的"德、才、劳"，了解被选拔者的实际水平和能力。

如笔试。笔试可以通过合理的题型设置，通过选择、论述等方式，将考核的内容与被考核者将要担任的工作职位相结合，以其客观性和广博性，检测应考者工作所需的每一种能力。既考察被试者的思考能力、记忆能力，又鉴别被试者的文字表达能力、推理判断能力、革新创造能力以及对各种各样材料的归纳分析能力、总结整理能力。只要考核成绩好，他大体是能胜任工作的。这便是对才的考核。

如面试。相对于笔试而言，面试也是发现人才的重要方法。面试可以随机应变、灵活掌握。欲考察其学识，可提问各种知识；欲考察其能力，可问各种富有机敏性的问题；欲考察其社会经验、成熟程度和性格、风格，则可施以各种"压迫性"问题；欲考察其组织才能和领导才能，则可以问诸如人事组织原则和用人制度细节；并可了解其家庭生活等个人情况。如，已成家的人较尚未成家的人更有责任感；一般情况下，一个能孝敬老人、教育子女、勇于承担家庭责任的人，在工作上也较会勇于负责。

可见，通过采用合理的考试方法、考试内容，是可以对一个人的"德、才、劳"进行考核的。当然，仅仅依靠考试来进行全面有效的人才考核，是不全面的。考试只是选拔和考核人才的一种重要方式，把考试与工作效果评估相结合，才能做到合理有效。

227. 情感与军事

　　悦杀长春，婴城拒守。城中士卒不满数千，死者亲戚，号哭满街。悦忧惧，乃持佩刀，乘马立府门外，悉集军民，流涕言曰："悦不肖，蒙淄青、成德二丈人保荐，嗣守伯父业，今二丈人即世，其子不得承袭，悦不敢忘二丈人大恩，不量其力，辄拒朝命，丧败至此，使士大夫肝脑涂地，皆悦之罪也。悦有老母，不能自杀，愿诸公以此刀断悦首，提出城降马仆射，自取富贵，无为与悦俱死也！"因从马上自投地。将士争前抱持悦曰："尚书举兵徇义，非私己也。一胜一负，兵家之常。某辈累世受恩，何忍闻此！愿奉尚书一战，不胜则以死继之。"悦曰："诸公不以悦丧败而弃之，悦虽死，敢忘厚意于地下！"乃与诸将各断发，约为兄弟，誓同生死。悉出府库所有及敛富民之财，得百余万，以赏士卒；众心始定。复召贝州刺史邢曹俊，使之整部伍，缮守备，军势复振。

　　　　　　　　——《资治通鉴》卷二二七·《唐纪》四三

【译文】

　　田悦杀了李长春，据城固守。城中士卒不满数千人，死者的亲戚在街上到处哭号。田悦忧愁恐惧，便手握佩刀，骑马立于府衙门外，将士卒百姓全部召集起来，流着眼泪说："我本非贤能之人，承蒙淄青、成德二位老丈担保举荐，才得以继续守住伯父的基业。现在两位老丈已经去世，他们的后人不能承袭基业，我不敢忘记二位老丈的大恩，不自量力，抗拒朝命，以致丧乱败亡到这步田地，使部下将官肝脑涂地，这都是我的罪过啊。我家有老母，不能自杀，希望诸位用这把刀砍下我的脑袋来，拿着出城，投降马仆射,各自获取富贵,用不着与我一齐赴死!"说着便从马上投到地下。将士们争着上前,扶着田悦说:"尚书举兵,是赴义之举,并不是为了一己之私啊。胜败是兵家常事。我辈世代蒙受深恩,怎么忍心听这种话!我们愿意跟随尚书去决一死战。如果不能取胜,便继之以死!"田悦说:"诸位不因我丧乱败亡便抛弃我,即使我死了,在九泉之下也不敢忘记诸位的厚意!"于是,田悦与诸将领各自剪断头发,结为兄弟,发誓同生共死。田悦悉数拿出仓库储存的物资和收敛富人的钱财,计一百余万,用来犒赏士兵,众心开始安定下来。田悦又召回贝州刺史邢曹俊,让他整顿队伍,修缮防守器械,军队的士气再次振作起来。

面对强敌于外而内兵残民弱的处境,魏州军民要么选择投降,要么选择死亡。在全城一片哀声中,田悦作出了一个惊人的决定:铤而走险。于是他"乃持佩刀,乘马立府门外,悉集军民",流着眼泪一方面诉说着自己"不量其力","丧败至此","使士大夫肝脑涂地",恨不能以死谢罪;一方面又说"悦有老母,不能自杀,愿诸公以此刀断悦首,持出城降马仆射,自取富贵,无为与悦俱死也!"当然,田悦心里明白,如此慷慨悲壮的一番话,不但不会使军民刀枪加于身,相反只会使万众归心,同仇敌忾。果不其然,将士争前抱持悦曰:"尚书举兵徇义,非私己也。一胜一负,兵家之常。某辈累世受恩,何忍闻此!愿奉尚书一战,不胜则以死继之。"至此,军民开始以生死相托,上下齐心。田悦又在"火上浇了一盆油","乃与诸将各断发,约为兄弟,誓同生死;悉出府库所有及敛富民之财,得百余万,以赏士卒"。至此,"众心始定","军势复振"。

田悦将一支毫无斗志的哀兵,用三言两语调教成了一支"众心始定"、上下齐心的顽强之师,正应了那句"哀兵必胜",其要诀在于一"情"字。田悦的"情"字,又可分解为"忠"、"孝"、"义",忠于君,孝于母,义结于兄弟。从城门哭诉到结义金兰,他自始至终都以"情"感化军民,同时以财赏士卒,使他们归心于死战。

228. 事在人为

　　上与陆贽语及乱故,深自克责。贽曰:"致今日之患,皆群臣之罪也。"上曰:"此亦天命,非由人事。"贽退,上疏,以为:"……圣旨又以国家兴衰,皆有天命。臣闻天所视听,皆因于人。"

　　　　　　　　　　　——《资治通鉴》卷二二八·《唐纪》四四

【译文】

　　德宗与陆贽谈到变乱的原故,深深自责。陆贽说:"都是群臣的罪过,才导致了今日之患。"德宗说:"这也是天命,并不关乎人事。"陆贽退朝后,奏上章疏,他认为:"……陛下又认为国家的兴盛与衰落,都是有天命的。我听说上天的所见所闻,都是本着人们的所见所闻的。"

　　天命(或天道)与人事,是古人关于客观命运和主观努力关系的深刻思考,是天人关系的又一核心内容。千百年来,对于天命与人事关系的认识大致有三类:一是积极乐观的"人定胜天"的思想,换而言之即"天命由人";二是消极悲观的"听天由命"的观念,即"人由天命";三是调和折中的"谋事在人,成事在天"的看法。但细细推敲起来,"谋事在人,成事在天"这句话实际上侧重于天命的最后决定,因此往往被用来作为推卸责任的借口,因此它与"人由天命"的宿命论实无二致。可见,天命与人事的关系实际上只有"天命由人"和"人由天命"两种观点。这两种观念都存在于人们的思想认识里,依个人思想性格之不同而表现出不同的倾向。有时,这两种观念甚至表现在同一个人的不同时期。

　　面对祸乱,德宗皇帝与臣子陆贽的观点截然不同。皇上认为"此亦天命,非由人事"。祸乱由上天注定的,是不可避免的。而陆贽却认为"此乃天命由人",认为天命是因人事而起,"祸福由人,不言盛衰有命。盖人事理而天命降乱者,未之有也;人事乱而天命降康者,亦未之有也"。

纵观古今中外,的确有那么一部分人把主宰自己命运的权力交给了神,交给了上天。但是,当人们通过斗争把命运的主宰权收回来之后,发现人是可以掌握自己命运的。因此,一代又一代日益觉悟了的人们,一直在不懈地奏响着自立、不屈、抗争的命运交响曲。

远在中国古代,孔子就主张"知命",否定命运的不可知论;墨子主张"非命",反对所谓"命中注定"之说;明清之际的王夫之提出"造命",认为人只要认识和遵循事物的必然性,就可以主宰命运。人是目前宇宙已知的一切存在物中最高级、最具灵性的存在者,正所谓"天地之性,人为贵",根本不存在什么主宰人类命运的神或其他东西。而人的命运就是人在与客观世界各种关系打交道的过程中表现出的基本状态。在同一个社会环境中,人的命运之所以会表现出很大的不同,主要是由一系列不同的客观条件和主观条件造成的。其中,内因即主观条件是人的命运变化的根据,具有决定性,外因是通过内因发挥作用的。所以,不论是人类发展的实践,还是科学理论的分析,最终的结论就是一句话:个人的命运由个人把握。

认识到命运在自己手中,是正确把握自己命运的前提,对人的解放与社会发展具有重大意义。中国改革开放四十年经济和社会发展所取得的巨大成就,都是中国人民把握自己命运的结果。假如我们一直把国弱民穷看作是命中注定,或者"神的安排",从而不思进取,不敢与之抗争,哪里会有今天的好日子? 遗憾的是,直到今天,国人中仍然有一些人不能正确认识这一点,看到别人工作、生活比较顺利,就说人家"命好";自己遇到了点挫折和困难,就怪"命不好"。

其实,天生我才必有用。人人都是才,就看你怎样去展示你的才华。

229. 纳谏与独断

所谓九弊者,上有其六而下有其三:好胜人,耻闻过,骋辩给,眩聪明,厉威严,恣强愎,此六者,君上之弊也;谄谀,顾望,畏懦,此三者,臣下之弊也。上好胜必甘于佞辞,上耻过必忌于直谏,如是则下之谄谀者顺旨而忠实之语不闻矣。

——《资治通鉴》卷二二九·《唐纪》四五

【译文】

所谓"九弊",君主占了六种,臣下占了三种:好胜于人,耻于闻过,驰骋辩才,炫耀聪明,厉行威严,刚愎自用,这六种,是君主的弊端;谄媚阿谀,瞻前顾后,畏葸怯懦,这三种,是臣下的弊端。君主好胜于人,必然以巧言献媚之辞为甘美;君主耻于闻过,必然以直言劝谏为忌讳。既然如此,下面的谄媚阿谀之徒便会顺承旨意,忠诚真实的话便难以听到了。

纳谏,历代君主向来极为重视,并设置了专门的官职——言官。毫无疑问,帝王纳谏,不仅从名声上来说,是其巍巍功德的一个光辉侧面;而且从实际作用来说,也是开创治世局面的一个重要原因。但自古以来与"邹忌讽齐王纳谏"等故事流传至今的,却是"文死谏,武死战"。为何?因为大凡天子,都好胜于人,自认才智强于天下臣民万千;即有庸碌之辈,自知浅薄,却也常因天子之位,不肯示弱于人,故而天子大凡或多或少有些独断。由此说来,纳谏是帝王治国的方略之一,而独断却也相伴其间。

纳谏与独断对古代帝王而言,蕴含着深刻的历史经验。正如陆贽对德宗所言:"谏者多,表我之能好;谏者直,示我之能容;谏者之狂诬,明我之能恕;谏者之漏泄,彰我之能从。是则人君之与谏者交相益之道也。谏者有爵赏之利,君亦有理安之利;谏者得献替之名,君亦得采纳之名。然犹谏者有失中而君无不美,唯恐谠言之不切,天下之不闻,如此则纳谏之德光矣。"大凡明君向来重视纳谏。唐太宗如是,宋太祖、明太祖、清圣祖亦如是。与此相反,那些不注重纳谏、不能纳谏的帝王如没有特殊才干,一般是不会有什么出色表现的。但即使才力过人,如果一味独断专行,拒谏不纳,也会招致极其危险的后果。商纣王、隋炀帝就是两个突出的例子。纣王无耻地杀害以比干为代表的一批谏臣,炀帝荒唐地警告臣下"我性不喜人谏",结果都多行不义,国破身亡。

在人们的一般观念中,拒谏独断似乎总是和暴君联系在一起,独断这种行为方式的另一面一直为人们所忽视。其实,在权力高度集中的封建社会,独断恰恰是封建专制社会的本质要求。商王盘庚迁都于殷、赵武灵王胡服骑射、魏孝文帝推行汉制、清雍正帝整顿吏治……若非力排众议而独断专行,是难以成就千秋伟业的。

纳谏与独断各有优劣。纳谏在于调动他人的积极性,充分发挥集体的智慧;独断则是发挥自己的聪明才智,力排众议,勇于决策。它们相互斗争却又各扬长避短。一味纳谏,一味独断,都是愚蠢可笑的。处理好二者关系,关键是要掌握好平衡,因时而用,因势而用,不可偏废,不走极端。试看古代那些既能纳谏又能独断的帝王哪一个不是历史的巨人?

在当今时代,纳谏与独断就其精神内涵而言,仍具有重要的现实借鉴意义。大至国家,小至企业、家庭,其决策都可借鉴。相信凡是能将"纳谏"与"独断"有效结合运用的人,必定能达一番成就。这是历史的启示。

230. 防患于未然

陆贽复上奏曰:"……强者恶积而后亡,弱者势危而先覆,覆亡之祸,翘足可期!"

——《资治通鉴》卷二三〇·《唐纪》四六

【译文】

陆贽再次上奏说:"……强盛的一方,恶行积聚,最后败亡;薄弱的一方,形势危殆,便先遭覆灭。覆灭败亡之祸,在很短的时间内便可见到!"

老子曰:"祸兮,福之所倚;福兮,祸之所伏。"世事变幻无常,人生的痛苦与幸福往往在一瞬间发生翻天覆地的变化,谁又能保证一生都会通顺无虞呢? 所以,无论是强盛不可一世,还是羸弱不堪一击,都潜藏着覆亡的危险。面对如此之境,我们能做的便是未雨绸缪,防患于未然,因为"太上消慝于未萌,其次救失于始兆",绝不能不管不顾、自由放任。

安全,并不是稳定常随的;危险,也并不是遥不可及的,两者的更替也许只在一念之间。让我们防微而杜渐,居安而思危,莫要落雨再收衣,临渴时再掘井,凡事预则立,不预则废,这已是千古明训。

231. 收权与放权

（陆贽）乃上奏，其略曰："锋镝交于原野而决策于九重之中，机会变于斯须而定计于千里之外，用舍相碍，否臧皆凶。上有掣肘之讥，下无死绥之志。"又曰："传闻与指实不同，悬算与临事有异。"又曰："设使其中有肆情干命者，陛下能于此时戮其违诏之罪乎？是则违命者既不果行罚，从命者又未必合宜，徒费空言，只劳睿虑，匪惟无益，其损实多。"又曰："君上之权，特异臣下，惟不自用，乃能用人。"

——《资治通鉴》卷二三一·《唐纪》四七

【译文】

于是陆贽进奏疏，大略是说："战事在原野上进行而决定方策却在幽深的宫禁之中，交战的时机瞬息万变而制定计谋却在千里以外，用命与不用命互相妨碍，仗打得好坏，结果都是不祥的。在上会招致对将帅处处掣肘的讥讽，在下会丧失军队、将帅当死的士气。"他又说："道听途说与亲临实际是不同的，凭空计议与据事决断也是有区别的。"他又说："假使将帅中有肆意违犯命令的人物，陛下能在这时候以违背诏旨的罪名将他诛杀吗？由此可见，既然不能实现对违背命令行为的惩罚，遵从命令的行为又不一定合乎时宜，白白浪费空洞的言辞，只能忧劳陛下的思虑，不仅没有好处，损失实在太多。"他又说："君主的权力，与臣下的权力大有区别。君主只有不自以为是，才能善于用人。"

放权与收权，是领导者运用权力艺术的两种重要手段。一方面如果放权过多,可能会造成"君命有所不授",使权力失去控制,从而架空领导者的地位;另一方面如果收权过多,则可能使下属丧失行动的自主性,导致工作被动,效率低下,甚至可能因"锋镝交于原野而决策于九重之中,机会变于斯须而定计于千里之外",而使决策脱离实际,造成决策失误,出现重大损失,进而伤害领导者权威。因此放权与收权是对立统一体,对于领导者而言,放权要放之适度,使之既能充分调动下属积极性,有效开展工作,又要使权力在领导者的控制范围,不至于喧宾夺主,弱化和伤害领导者的核心权力;而收权更要收之适时、收之有理,使之既能有效地将权力集中到自己手中,又要使下属不至于心生不满,甚至弄权作乱。

历史上能对权力收放自如的皇帝并不鲜见,而汉高祖刘邦是其中的佼佼者。当时刘邦手下有被誉为"国士无双"的韩信,其用兵攻无不克、战无不胜,已臻化境。而面对这样强大无比的部下,刘邦依旧"假以便宜之权",使其"智勇得伸",帮助自己打下大汉江山。如若刘邦"妒贤嫉能,有功者害之,贤者疑之",不敢大胆放权,只怕韩信早已另投明主,抑或死于非命了。而失去韩信的辅佐,只怕刘邦的历史也可能要改写了。因此,适度的放权不仅有助于获取下属信任和拥护,调动下属行动的主动性,保证任务的高效完成,而且有利于安定民心,树立领导威信。当然,放权容易收权难。相对于放权而言,收权更需要智慧。收权的时机、方式一旦稍有差池,就可能导致下属心生不满,引发上下级之间的信任危机,从而使下属消极怠工,甚至背信弃主,图谋不轨。因此,收权要讲究时机。

汉高祖刘邦对于韩信经常通过收权对其进行遏制。而他每次收回军权,都是在韩信的军事任务已经完成或自己失去军队,局势呈现出主弱臣强的之时。但对于这样的收权,韩信却似乎从未表现出任何不满和疑心,反而对刘邦感恩戴德,"不忍背汉"。其关键在于,刘邦收权不仅时机适当,而且对韩信"待以殊常之赏",加官晋爵,赞誉有加,使得韩信感受深受信任和关心。因此,领导者既要明白"权力有所授有所不授"的道理,亦要深谙"水满则溢,月满则亏"的道理,既不能一味地放权,也不能一味收权,而应收放结合,既防止下属的"弄权"使权力旁落;也要防止过分集权,导致上下级之间心生罅隙,影响正常工作的开展。

232. 以德平叛

（陆贽）又曰："曩讨之而愈叛，今释之而毕来。曩以百万之师而力殚，今以咫尺之诏而化洽。是则圣王之敷理道，服暴人，任德而不任兵，明矣。"

——《资治通鉴》卷二三二·《唐纪》四八

【译文】

陆贽又说道："以往讨伐叛乱，叛乱反而更加严重，如今释赦他们，他们反而都来归顺；以往调遣了百万之师而终于兵力穷尽，如今只是颁布了一纸诏书，反而使教化普沾。可见圣明的君王施行理法，使凶恶之人心悦诚服，运用恩德感召别人而不是运用兵力征服别人，这是显而易见的了。"

两千多年前，人们就提出"德主刑辅"的治国原则，强调以道德教化为主来治理国家，法律在治国上只能起到辅助的作用。《论语》中记载孔子言："为政以德，譬如北辰，居其所而众星拱之。"君王以德治国，就成为光明的中心，万众景仰。《礼记》中说："大学之道，在明明德，在亲民，在止于至善。"政治在于"明德"，在于领导人民走向至善的境界。道德乃善之源，教化乃善之流，儒家思想文化作为封建统治的基础，已深植于民心。治国应该施德政，而一个君主的贤德往往在很大程度上决定一个国家的兴衰成败。

面对可能爆发的战乱，解决办法是什么呢？陆贽认为是德行，是帝王用仁厚之心来感化乱军。

古往今来，历代帝王在讨伐乱军时，往往"讨之而愈叛"，其原因无外乎"图活"。作为君主对此应作出正确的判断。"图王"者往往不会安心于臣服,所以只有以军平叛,消灭对方,方能平息对方谋逆之心;而对于"图活"者,其叛乱原因只是生活所迫。因此对于此等叛乱,帝王需顺应民心,解其生活所困,授之于恩惠,"以咫尺之诏而化洽",正所谓:"敷理道,服暴人,任德而不任兵。"相反,如果对"图活"者以大军平叛,即便一时得逞,也是埋下更大的祸根。因"图活"者其生存要求未予满足,以权势逼其臣服,就是"挤彼于死地而求此之久生也,措彼于危地而求此之久安也"。

当然,充满君主贤德的旨意只能让"亿兆污人,四三叛帅,感陛下自新之旨,悦陛下盛德之言,革面易辞,且修臣礼",其内心未必真正臣服。因为他们都知道叛君谋逆者,罪当诛九族,皇帝怎会行如此贤德之事,这是否是君上的权宜之计?其后是否潜藏着更大的图谋?因此,此时皇上的言行往往是决定他们是否会再次反叛的重要因素,他们会"聚心而谋,倾耳而听,观陛下所行之事,考陛下所誓之言。若言与事符,则迁善之心渐固;倘事与言背,则虑祸之态复兴"。所以,如果君上言出必践,给"图活"者以"图活"的机会与条件,那么即使有人从中作乱,假"图活"者想要"图洛",也将是"内则无辞以起兵,外则无类以求助,其计不过厚抚部曲,偷容岁时,心虽陆梁,势必不致"。

总之,以感化的方式而不是以武力的方式解决问题,不仅结果好,而且更高明。

233. 帝王贪, 天下贪

臣光曰: 王者以天下为家, 天下之财皆其有也。阜天下之财以养天下之民, 己必豫焉。或乃更为私藏, 此匹夫之鄙志也。

——《资治通鉴》卷二三三·《唐纪》四九

【译文】

臣司马光曰: 君主把整个天下当作自己的家, 天下的资财都是他所拥有的。使天下的资财繁盛起来, 以赡养天下的百姓, 自己也一定是快乐的。有的君主竟然还要经营私人储藏, 这是凡夫的鄙下志趣。

天下都是皇帝的, 皇帝为什么还要囤积财产呢? 他要什么就有什么, 拿这些财物有什么用处呢? 古往今来, 爱财者比比皆是, 常人有之, 高官亦有之, 可是如果连位及天子、以天下为家的帝王也爱财如命, 以搜括天下珍宝为趣, 就叫人十分费解了。可偏偏有皇帝爱财如命, 热衷于搜括钱财。如宋神宗五天之内, 其他什么奏章都不理会, 但只要是和矿税有关的呈报上来, 就立刻批准, 以此搜刮了矿税商税二百万两。而如此贪财的皇帝在史上却并非绝无仅有。

帝王贪财, 必然就会沉迷于搜刮民脂民膏, 不理国事, 将大量的时间和资财用于个人挥霍, 不仅坏了品行, 误了国家大事, 也伤了民心。皇帝贪财也必然会造就一批贪财的官员。为了逢迎皇上, 官员们、太监们、兵将们, 会以皇帝的名义在全国上下搜刮。他们在将所得上缴给皇帝的同时, 也要给自己积累财富, 而这必然会对老百姓造成极大的负担。这正是一个朝代溃败的开始。

234. 选才与用才

（陆贽）又曰：“明主不以辞尽人，不以意选士，如或好善而不择所用，悦言而不验所行，进退随爱憎之情，离合系异同之趣，是由舍绳墨而意裁曲直，弃权衡而手揣重轻，虽甚精微，不能无谬。”又曰：“中人以上，选有所长，苟区别得宜，付授当器，各适其性，各宣其能，及乎合以成功，亦与全才无异。但在明鉴大度，御之有道而已。”又曰：“以一言称惬为能而不核虚实，以一事违忤为咎而不考忠邪，其称惬则付任逾涯，不思其所不及，其违忤则罪责过当，不恕其所不能，是以职司之内无成功，君臣之际无定分。”

——《资治通鉴》卷二三四·《唐纪》五〇

【译文】

陆贽又说：“明智的君主不会只依靠言词来任用人才，也不会只按照个人意志去选拔士子。如果对自己所亲善的人便不加选择地任用，如果喜欢一个人的言词便不去检验他的行为，升官降职全随着个人的爱憎情感，亲疏远近全凭着人们与自己的志趣相同与否，这是舍弃墨斗而靠心意来判断线的曲直，丢开秤锤而用双手来掂量物体的轻重的做法，即使极其精细，还是不能没有谬误。”他又说：“中等资质以上的人，都是互有长处的。如果能够恰当地分辨他们的长处，并根据各自的能力进行委任，适应他们的性情，分别发挥他们的能力，及至将大家聚合在一起，成就事功，与人人都是全才也没有区别。要做到这些，只在于善于识别，襟度阔达，驾驭有方。”又说：“由于一句话讲得使自己惬意，便以为讲话人是有才能的,因而不再核查他的实际情况;由于一件事违背了自己的意志,便以为办事人是有罪过的,因而不再考究他是忠是邪。对讲话使人惬意的人,将超过他能力极限的重任交给他,而不去考虑这是他所难以胜任的;对于办事违背自己意志的人,将有失允当的罪责加给他,不肯宽恕他的无能为力,这就使人在职务范围以内难得成就事功,使君臣之间没有确定的责任。"

"世有伯乐,然后有千里马,千里马常有,而伯乐不常有。"对于人才的选择和判断,较难有具体量化的标准去评估、衡量。选才,固然是需要眼光及经验,但选才却不能"以辞尽人"、"以意选士",不能"好善而不择所用,悦言而不验所行,进退随爱憎之情,离合系异同之趣",否则所选就如同"舍绳墨而意裁曲直,弃权衡而手揣重轻,虽甚精微,不能无谬"。这涉及选才标准问题。

"人才",顾名思义,衡量的标准大概可以从两个角度:人品和才干。对于人品,最重要的是主动性和贡献精神。首先是主动性或曰积极性。积极性对于工作而言相当重要,主动或被动去完成一份工作,其效果存在着天渊之别。其次是贡献精神。总是考虑个人得失,做事"前怕狼、后怕虎"的人,是很难有强的执行力的。

如果说选才是一门学问,那么用人就是一门艺术。要把人才用好,需要一定的方法和技巧。既要用人,就要"疑人不用,用人不疑",在充分了解他们性格、能力的前提下,给予其最合适、最能发挥他们优势和特长的岗位。正如陆贽所言,要使得"中人以上,选有所长,苟区别得宜,付授当器,各适其性,各宜其能,及乎合以成功,亦与全才无异";而不能"以一言称惬为能而不核虚实,以一事违忤为咎而不考忠邪,其称惬则付任逾涯,不思其所不及,其违忤则罪责过当,不恕其所不能"。总而言之,作为领导者,决不能以个人的好恶作为选才的标准。

235. 令行禁止

冬,十月,淮西节度使吴少诚擅开刀沟入汝,上遣中使谕止之,不从。命兵部郎中卢群往诘之,少诚曰:"开此水,大利于人。"群曰:"君令臣行,虽利,人臣敢专乎! 公承天子之令而不从,何以使下吏从公之令乎!"少诚遽为之罢役。

——《资治通鉴》卷二三五·《唐纪》五一

【译文】

冬,十月,淮西节度使吴少诚擅自开通刀沟,引入汝水,德宗派遣中使宣旨制止他,他不肯听从。德宗命令兵部郎中卢群前去责问他,吴少诚说:"开通这一河流,对百姓非常有利。"卢群说:"君主下令,臣下行令。即使开河有利,做臣下的便敢专断了吗! 你接到天子的命令却不肯听从,又怎么能够让下边的官吏听从你的命令呢?"吴少诚立刻将开河之役停止下来了。

吴少诚的所为是对还是错,是一个值得商榷的问题。实际上,他所为既是对的也是错的。说对的,是因为其所为是为民众而不是为了个人私利,不是为自己搞政绩工程。开沟是为民办实事,把民众的利益放在"乌纱帽"之上,从官德评价的角度来说,这种为民的思想是正确的。但是也是错的,错在没有请示报告而是擅自开沟,所以帝王派人加以申斥、制止。在古代,皇帝至高无上,怎能允许臣下先斩后奏,甚至不奏的做法呢? 从这个角度上看,吴少诚违背了忠君的理念,没有做到令行禁止。

236. 任前公示

　　浙东观察使裴肃既以进奉得进,判官齐总代掌后务,刻剥以求媚又过之。三月,癸酉,诏擢总为衢州刺史。给事中长安许孟容封还①诏书,曰:"衢州无它虞,齐总无殊绩,忽此超奖,深骇群情。若总必有可录,愿明书劳课,然后超资改官,以解众疑。"诏遂留中。己亥,上召孟容,慰奖之。

　　　　　　　　——《资治通鉴》卷二三六·《唐纪》五二

【译文】

　　浙东观察使裴肃靠着进献贡物获得升迁,判官齐总接替了他的职务。齐总剥削百姓之财向德宗献媚,比裴肃更甚。三月癸酉(十七日),德宗颁诏提拔齐总为衢州刺史。给事中长安人许孟容封驳诏书,他说:"衢州没有别的忧患,齐总没有特殊的政绩,忽然如此破格奖拔于他,使大家深感惊骇。如果齐总肯定有值得录用的地方,希望明确写出他的劳绩与考课,然后再超越资历改任官职,以便消除大家的疑惑。"于是诏书被留在宫中,没有再批下来。己亥,德宗召见许孟容,慰问并嘉奖了他。

【注释】

　　①封还:封驳皇帝失宜诏令。唐制,门下省设有谏官,负责审查政令,如果认为不当,有权退回或加以纠正。

　　许孟容的提议实际上正是现在所说的任前公示。这一方式在遥远的古代,似乎有点不可思议,但在今天却广为接受,成了干部任用的一项重要举措。这一制度,使得官员的任用公开化、透明化,使干部接受群众考查、监督,并在有关部门听取社会反映后,依据社会公论和对公示过程中反映问题的调查核实情况,再决定是否任用,以减少用人失误。公示制作为干部制度的一项重大改革,其意义是显而易见的。

干部公示,征求群众对于干部任用的意见,不仅可以从根本上改变"少数人选人"和"在少数人中选人"的缺陷,同时也是对跑官要官、买官卖官的有力制约,而且还给予推荐者、考察者和决策者一定的社会舆论压力,使其在推荐、考察和决定人选时,认真地把好每一个环节,尽可能做到公正、公平,从而有效地遏制用人问题上的不正之风。

同时,干部公示制,要求干部的德、能、勤、绩、廉必须接受社会和公众的监督,这就促使干部如果想要升迁或调动,则必须在日常工作中致力于密切联系群众、服务群众、帮助群众。只有努力工作,勤政廉洁,才能在提拔时顺利通过"公示关"。

237．谏官职责

稹上疏论谏职，以为："昔太宗以王珪、魏征为谏官，宴游寝食未尝不在左右，又命三品以上入议大政，必遣谏官一人随之，以参得失，故天下大理。今之谏官，大不得豫召见，次不得参时政，排行就列，朝谒而已……"顷之，复上疏，以为："理乱之始，必有萌象。开直言，广视听，理之萌也。甘谄谀，蔽近习，乱之象也。自古人主即位之初，必有敢言之士，人君苟受而赏之，则君子乐行其道竞为忠说，小人亦贪得其利，不为回邪矣。如是，则上下之志通，幽远之情达，欲无理得乎！苟拒而罪之，则君子卷怀括囊以保其身，小人阿意迎合以窃其位矣。如是，则十步之事，皆可欺也，欲无乱得乎！"

——《资治通鉴》卷二三七·《唐纪》五三

【译文】

元稹上书谈论谏官的职任，他认为："过去唐太宗任命王珪与魏征为谏官，无论宴饮游观，还是寝息就餐，没有一时不让他们跟随在身边，还命令在三品以上官员入朝计议重大政务时，一定要派遣一位谏官跟随，以便检验各种议论的优劣，所以当时天下政治修明。现在的谏官，首先不能得到圣上的召见，其次不能参究当前的政治措施，只是侪身于朝班的行列之中，按时上朝拜见圣上罢了……"不久，元稹再次上疏，他认为："在政治修明与祸乱危亡的初期，肯定是有萌芽和迹象的。开通直言进谏的道路，拓广接受意见的范围，这是政治修明的萌芽。喜欢阿谀逢迎，被自己亲幸的人们蒙蔽，这是祸乱危亡的迹象。自古以来，在君主即位的初期，肯定会有敢于直言切谏的人士,如果人君接受这些人士的意见,从而奖赏他们,君子便愿意奉行他们的理想,小人也贪图其中的利益,不做奸邪的事情了。如果能够做到这些,那么上下之志相通,幽深辽远之情畅达,即使不打算政治修明,能够办得到吗!如果君主抵制直言切谏的人士,从而惩罚他们,君子便会藏身隐退,缄口不言,但求明哲保身了,小人便会曲意迎合,从而窃居君子的地位了。像这个样子,要办的事情就是近在十步以内,也完全有可能做出欺上罔下的勾当来,想没有祸乱办得到吗!"

谏官也称言官,职责是"讽议左右,以匡君失",主要是对皇帝进行讽议。中国古代出名的谏官并不少见,他们曾对历史的发展起过正面的积极作用。但总的说来,他们的作用却是有限的。

首先,在中国,君权神授,至高无上,皇帝不受任何约束,权力高度集中于他一人身上,难以制衡。皇权又是世袭的,家天下,并要一代代传下去。皇权所享有的种种特权别人是不能过问的。因此,无论是御史也好,谏官也罢,不可能对这些根本的东西进行监察。所以"今之谏官,大不得豫召见,次不得参时政,排行就列,朝谒而已",只是个形式和摆设。这是由封建社会性质决定的,只要封建专制统治没有改变,这种集权就不会消失,而君臣之间泾渭分明的状况也就不会改变。因此,谏官制度很难得到长期有效的实施。

其次,面对皇帝,臣民勇于批评和指陈政策失误,是需要超人的胆量和超凡的勇气,甚至还要付出沉重代价的。因为那个时候没有言论自由,说错一句话,或者多说一句话,皇帝就可以随时说"拉出去斩了"。"因言获罪",由说话付出沉重代价,甚至搭上性命,在中国历史上并不是什么稀奇的事情。对于皇帝来说,说真话,说令他不高兴的话,就是一种冒犯,就是死罪。所以,也只能是"君臣之际,讽谕于未形,筹画于至密,尚不能回至尊之盛意,况于既行之诰令,已命之除授,而欲以咫尺之书收丝纶之诏,诚亦难矣"。

238. 仁政与法治

乙巳①,上问宰相:"为政宽猛何先?" 权德舆对曰:"秦以惨刻而亡,汉以宽大而兴。太宗观《明堂图》,禁(杖)(抶)人背,是故安、史以来,屡有悖逆之臣,皆旋踵自亡,由祖宗仁政结于人心,人不能忘故也。然则宽猛之先后可见矣。" 上善其言。

——《资治通鉴》卷二三八·《唐纪》五四

【译文】

乙巳,宪宗询问宰相说:"执掌大政的宽和与严厉应当哪个居于首位?" 权德舆回答说:"秦朝因残酷苛刻而灭亡,汉朝因宽和大度而兴盛。太宗观看《明堂图》,禁止鞭打人们的脊背。所以安禄山、史思明以来,屡次出现悖乱忤逆的臣下,但在转足之间都自取灭亡了。这是由于祖宗的仁政维系着人心,人们不能够忘怀的缘故啊。这样说来,宽和与严厉应该孰先孰后是很清楚的了。" 宪宗很赏识权德舆的进言。

【注释】

①乙巳:疑为辛卯年三月十一日。

权德舆所说的便是自古以来儒家所倡导的"仁政"、"以德服人"的治国方略。儒家主张的仁政即为德治,由道德教化来治理国家。每个人的生活方式和行为必须符合他们的身份和政治、社会地位。不同的身份有着不同的行为规范。人人要遵守固有的行为规范,便可维持理想的社会秩序,国家便可长治久安。而人心的善恶取决于德治,而德治在相当大的程度上又取决于统治者的个人品格,因为统治者的人格具有绝对的感召力,所以儒家所主张的"仁政"最终都衍变成为"人治"。从本质上看，儒家的"仁政"理论就是把国家的发展和社稷的安危完全托付给一个理想化的圣人。从历史实践看，儒家的这一理想从未实现过。相反，"仁政"成为了统治者实施暴政的遮羞布。

"仁政"理论对于法治存在以下负面影响。一是"仁政"造成泛道德主义，不利于法制建设。人们之所以要遵循仁义道德，就在于仁、义、礼、智、信，克己遵循，则能"尽性事天"；就在于仁义是正路坦途，遵循之可富家保身；就在于得民心则得天下，而得民心的关键在于以仁义待民。"仁政"的推行，构建了"善"的价值体系，使宽、信、孝、惠、敬、勇等一切道德观念都归于"善"的统摄。"为政以德"、"德主刑辅"、"明刑弼教"，突出表现是道德越位成为法学领域的主人，侵犯了法律的个性。统治者对民众采用道德教化手段，希望他们保住善性并扩而充之。借此，社会上出现矛盾也希望诉诸于道德途径解决，这样势必导致疏于立法建设，而不利于法律制度的健全。二是"仁政"影响当今法治理念的形成。儒家实施"仁政"的前提是强化伦理道德观念，重申宗法规则，遏制了民众独立人格的产生。个人的人格被家族人格吸附，势必造成个人人格的不独立，不利民法的发展，不利法治理念的形成。由于传统"仁政"思想的影响，使民众对个人人格的独立缺乏必要的思想准备，他们的法律意识中最多的还依然是与生俱来的"善"性。对于权利、责任、义务等法律观念的培养，"善"性的土壤显得如此贫瘠。

因此，中国的社会主义法治，应该是更尊重、顺应和完善人性，同时与德治并行不悖，二者不可偏废。

239. 朋党之害

上问宰相："人言外间朋党大盛，何也？"李绛对曰："自古人君所甚恶者，莫若人臣为朋党，故小人谮君子必曰朋党。何则？朋党言之则可恶，寻之则无迹故也。东汉之末，凡天下贤人君子，宦臣皆谓之党人而禁锢之，遂以亡国。此皆群小欲害善人之言，愿陛下深察之！夫君子固与君子合，岂可必使之与小人合，然后谓之非党邪！"

——《资治通鉴》卷二三九·《唐纪》五五

【译文】

宪宗询问宰相说："人们说外面朋党大兴，这是为什么呢？"李绛回答说："自古以来，人君特别憎恶的莫过于人臣结党，所以小人诬陷君子，肯定要说他属于朋党集团。为什么要这样做呢？因为朋党集团谈论起来虽然可恶，寻找起来却没有痕迹。东汉末年，凡是天下的贤人和君子，宦官都称他们为党人，因而勒令对他们永不任用，东汉便因此灭亡。这都是众小人打算谋害好人的说法，希望陛下深入地考察此事。一般说来，君子固然与君子相合，难道能够一定使君子与小人相合，然后才能够说君子不属于朋党集团吗！"

李绛的回答虽然是在否定朋党的存在，却从另一个角度说明了朋党的出现无可避免。中国古代有许多反映熟人社会的谚语，如"与人方便，与己方便"，"天时不如地利，地利不如人和"，"人情要卖给熟面孔"等等。它反映了一种社会心态，那就是熟人好办事。

朋党,官僚制度的产物。科举制度的推行,把天下士子集中于考场,为形成朋党提供了前所未有的便利条件,因而出现了科甲朋党并成为历代之流弊。朋党之争,总是伴随着党同伐异,互相倾轧,有时甚至是以性命为代价,来换取对权力的执掌。

朋党的划分,与人的思想、地位、学识、性格有关,更重要的是与人所生活的社会环境有关。朋党成员之间多是亲属、师生、朋友的关系。这样造成的后果就是:各个朋党在相争之时,不会考虑对方所讨论的事情、所提出的观点或解决的方法是否正确,而是一味地否定对方,肯定己方,不辨是非,不讲原则。这对国家而言,有百害而无一利。

朋党之间互相攻击,任用私人,不仅失去正常的用人原则,也干扰君主行使用人去人的决断;朋党各抒政见,自我标榜,批评朝政,扰乱视听,破坏正常的议政、施政程序,妨碍大政方针的制定和执行。各"党"为了自己的利益,相互勾结,相互倾轧,置国家的前途、利益于不顾。在国家强盛时,皇帝还能利用朋党之争稳定朝纲,发展实力;但在国势日衰时,若出现朋党之争,则预示着国将不久矣。

240. 何为师者

　　谏议大夫韦绶兼太子侍读，每以珍膳饷太子，又悦太子以谐谑。上闻之，丁未，罢绶侍读，寻出为虔州刺史。

——《资治通鉴》卷二四〇·《唐纪》五六

【译文】

　　谏议大夫韦绶兼任太子侍读，常以珍馐献与太子，又戏言放荡取悦太子。宪宗得知，于丁未日（十八日）免除了韦绶太子侍读的职务。不久，又将他斥逐为虔州刺史。

　　谕教太子，责任重大。韦绶却多只是给太子好吃的，又以各种"谐谑"方式引逗太子高兴，显然有些不得要领，也很不成体统。宪宗皇帝"罢绶侍读"，放以外任，看来既是宽容臣下，也算是量才适用了。

　　做人师，最讲究的两点，一是学识渊博，二是道德高尚。所谓的学识渊博就是具备丰富知识，这是教授学生的本钱。面对着国家的储君，这样的老师更是难做了，除了拥有渊博知识之外，还要有丰富的从政经验。而从政经验的积累需要政务历练，因此太子的老师经常是国之重臣，是学问和经验的综合体。

　　除了学问和经验外，师德更是一个关键问题。帝德更是储君教育的重要组成部分，而太子老师的道德水准在很大程度上又决定其教育的水平。像引文中的韦绶虽然学问和经验丰富，但他却没有尽心传授这些东西，只是变着法子"取悦"太子，在这种背景下教育的太子，很容易变成一个贪图享受、喜人奉承的人，成为君王也难以有大作为。

　　一般人都无法自己选择老师。但是作为学生，应当学习老师良好的品质；作为老师，也应当为人师表，做学生的表率，以成就"百年树人"的事业。

241.“用人不疑”辨

　　史馆修撰李翱上言,以为:“定祸乱者,武功也;兴太平者,文德也。今陛下既以武功定海内,若遂革弊事,复高祖、太宗旧制;用忠正而不疑,屏邪佞而不迩;改税法,不督钱而纳布帛;绝进献,宽百姓租赋;厚边兵,以制戎狄侵盗;数访问待制官,以通塞蔽;此六者,政之根本,太平所以兴也。”

　　　　　　　　　　——《资治通鉴》卷二四一·《唐纪》五七

【译文】

　　史馆修撰李翱上言,认为:平定祸乱依靠武力,开创太平大业则依靠文治和贤德。现在,皇上既然已经用武力平定天下,不如接着革除弊政,恢复高祖、太宗创立的传统制度,任用忠心正直的人士而不随便怀疑,摒斥奸邪佞幸的小人而不再亲近他们;改革赋税制度,将以往收钱币改为交纳实物;禁绝地方官吏向朝廷奉献钱物,减免百姓的租税;加强边防,抵抗边境戎狄的侵犯;经常访求待制官员,倾听他们的意见,以使下情上传。以上六条,是朝廷大政的根本之道,也是达到太平盛世的主要途径。

　　史馆修撰李翱上言,提出了为政六法,其内容涉及政治、经济、军事等方面,“此六者,政之根本,太平之所以兴也”。而这其中“用忠正而不疑,屏邪佞而不迩”的说法值得商榷。

　　在用人方面,“用者”与“被用者”是对立统一关系,上下有别,怎能保证其互不设防? 在很多的情形下,“用”与“被用”在很大程度上是一种利益关系。有利则合,无利则分,“不疑”是暂时的,有时是一种假象;

"疑"则是一种客观的存在。在各种利益冲突中，"疑"是正常的，"不疑"才是违反常理的。因为人们很难真正了解和相信每个人的道德水平；即便了解了，也难以保证他的道德永远保持在原先的水平上。因此，以人的道德标准作为用人、信人的依据，本身就难以起到对"被用者"有效的制约。可见"用人不疑"本身就带片面性。

因此，要想在"用者"与"被用者"之间建立信任，还必须求助于道德以外的其他手段。要想做到"用人不疑"，首先"用人者"必须对"被用者"有充分、全面、及时的认识，并使其认识随"被用者"的变化而变化。这就要求具有一定的监督机制，使得"用者"对"被用者"有充分的把握能力。因为，没有监督就谈不上信任。当然合理合法的监督，需要一定的制度或体制来加以实现。只有体制和制度对"被用者"的权力进行有效制约，才能管好人、用好人。依靠制度和体制，可以真正有效地将权力授给他人，即便是对他们的道德水准一无所知，人们也依旧可以放心，因为合理、合法的制度必将给予对方足够的约束，使其不能随心所欲，为所欲为。可见，合理的制度方才是我们"用人不疑"的真正法宝。

242. 内外有别

　　（裴度）以为："逆竖构乱,震惊山东,奸臣作朋,挠败国政。陛下欲扫荡幽、镇,先宜肃清朝廷。何者? 为患有大小,议事有先后。河朔逆贼,只乱山东;禁闱奸臣,必乱天下;是则河朔患小,禁闱患大。小者臣与诸将必能翦灭,大者非陛下觉寤制断无以驱除。……若朝中奸臣尽去,则河朔逆贼不讨自平;若朝中奸臣尚存,则逆贼纵平无益。"

　　　　　　　　　　——《资治通鉴》卷二四二·《唐纪》五八

【译文】

　　裴度认为："王庭凑、朱克融逆臣竖子叛乱,震惊山东;奸臣朋比,搅乱朝政。陛下如果想扫平幽州、镇州,应当首先肃清朝廷奸党。为什么呢? 因为灾祸有大有小,考虑事情也有先有后。河朔的叛臣贼党,只能扰乱山东,而宫中的奸臣,则必定祸乱天下。所以,对国家来说,河朔的叛臣危害小,而宫中的奸臣危害大。对于河朔的叛臣,我和诸位将领肯定能够翦灭,但宫中的奸臣,如果陛下不觉悟,则断然无法驱除。……如果朝中的奸臣全部能够驱除,那么,河朔的叛臣贼党就会不讨自平;但如果朝中奸臣仍然存在的话,则虽然讨平叛臣贼党,对于朝廷也没有什么好处。"

　　裴度认为国家的大患在内不在外,在中央不在地方。这让人想起了中国古代政治中经常会提到的"攘外必先安内"这一政策。

　　内部的忧患是心腹之患,作为统治者必须优先处理,只有心腹之痛消

242. 内外有别

灭,那么手足之痛才能比较容易处理,并且可能出现裴度所说的"自平";而心腹之痛没有处理好,则手足之痛处理得再好也是"无益"。这就是"攘外先安内"政策的合理应用。

在裴度的眼里,中央政权内部的问题是当时最需要解决的问题,中央内部的有序性成为对地方有效统治的保证,所以必须集中力量处理朝廷内部"奸臣朋党"这一紧迫而危害性很强的问题。裴度认识到处理好这一问题的重要性,能够直接抓住事物的主要矛盾,认为从此入手,可以迎刃而解地方叛乱的问题。

一提到这一政策,不能不提及抗日战争时期的蒋介石,他也提出"攘外必先安内"的政策。但是要看到,日本帝国主义发动全面侵华战争,中日矛盾上升为当时社会的主要矛盾。中华民族处于生死存亡的时候,全体国人最为重要的任务就是保家卫国、抗敌御侮,维护中华民族的自由、独立。但此时的蒋介石却将枪口对准了积极抗日的中国共产党及其领导的人民抗日武装,这种做法只能激起全国民众对国民党政权的反对。所以如何正确运用"攘外必先安内"这一政策,要看当时的社会历史条件。只有应时而变,应时而动,才能立于不败之地。

243. 避谏

中书侍郎、同平章事牛僧孺以上（指唐敬宗）荒淫，嬖幸用事，又畏罪不敢言，但累表求出。

——《资治通鉴》卷二四三·《唐纪》五九

【译文】

中书侍郎、同平章事牛僧孺认为唐敬宗荒淫奢侈，身旁的亲信小人掌权。他畏罪而不敢直言，只是屡次上奏请求出任外地官职。

面对帝王荒淫无度，牛僧孺不是积极地规劝，而是采取"累表求出"这一明哲保身的做法，实非人臣所为。处理办法有三：

一是规劝。采用这种方法的臣下，都可以说是忠臣、直臣。忠臣忠于朝廷，一旦认识到皇帝的不端行为便加以规劝；而之所以说他们也是直臣，是因为对荒淫皇帝的规劝，往往是要冒着丢失官位甚至性命的危险，这类人也常为后人所称道。

二是逃避。既不规劝，也不盲从，采取明哲保身的态度。当他们面对贤明的帝王时，大多会积极规劝帝王的过失；但面对可能对自己有负面影响的帝王，他们就会沉默。

三是跟从。这些人对帝王的不端行为不但不加以规劝，反而还推波助澜。这些人是政治上的小人，通过投帝王之好，顺帝王之意，从而达到获取个人利益的目的。而这些人受到后世的咒骂也是最多的。

244. 太平之象

臣光曰：君明臣忠，上令下从，俊良在位，佞邪黜远，礼修乐举，刑清政平，奸宄消伏，兵革偃戢，诸侯顺附，四夷怀服，时和年丰，家给人足，此太平之象也。

——《资治通鉴》卷二四四·《唐纪》六〇

【译文】

臣司马光认为：君主圣明而臣下忠正，上司发令而属下服从；贤能优良之士被委以重任，奸邪小人被黜贬流放；礼乐教化得到推行，刑罚清明，政令平允；犯上作乱的行为都被清除干净，国家刀枪入库，地方诸侯无不服从朝廷诏令，周边夷族都被安抚而顺服，家家衣食充裕，人人生活富足，这就是天下太平的景象。

从古至今，人类都渴望建立一个理想社会。《礼记·礼运》中认为"大道之行也，天下为公。选贤与能，讲信修睦，故人不独亲其亲，不独子其子，使老有所终，壮有所用，幼有所长，鳏、寡、孤、独、废、疾者，皆有所养"的大同世界方为理想社会。可把这种理想的实现仅仅是寄希望于统治阶级的个人品质和才能，显然又是十分幼稚的。所引《资治通鉴》也同样描绘了人类理想社会，它不仅强调统治阶级的品质才能，同样也将"令"、"刑"作为管理国家的一项重要举措，认为"上令下从"、"刑清政平"是国家太平的象征。这种"法治"相对于以往的"人治"无疑是一个非常大的进步，而法治必然要求任何人都不得有超越法律的特权。但是在"君权神授"、"皇权至上"的封建社会，又必然使得一些人拥有超越法律的特权。

这就使得任何人都不能、不敢、也不会把法治作为管理国家、实现理想社会的唯一途径。这种特权阶级的存在,正是封建社会无法达到真正法治的直接原因。

当然,司马光作为那个时代杰出的人物,已经意识到法治对于社会稳定、发展的重要作用。但施行法律首先必须有理念上的法治,即法律至上,法律为最高权威。要以事实为依据,以法律为准绳,要把最广大人民的根本利益、根本要求、根本意志转化为法律,而不是某个人或某个阶级的利益、要求和意志。社会管理靠的是法的管理,不是靠个人的意志,不是靠领导人的经验,也不是靠领导人的习惯,更不是靠领导人的好恶。只有人人遵纪守法,才能形成良好的社会秩序和社会环境,才能实现社会和谐。从这个意义上说,法律不仅是一种遵循、一种追求,也应该是一种生活方式、一种行为准则。遵纪守法,依法办事,就应在思想观念上确立法律的权威性、至上性。人人都接受法律的约束,人人都从遵守法律中获得自由,人人都享有法律的保护,人人也都负有维护法律的责任。自由和责任、权利和义务就是这样有机地统一。

245. 以文害事

　　戊戌,上（唐文宗）与宰相从容论诗之工拙,郑覃曰:"诗之工者,无若三百篇,皆国人作之以刺美时政,王者采之以观风俗耳,不闻王者为诗也。后代辞人之诗,华而不实,无补于事。陈后主、隋炀帝皆工于诗,不免亡国,陛下何取焉!"覃笃于经术,上甚重之。

　　　　　　　　　　——《资治通鉴》卷二四五·《唐纪》六一

【译文】

　　戊戌（二十九日）,唐文宗和宰相一起悠闲地谈论诗作的优劣,郑覃说:"历代的优秀诗作,没有能够和《诗经》相媲美的。《诗经》三百篇,都是当时的国人讽刺或赞美朝政得失的作品。君主派人把这些诗篇收集起来,以便了解民间的风俗和对朝政的意见,君主自己并不写诗。《诗经》以后诗人的作品,大都华而不实,对改善朝政无所助益。陈后主、隋炀帝都擅长作诗,却不免亡国。对于他们,陛下有什么值得效法的呢!"郑覃精通经学,文宗十分器重他。

　　郑覃与帝王谈论诗歌,认为帝王不该将精力集中于作诗,像陈后主等人那样舞文弄墨,最后只能落个亡国的下场,帝王真正所长应当不在于此,而在于治国的方略和能力。郑覃所言是否正确,值得商榷。

　　我们认为,郑覃只说其一忘记其二。在唐朝开放的时代,诗歌等文化得到快速的发展,在这一背景下,郑覃能有此番高论,实际上要面临诸多的压力。他又何尝不知道政治的奥秘,但是仍向帝王告诫文会害事的道理。文宗时期,政治黑暗,各处政治势力争斗不休,唐朝开始走向衰落,如何解决当时社会的主要问题,但是单靠"文"显然是不行的,单靠会作诗就更不行,而是应该有切实可行的规划、方案、措施、手段。因此从这一背景出发,郑覃所言亦有道理,乱世必须用"术"、"法"等方法治理。

但是郑覃也仅仅说对了一半,不管是治乱还是治平,"文"起到的作用也是巨大的。"诗三百篇",不管是"刺美时政",还是"以观风俗",都会对政治建设有很大的作用,这一点也是不应忽视的。

246. 久居为患

朝廷以义昌节度使李彦佐在镇久，甲戌，以德州刺史刘约为节度副使，欲以代之。

——《资治通鉴》卷二四六·《唐纪》六二

【译文】

朝廷鉴于义昌节度使李彦佐任职太久，甲戌（十九日），任命德州刺史刘约为义昌节度副使，准备让他代替李彦佐。

朝廷考虑到李彦佐在义昌领导的时间过长，容易形成盘根错节的利益集团，故调动新员监督、代替他，此为中国古代对地方实力派的控制方式之一。调动是政治活动中，特别是人事任免中一种常见的现象，那么调动究竟有何讲究呢？

工作需要是调动最为简单的原因。某位官员其阅历、经验、资历等因素恰好可以胜任某一岗位，而又没有其他的人员可以代替，这样自然而然形成了调动。这种调动主要是平级或者降级调动。平级调动或由握有实权的部门移位到没有实权的部门，这是一种表面平级实际降级调动的做法；或者是由没有实权的部门移位到有实权的部门，这是一种表面平级实际升级调动的做法。而降级调动则带有惩罚性，升级调动则带有奖励性，这些调动一般也都是合理的。

但是职位的调动背后是政治的需要。一是可以防止政治权力被凝固化。试可想象，一个官员在一个地方时间过长，其领导方式和思维会逐步凝固化，而随着单个人不断地凝固化，那么整个官僚体系也将凝固化，这对于需要高效率运作的政府来说是极为不利的。二是只有调动才使得整个官僚队伍处于不断的流动之中,各级官员才能看到个人"前途",才能工作有干劲,从而有利于维护国家的统治和政权的稳定。从心理和生理学的角度上看,一个人在其工作岗位上七年一调整是极为有益的。

从中央集权的角度看,只有不时地调动,才能防止地方割据势力的出现。回顾历史,可以发现,相当多的地方割据势力都是因为祖、父、子长期占据着一个地方的统治权,该地方成为家族经营地,国家的权力很难触及,即使触及也很难进入,因为中国的人情社会已经形成了盘根错节的关系,他们在已然形成的利益圈内相互"捆绑"在了一起,并一致对付外来势力甚至中央政府,这是长期没有调动所带来的负面影响。受这种负面影响危害最大的是经济发达的地方、边疆地区还有军队。特别是军队一旦形成了足以和中央抗衡的力量,国家将面临分裂。中外历史不止一次地证明了这种危害性。

当然,调动是必要的,但也不能太频繁。

247. 玩物丧志

仇士良以左卫上将军、内侍监致仕。其党送归私第，士良教以固权宠之术曰："天子不可令闲，常宜以奢靡娱其耳目，使日新月盛，无暇更及它事，然后吾辈可以得志。慎勿使之读书，亲近儒生。彼见前代兴亡，心知忧惧，则吾辈疏斥矣。"

——《资治通鉴》卷二四七·《唐纪》六三

【译文】

仇士良以左卫上将军、内侍监的职位退休。他的党羽送他返回家中，仇士良教给他们保持权力和恩宠的方法，说："对于天子，不能让他有闲暇的时间。应当经常变换花样，供他游戏玩乐，以便沉湎于骄奢侈靡的生活之中，无暇顾及朝政。这样，我们才可以得志。千万不要让他读书，亲近读书人。如果天子喜爱读书，明白了以前各个朝代兴亡更替的经验教训，惧怕丧失政权，就会励精图治，那么，我们就会被斥责疏远。"

仇氏言语不多，总之一句话，就是要让天子玩物丧志。古往今来，玩物丧志者不计其数，普通人有之，坐拥天下的君王也有之。春秋时，卫国的第十四代君主卫懿公特别喜欢鹤，整天与鹤为伴，如痴如迷，丧失了进取之志，常常不理朝政、不问民情。他让鹤乘豪华的车子，比国家大臣所乘的还要高级。为了养鹤，每年耗费大量资财，引起大臣不满、百姓怨恨。公元前659年，北狄部落侵入国境，卫懿公命军队前去抵抗，将士们气愤地说："既然鹤享有很高的地位和待遇，现在就让它去打仗吧！"懿公没办法，只好亲自带兵出征，与狄人战于荥泽，由于军心不齐，结果战败而死。

可见，说玩物会使人身败名裂、丧权亡国，一点也不为过。古往今来，玩赌博的丧家财、丧人格；沉湎于脂粉的丧豪气、丧志向；就是小孩子，也有贪玩把功课丢了的。"玩物"让人沉迷，沉迷而后"忘志"，志"忘"得久了，即使要重新立志怕也难了。

"丧志"多因"玩物"。那么，"玩物"是否就一定"丧志"呢？香港出色的卡通漫画创作人麦家碧，其创作的卡通漫画麦兜系列在香港甚至全国都很有名气。但是有谁知道她从小就沉迷于动画和漫画，就连家人也无可奈何，但她却创造了风靡流行的卡通片和卡通人物。而这种痴迷于斯、成就于斯的例子并不鲜见。

爱因斯坦曾说过："拉琴于我思考大有裨益。"可见"玩物"也可以得志。同为"玩物"，结果怎么大不相同呢？这得从"志"说起，这个"志"可以有两种解释：一是某种目标；二是对待人生的正确态度。在外物的引诱下，放弃了正确的人生态度，因此"丧志"。可见"玩物"只是外因，只能影响却不能决定个人的命运。如果坚定正确的人生态度，完全可以做到虽"玩物"，不丧志，甚至可以以"玩物"陶冶情操，促进自我完善；也可以如麦家碧一样，以所玩之物为志，在玩的乐趣中达到成功的彼岸。

可见"玩物"并不一定"丧志"，只要坚定了志向，一点小小的"玩物"或许也可成为前进路上的助推器。

248. 治家即治国

十一月，庚午，万寿公主适起居郎郑颢。颢，絪之孙，登进士第，为校书郎、右拾遗内供奉，以文雅著称。公主，上之爱女，故选颢尚之。有司循旧制请用银装车，上曰："吾欲以俭约化天下，当自亲者始。"令依外命妇以铜装车。诏公主执妇礼，皆如臣庶之法，戒以毋得轻夫族，毋得预时事。又申以手诏曰："苟违吾戒，必有太平、安乐之祸。"颢弟颋，尝得危疾，上遣使视之。还，问"公主何在？"曰："在慈恩寺观戏场。"上怒，叹曰："我怪士大夫家不欲与我家为昏，良有以也！"亟命召公主入宫，立之阶下，不之视。公主惧，涕泣谢罪。上责之曰："岂有小郎病，不往省视，乃观戏乎！"遣归郑氏。由是终上之世，贵戚皆兢兢守礼法，如山东衣冠之族。

——《资治通鉴》卷二四八·《唐纪》六四

【译文】

十一月庚午（十四日），万寿公主嫁起居郎郑颢。郑颢是郑絪的孙子，举进士第，任校书郎、右拾遗内供奉，以文才风度儒雅而著称于士林。唐宣宗宠爱万寿公主所以选郑颢以尚公主。礼官遵循旧制度，想用银子装饰马车，唐宣宗说："我正想以俭朴节约来教化天下人，应当从我的亲人开始。"于是下令依照外命妇的标准用铜装饰车辆。唐宣宗又颁下诏书，令万寿公主要执守妇人的礼节，不能因为自己是皇帝的女儿而失礼不守规矩，一切规矩都依照臣下庶民的习惯法律，并告诫万寿公主不得轻视丈夫家族的人，不得干预时事。唐宣宗自写诏书告诫万寿公主说："如果违背我给你的告诫，必然会有当年太平公主、安乐公主那样的祸患。"郑颢之弟郑颋，曾患有重病,十分危急,唐宣宗派遣使者去探视,回宫后,唐宣宗问道:"万寿公主在什么地方?"使者回答说:"在慈恩寺观戏场。"唐宣宗听后勃然大怒,叹惜说:"我一直奇怪士大夫家族不想与我家结婚,现在看来是有原因的!"立即命令召万寿公主入禁宫,让她站立在庭殿台阶之下,看也不看她一眼。万寿公主感到恐慌,泪流满面,向父皇谢罪。唐宣宗责备女儿说:"哪有小叔子病危,嫂子不去探望,反而有兴致去看戏的道理!"派人将万寿公主送回郑颢家。于是直到唐宣宗死,终其朝,皇亲遗戚都兢兢遵守礼法,不敢有违逆,像崤山以东以礼法门风相尚的世族一样。

修身、齐家、治国、平天下,可谓中国古代很多仁人志士的理想。而被称为"小太宗"的唐宣宗在治家方面颇有所得,作为君主,他也可算是有为的帝王。

为了严明法律,他不徇私情,特别是对爱女的严格要求,更能说明唐宣宗崇尚以法治天下,既不是那种朝令夕改之君,也不是那种徇私枉法之帝。既然制定了法律,就应该遵守法律,皇帝也不能够破坏。如果凭有靠山就可公然违反法律,不必接受制裁,不仅要乱了朝纲,失了民心,甚至可能失去皇权天下。

公主出嫁,原本似应奢华铺张,并好好庆贺一番。而唐宣宗却要借着嫁女的机会,"以俭约化天下"。如果是一般下旨意,可能其效果微乎其微。孔子言"其身正,不令而行,其身不正,虽令不行"。皇帝提倡节俭,但如果其不能身体力行,那么不仅得不到效果,反可能招来天下人的耻笑。唐宣宗恰如其分地利用嫁女这个事件,使得天下尽知皇帝节俭、皇室节俭。这样一来,百官、百姓岂能不从之如流?"治家如治国",皇室从善一分,则百姓从善一分,唐宣宗深谙此道。

同样,当郑颢的弟弟,也就是公主的小叔子得了重病时,"上遣使视之",并问"公主何在"?当有人回答说"在慈恩寺观戏场"时,宣宗发了脾气,好好教训了公主一通。封建社会的统治依靠的不仅仅是法,还用孔孟之道,二者缺一不可。面对自己的女儿不顾礼法,在小叔子生病期间外出看戏娱乐,唐宣宗之所以大怒,是因为他知道,身为一国公主,其言行就该是天下楷模,是万民效仿的对象。孔孟之道作为封建统治最重要的工具,如统治者自身就置若罔闻,又如何让天下百姓信之、践之。那时的明君想到的都应是家国天下,国就是家,治家就是治国。他们明白:决不能因顾了家而动了国之本,失了民心,甚而丢了江山。

249. 节流

丁卯，右补阙内供奉张潜上疏，以为："藩府代移之际，皆奏仓库蓄积之数，以羡余多为课绩，朝廷亦因而甄奖。窃惟藩府财赋，所出有常，苟非赋敛过差，及停废将士，减削衣粮，则羡余何从而致！比来南方诸镇数有不宁，皆此故也。一朝有变，所蓄之财悉遭剽掠。又发兵致讨，费用百倍，然则朝廷竟有何利！乞自今藩府长吏，不增赋敛，不减粮赐，独节游宴，省浮费，能致羡余者，然后赏之。"上嘉纳入。

——《资治通鉴》卷二四九·《唐纪》六五

【译文】

丁卯（初八），右补阙内供奉张潜向唐宣宗上疏，认为："藩镇使府每当主政官按期调任他官的时候，都得向朝廷奏告使府仓库所蓄积的钱粮数目，将规定数额之外的余额多作为吏部考课的治绩，朝廷也以此来进行甄别奖励。我想藩镇使府的财赋，所出有常数，如果不是对所管下的民众聚敛过多，以及停废所部将士的军饷，减扣士兵的衣，那朝廷所定税额之外的余额从什么地方而来！近来南方几个藩镇常有不安宁，都是这个缘故。一旦发生变故，使府仓库所积蓄的财赋全部遭到抢劫，而朝廷又调发军队去讨伐，所需费用更是使府仓库所畜财物的百倍，这么来看对朝廷又有什么利益！希望自今以后，凡藩镇使府主政官吏，不必增加对管内民众的赋敛，不准减少所税将士的赐粮，并且节制府帅长官的游宴之费，省下一切浮华费用，能这样在朝廷规定的赋税数额之外而有余额，当然可以得到奖赏。"唐宣宗赞许并采纳了张潜的意见。

唐朝时期,因朝廷根据地方官员在权力交接时财政的盈余数评定政绩,追求政绩的地方政府则采用各种不当手段保证相当数量的盈余,以致"南方诸镇数有不宁"。那么如何有效解决这一问题,张潜给出了答案。

尽管制订了财政制度奖励政策,但是这些政策不能被歪曲地执行,这样的盈余才真正具有意义。做到这一点必须从以下几点入手:

一是不增赋敛。征收税收才能维持国家机器正常运作,但是征税必须有一个度的原则。在中国古代,农民基本上是依靠农业生产维持生计。而农业靠天吃饭,时常会出现歉收晴况,但是税收又是既定的。所以说国家应该适时调整赋税,以符合农业发展和农民生活的实际状况。但由于地方追求政绩,可能出现税收的总量调高,加重农民负担,甚至威胁到农民的生存。一旦农民难以生存,不可避免地会出现官逼民反的情形。

二是不减粮赐。对于士兵、部属不能克扣粮饷,必须按量按时发放,才能保证他们安心从业。否则部属不安心,行政效率下降,军队战斗力下降,都将成为国家的隐患。

三是节游宴,省浮费。指的是对公共财政的"节流"。减少吃喝宴请,减少娱乐游玩,减少华而不实的开支花销,在节流上很下功夫,才能算是真正的盈余。

所以说,对于政府而言,保证国家财政和经济发展、民众增收同步,保证大力发展生产、创造出更多的财富是财政盈余的根本途径,但是"节流""减赋"等措施也是必要的,甚至在某些时候是重要的。

250. 娱游忘国

上（唐懿宗）游宴无节，左拾遗刘蜕上疏曰："今西凉筑城，应接未决于与夺。南蛮侵轶，干戈悉在于道涂。旬月以来，不为无事。陛下不形忧闵以示远近，则何以责其死力！望节娱游，以待远人乂安，未晚。"弗听。

——《资治通鉴》卷二五〇·《唐纪》六六

【译文】

唐懿宗游玩宴饮，不加节制，左拾遗刘蜕上疏谏说："西凉请求建筑城堡，您因游宴应接不暇，对筑城的奏议未予裁决。南蛮侵犯袭击，大批军队在道途上奔走调动。这些天以来，并不是没有事情。陛下没有表现出忧虑的样子，使远近臣民知道，又怎能让将士们去疆场拼死出力！希望陛下能节制游乐，等远地区太平无事之后再来游玩，尚不为晚。"懿宗不听。

娱乐，不是不可为之，而是要有"度"。帝王置国计民生于不顾，总是"忙于"娱乐，将政治责任抛于九霄云外，这样的作为有三宗过。

一是误祖。就是对祖先的亵渎。后代皇帝的失职实际上是对前代帝王的否定；前代帝王没有选择好储君，也有一定的责任。帝王耽于安乐，就是误祖，因其辜负了先皇的政治委托，也是最大的不孝。二是不为。身为帝王，本就应当为国尽责，但是唐懿宗根本不将国事当回事，置国家的安危于不顾，此非有德之君。既对不起祖先，也对不起黎民。三是为恶。唐懿宗整天贪恋娱乐，荒废国事，实际上已是在不断地为恶，因为国家、百姓都会因他的作为而受到损害。为恶之君，是没有人会去怀念他的。

251. 如此为政

六月,陕民作乱,逐观察使崔莅。莅以器韵白矜,不亲政事,民诉旱,莅指庭树曰:"此尚有叶,何旱之有!"杖之。民怒,故逐之。莅逃于民舍,渴求饮,民以溺饮之。坐贬昭州司马。

——《资治通鉴》卷二五一·《唐纪》六七

【译文】

六月,陕州民众发动叛乱,驱逐观察使崔莅。崔莅以气韵风度自负,不躬亲政务,人民申诉旱灾,崔莅指着庭院中的树说:"树上还长有树叶,哪来的旱灾!"即用棍杖打诉旱的农民。民众被激怒,于是驱逐崔莅。崔莅逃于民宅,口渴求水喝,居民给尿让他饮用。为此崔莅被贬官为昭州司马。

本书在论述从政问题时,一直强调必须把民众的生存和发展问题放在重要的地位。但是从崔莅的所作所为上看,他根本就没有把民众死活当一回事。而对百姓反映旱情,崔莅竟然装糊涂,如此为政,怎能不被百姓"逐之"。

为政者如不为民做事不如回家种红薯,但就是崔莅这样的人为什么能够"混"到观察使?所谓严格的考核制度在哪里?又是谁给不作为的官员予机会?

所以,在痛斥某些官员没有以民为本时,认真研究这种现象背后的原因可能更为有益。

252. 短视岂可成大业

王仙芝攻蕲州,蕲州刺史裴偓……与仙芝约,敛兵不战,许为之奏官;镣亦说仙芝许以如约。……乃以仙芝为左神策军押牙兼监察御史……仙芝得之甚喜……黄巢以官不及己,大怒曰:"始者共立大誓,横行天下,今独取官赴左军,使此五千余众安所归乎!"因殴仙芝,伤其首,其众喧噪不已。

——《资治通鉴》卷二五二·《唐纪》六八

【译文】

王仙芝率军攻蕲州。蕲州刺史裴偓……与王仙芝约和,收兵不战,并答应为王仙芝向朝廷奏请求得一个官爵。王镣也劝说王仙芝准许裴的约和请求。……于是任命王仙芝为左神策军押牙兼监察御史……王仙芝得到委任状欢喜万分,……黄巢以朝廷给官没有自己的份,勃然大怒,对王仙芝说:"我与你曾共同立下誓言,要横行天下,今天你独自获得朝廷的官爵而要赴长安为禁军左军军官,让我们五千多弟兄怎么办?归于何处?"愤怒之余,黄巢竟殴打王仙芝,将王仙芝的头打伤,其余部众也喧闹不已。

农民起义是中国古代历史的一个永恒主题,可无数次的农民起义,不是失败了,就是成为改朝换代的工具。看了王仙芝和黄巢的所作所为,也许能了解一些个中原由。

农民是落后生产力的代表,其起义基本都处于自发的状态,也就是被逼迫到无法生存的时候他们便造反,这是农民起义共同的起因。所以这种被迫起义的目的不是为了推翻朝廷,而是为了"一碗饭吃",如果实现了这个目标,那么他们手里的长矛可能就会"束之高阁"。王仙芝仅仅被授予一个不大的官位,便"甚喜",可见其"英雄气短"。而黄巢看到自己没有被封官,怨恨不平,于是便大打出手,其他人也都是吵闹不已。如此短视的英雄不可能有大的政治作为。而他们之所以有如此表现,实际上是一种动力的问题。

人的行为很大程度上是受动力控制的,如果一个人缺乏动力,就失去了前进的可能性。太平天国同样声势浩大,并给清王朝以沉重的打击。但打到了天京(今南京),便开始"分赃"胜利果实,开始学习封建的一套,腐败和灭亡随之而来,最后是功败垂成。李自成也是如此,攻入北京,就以为已经胜利,动力没了,结果也就败了。

小农自身的劣根性,使他们缺少远见、缺少远大目标,更谈不上能提出具有进步性的纲领。因而他们的起义不是被他们所反对的势力打败,就是他们也成为自己所曾反对的势力,如此而已。

253. 上兵伐谋

　　王郢横行浙西，镇海节度使裴璩严兵设备，不与之战，密招其党朱实降之，散其徒六七千人，输器械二十余万，舟航、粟帛称是。敕以实为金吾将军。于是郢党离散。郢收余众，东至明州，甬桥镇遏使刘巨容以筒箭射杀之，余党皆平。璩，谞之从曾孙也。

　　　　　　　　　　——《资治通鉴》卷二五三·《唐纪》六九

【译文】

　　王郢乱军横行于浙西，镇海节度使裴璩调集军队严加守备，不与王郢军交战，而暗中招纳王郢党羽朱实投降，使王郢党徒六七千人散伙逃走，朱实又向裴璩输缴军用器械二十余万件，舟船、粟米布帛数量也很多。唐僖宗下诏敕任命朱实为金吾将军。于是王郢乱党大都离散。王郢收集余众，东窜至明州，被甬桥镇遏使刘巨容用筒箭射死，其余乱党全部平定。裴璩是裴谞的曾侄孙。

　　唐末时期，王郢作乱，横行浙江。为消灭朝廷这一隐患，镇节度使斐璩表面上严兵设备，枕戈待发，实则暗度陈仓秘密招降并重用郢党朱实，以分化瓦解郢党，剪除王郢羽翼，动摇其军心，削弱对方军事实力，从而达到不战而屈人之兵的目的。

　　《孙子兵法》曾说："百战百胜，非善之善也；不战而屈人之兵，善之善者。"大凡善用兵者，都不爱用兵。因为任何一场战争不仅需要消耗大量的物资，投入大量的资金，给国家经济带来极大的负担，也同样不可避免会带来大量人员的伤亡,造成生灵涂炭,给国家和百姓带来极大的灾难。因此孙子认为"上兵伐谋,其次伐交,其次伐兵,其下攻城",解决战争的最好方式是和平,是不战而屈人之兵。

因此,面对敌人,最好的解决方式是化干戈为玉帛,化敌为友,甚至使之为己所用。而这就要求领导者要有是够的智慧和耐心,想尽办法化解敌我矛盾,伏其志,降其心,使其为我所用。三国时期,南蛮犯蜀,诸葛亮挥师南征。到了南蛮之地,双方首战诸葛亮便大获全胜,生擒南蛮首领孟获,但孟获认为胜败乃兵家常事,内心不服。诸葛亮认为"以德服人方能令人心服,以力服人必生后患",于是便有诸葛亮七擒孟获的故事。而降服孟获后,蜀国不仅从此再无蜀南之患,也受到了三百多个邻邦的进贡。由此可见,面对敌人应"攻心为上",这不仅可以有效地保存和壮大自身实力,也可以化敌为友,为自己赢得更多的支持和尊敬。

纵观历史,不少优秀将领坚持"上兵伐谋",通过"攻心为上"的方式达到不战而屈人之兵。当敌强我弱时,通过"伐谋"以求自保,甚至实现以少胜多,以弱胜强。如,淝水之战中东晋以八万兵力击败八十万秦军。三国时期,诸葛亮错用马谡痛失街亭后,司马懿乘虚而入,引兵进攻西城。而此时,诸葛亮身边既无大将,手下也只剩两千多名老弱残兵。而就在这种情况下,诸葛亮却淡定自如,巧施空城计,吓退司马懿,这便是"伐谋"的至高境界。

254. 以德治国

　　上日夕专与宦者同处,议天下事,待外臣疏殊薄。庚午,左拾遗孟昭图上疏,以为:"治安之代,遐迩犹应同心;多难之时,中外尤当一体。去冬车驾西幸,不告南司,遂使宰相、仆射以下悉为贼所屠,独北司平善。况今朝臣至者,皆冒死崎岖,远奉君亲,所宣自兹同休等戚。伏见前夕黄头军作乱,陛下独与令孜、敬瑄及诸内臣闭城登楼,并不召王铎已下及收朝臣入城。翌日,又不对宰相,亦不宣慰朝臣。臣备位谏官,至今未知圣躬安否,况疏冗乎! 傥群臣不顾君上,罪固当诛;若陛下不恤群臣,于义安在! 夫天下者,高祖、太宗之天下,非北司之天下;天子者,四海九州之天子,非北司之天子。北司未必尽可信,南司未必尽无用。岂天子与宰相了无关涉,朝臣皆若路人! 如此,恐收复之期,尚劳宸虑,尸禄之士,得以宴安。臣躬被宠荣,职在裨益,虽遂事不谏,而来者可追。"疏入,令孜屏不奏。辛未,矫诏贬昭图嘉州司户,遣人沉于蟆颐津,闻者气塞而莫敢言。

——《资治通鉴》卷二五四·《唐纪》七〇

【译文】

　　唐僖宗日夜专门与宦官同处,共议天下之事,而待禁外朝臣越来越疏远,礼遇也越来越薄。庚午(二十四日),左拾遗孟昭图上疏谏诤,认为:"太平治安时期,远近犹应同心协力;国家多难时期,朝中朝外更应该同为一体。去年冬季,皇上车驾西行,不告诉南司宰相朝臣,以致使宰相、仆射以下百官都被黄巢贼寇所屠杀,只有北司宦官得平安无事。况且如今朝臣能到达这里,都是冒着生命危险,经过崎岖之道,才得以远道来侍奉君上,所以应当从此休戚与共。而我看到前天傍晚西川黄头军作乱,陛下只是与田令孜,陈敬瑄及诸宦官内臣紧闭城门登上城楼躲避,并不召宰相王铎并让朝臣入城。第二天,又不召对宰相,也不宣慰朝臣。我位至谏臣,却至今不知道陛下圣体是否安泰。倘若群臣不顾君上,其罪固然应当遭诛;若陛下不抚恤群臣,于理义上也说不过去。大唐天下是高祖、太宗开创的天下,并不是北司宦官的天下;大唐天子是四海九州百姓的天子,也不是北司宦官的天子。北司宦官未必人人尽可信任,南司朝官也未必人人都无用。岂有天子与宰相毫无关系,朝臣都视如路人!这样下去,恐怕收复京师之期,还要有劳于陛下思虑,而尸位素餐之士,却得以安享酒宴。我受到陛下的宠任有幸被任为谏臣,职责就是上言谏诤,以有裨益于国家,虽然我不一定尽到了随事谏诤的职责,但有后来者可以继续谏诤。"疏状送入行宫禁内,被田令孜扣留而不上奏。辛未(二十五日),田令孜假借唐僖宗的名义矫诏贬孟昭图为嘉州司户,又派人于蟆颐津将孟昭图投入江中淹死。朝臣闻知此事都义愤填膺,敢怒而不敢言。

唐僖宗大概是因生于深宫之中,长于宦官之手,所以他待"外臣殊疏薄",而对宦官特别信任,不仅"日夕专与宦官同处",即使商议"天下事",也根本不与臣僚商量。尤其是在"治安之代""多难之时"的国家动荡时期,君臣之间本更当"遐迩同心,尤当一体",而唐僖宗不管是"车驾西幸",还是"闭城登楼",皆是既"不对宰相","亦不宣慰朝臣",以至孟昭图近乎愤慨地抱怨说:"岂天子与宰相了无关涉,朝臣皆若路人!"甚至还毫不客气地"指责"道:"傥群臣不顾君上,罪固当诛;若陛下不恤群臣,于义安在!"而他自己虽以"遂事不谏,来者可追"的精神慨然上疏,最后却落得个被"沉于蟆颐津"的悲惨结局。

由这则故事我们联想到古人所说的"以诚待民,以德治众"。的确,我们在坚持依法治国的同时,也要坚持"以德治国",这是对古今中外治国经验的深刻总结。"德治"属于思想建设和精神文明建设的范畴,它是以其说服力和劝导力提高社会成员的思想认识和道德境界。它的地位和功能决定了"德治"应从领导做起。宋人李邦献说过:"轻财足以聚人,律己足以服人,量宽足以得人,身先足以率人。"只有领导成为道德修养和道德教化的表率,才能"以德服人"。既为表率,就不能使自己的道德修养、思想境界停留在与老百姓同一台阶上,这样才能在"德治"中发挥示范作用,民众也才能信服。

古语云:"其身正,不令而行;其身不正,虽令不从。"中国共产党人正是以以身作则的精神和率先垂范的行动,把广大人民群众紧密地团结在自己的周围,并使党的号召成为群众的自觉行动,从而取得了革命和建设的一个又一个的胜利。然而,在今天的现实社会中,有的"公仆"对"以诚待民,以德治众"的道理却缺乏深刻的理解,更缺乏自觉的行动。他们仅凭借权力施政,甚至以势压人,以法制人。他们自己以权谋私,却要群众克己奉公;自己争名争利,却要群众大公无私;自己贪图安逸,却要群众艰苦奋斗;自己弄虚作假,却要群众实事求是;自己贪污腐化,却要群众廉洁奉公。这种言行不一、表里不一的人,极大地损害了党的形象,自然也难以在群众中树立良好的威信。

正人必先正己。"上清而无欲,则下正而民朴"。要求别人做到的,自己应首先做到;禁止别人做的,自己则坚决不做。连自己都做不到或不愿做的,要求群众做到显然是不可能的。"喊破嗓子,不如做出样子。"普通群众对领导总是"听其言观其行"的,"以正德临民,犹树表望影,不令而行"。要知道,权力会随时局而有所变化,但崇高的品德却能永驻人民心中并成为一种行为楷模。"财不如义高,势不如德尊。"作为人民公仆,就要做到识大体,顾大局,先公后私,大公无私,克己奉公;要毫不利己,专门利人;要吃苦在前,享受在后,勇于牺牲,乐于奉献;要清正廉洁,公道正派,不谋私利;要严格要求自己,自重、自省、自警、自励,经得起苦与乐、公与私、是与非、荣与辱、义与利等诸多考验。

255. 坦诚以待

　　时诸道兵皆会关中讨黄巢，独平卢不至，王铎遣都统判官、谏议大夫张濬往说之。敬武已受黄巢官爵，不出迎，濬见敬武，责之曰："公为天子藩臣，侮慢诏使，不能事上，何以使下！"敬武愕然，谢之。既宣诏，将士皆不应，濬徐谕之曰："人生当先晓逆顺，次知利害。黄巢，前日贩盐虏耳，公等舍累叶天子而臣之，果何利哉！今天下勤王之师皆集京畿，而淄青独不至。一旦贼平，天子返正，公等何面目见天下之人乎！不亟往分功名、取富贵，后悔无及矣！"将士皆改容引咎，顾谓敬武曰："谏议之言是也。"敬武即发兵从濬而西。

——《资治通鉴》卷二五五·《唐纪》七一

【译文】

　　当时各道官兵都汇聚关中讨伐黄巢，唯独平卢的官军没有到来，王铎派都统判官、谏议大夫张濬前往规劝王敬武。王敬武已经接受了黄巢封给的官爵，拒不出城接迎，张濬见到王敬武，责问他说："你是大唐天子的臣僚，却侮辱怠慢传诏的使臣；你不能待奉朝廷，又怎么能指挥下属！"王敬武十分惊讶，感谢张濬的开导。宣读过唐僖宗的诏书，将士们却都没有响应，张濬慢慢地谕劝他们说："人生在世应当首先知道什么是反动叛逆，什么是顺应时势，其次应当知道干什么有利，干什么有害。黄巢这个人，从前不过是个贩卖食盐的下贱人，你们舍弃几代的大唐天子而对黄巢称臣，究竟能有什么好处？现在天下救援大唐皇帝的军队都聚集在京畿一带，可是唯有淄青的官军不到；将来一旦贼寇平灭，大唐皇帝回京师重新一统天下，你们还有什么脸面去见天下的人？现在若是不立即前往建功立业、争取荣华富贵,将来后悔可就来不及了!"平卢将领和士兵听了张濬的一番讲话后都收起刚才的面容,感到自己错了,纷纷回过头对王敬武说:"谏议大夫张濬的话对呀!"王敬武立即派发军队跟随张濬往西开进。

这位张濬,河间人,性格"倜傥不羁","涉猎文史",但喜在大庭广众中高发议论,谈古论今,有一种令人厌烦的表现欲。因此,和他同辈的士人大多不愿与他交往,也没人找路子帮他晋升。因郁郁不得志,于是隐居金凤山中,学习纵横术,想通过纵横捭阖之术显达。后来为枢密使杨复恭所知,荐为太常博士,以后又当了度支员外郎。宰相王铎都统各道行营讨贼时,又将他用为都统判官。

这时,山东诸侯中最强者为平卢军的王敬武,但却已归附黄巢。张濬奉诏前往劝说,王敬武不以朝使之礼接待。张濬斥责说:"公为天子守卫藩镇。如今使者赍诏前来,公不但不向北跪伏接旨,反而加以侮慢。不识君臣大体,公又如何得以号令麾下吏民?"王敬武惊愕愧疚,连忙道歉。张濬宣读诏书之后,平卢将士都沉默不答。张濬便发挥起纵横家卓绝的口才,放声说道:"人生在世,当明察天下利害。黄巢,不过一贩盐贼而已。诸公舍天子而臣事于他,又有何利? 如今诸侯勤王之师接踵而来,公等却据一州坐观成败,等到巢贼平定,诸君又将如何自处?"听了这番话,平卢诸将异口同声回答:"谏议大夫的话对极了!"王敬武当即引军随同张濬西行勤王。以此功劳,平贼之后张濬升为户部侍郎,后又升为平章事、叛度支等。

在复杂的政治斗争当中,也是需要坦率真诚,这样才能取信于人。洞悉人心、洞察人性已经不容易,设身处地、将心比心就更不容易。张濬劝说王敬武时显得坦诚、大气、自然、实在,一点没有装腔作势的样子,这是因为张濬能够洞察人性、洞悉人心,也就掌握了用人之道;掌握了用人之道,就可轻而易举地说服他人为己所用。因为他明白:政治斗争,兵戎相见,尤其是在紧要关头,需要实话实说、坦诚相见。

256. 劫富济贫

先是,朱敬玫屡杀大将及富商以致富,朝廷遣中使杨玄晦代之。敬玫留居荆南,尝曝衣,瑰见而欲之,遣卒夜攻之,杀敬玫,尽取其财。

——《资治通鉴》卷二五六·《唐纪》七二

【译文】

此前,朱敬玫多次屠杀军中大将和富商(霸占他们的资财)使自己富了起来,朝廷派遣宦官杨玄晦取代了他。朱敬玫留居荆南,他曾经晾晒衣服,被瑰看到而产生了贪欲,便派遣军队夜间前去攻打,杀掉朱敬玫,把财物全部抢去。

朱敬玫多次屠杀军中大将和富商,霸占他们的资财,这让我们联想到"劫富济贫"。英雄们这样承诺,"劫富"是为了"济贫",善良百姓也如是期望。然而,事实与口号一样动人吗?

晁盖等一干人企图劫走梁中书搜括民众的十万贯金银珠宝,说词都是"不义之财,取之何碍!"但生辰纲之"不义之财"到手后,他们又是如何济贫的呢?晁盖、吴用等人在庄中饮酒作乐,"三阮得了钱财,自回石碣村去了",这能称济贫吗?

"劫富济贫"的神话寄寓了小生产者的愿望,当他们对生活绝望的时候,就希望有一种正大无私的力量重新分配世间的财富,这是他们的梦想。另一方面,因为底层民众这种对无私英雄的渴望,"劫富济贫"就成为豪强凝聚人心屡试不爽的旗帜。宋代反叛者钟相便是明证。

古往今来，农民革命的理想从"王侯将相，宁有种乎"到"均贫富、等贵贱"，都体现了农民对政治、经济"均等"的渴望。新朝建立之初，在一段时间之内吸取前朝覆亡的教训，休养生息，整体上贫富差异较小。但随着社会发展，贫富逐渐出现差距，等到这差距扩大到社会难以承受的程度，就会酿发革命。革命的方式，常常表现为穷人剥夺富人的财富，然后实现"共同贫穷"的公平。社会又继续发展，直到新的贫富差距再引发新的革命……循环往复，形成周期。这种对生产力破坏、对财富重新分配的"革命"，总是伴随着生命的牺牲和财产的毁坏，伴随着社会资源的破坏与损失。而这种现象的一个规律，便是以"劫富济贫"为号召。

因此，"劫富济贫"只是千百年来社会动荡中一种极具鼓动性的口号，它唤发起普通民众对基本生存的渴望，集聚反对当政的力量，成为一股推动历史变革的破坏力量。而这其中，"劫富济贫"充当了一种"历史不自觉的工具"。

257. 借势借力

　　陈敬瑄方与王建相攻,贡赋中绝。建以成都尚强,退无所掠,欲罢兵,周庠、綦毋谏以为不可,庠曰:"邛州城堑完固,食支数年,可据之以为根本。"建曰:"吾在军中久,观用兵者不倚天子之重,则众心易离。不若疏敬瑄之罪,表请朝廷,命大臣为帅而佐之,则功庶可成。"乃使庠草表,请讨敬瑄以赎罪,因求邛州。顾彦朗亦表请赦建罪,移敬瑄它镇以靖两川。

　　　　　　　　　　——《资治通鉴》卷二五七·《唐纪》七三

【译文】

　　陈敬瑄正与王建相互攻战,因而断绝了向朝廷进贡纳赋。王建因为成都的军队还很强大,后退又没有什么可抢掠的,想停战撤兵,周庠、綦毋谏认为不能这样,周庠说:"邛州城堑壕完整坚固,粮食可供给几年,应当占据这里作为立脚之地。"王建说:"我在军营中的时间很长了,观察那些统率军队的人,如果不倚仗天子的恩威,就容易造成人心离散;我们不如陈述斥责陈敬瑄罪状,进呈表章请求朝廷,任命朝中大臣做统帅,我们来辅助他,那么大业差不多就可以成功了。"于是,王建让周庠起草表章,向朝廷请求讨伐陈敬瑄来赎自己的罪过,并趁便索求邛州。顾彦朗也上表请求赦免王建的罪过,把陈敬瑄调到其他镇所,以便安定东川、西川。

　　王建在与陈敬瑄交战,因贡赋中断,试图退兵。周庠劝其占领邛州作为据点备战,但王建却认为"用兵者不倚天子之重,则众心易离",坚决要求上书朝廷,借助朝廷力量行事。而王建最终能够成事的原因就在于其善于借势借力。

《孙子兵法》有云:"善战者,求之于势,不责于人,故能择人而任势。"作为领导者,想要克敌制胜、攻无不克,就必须知人善用,借势借力,善于利用身边的各种环境,借助他人力量,为己所用。汉高祖刘邦"运筹帷幄之中,决胜于千里之外",不如子房;"镇国家,抚百姓,给馈饷",不如萧何;"连百万之军,战必胜,攻必取",不如韩信。可正是这上马不能征战,下马不能抚民的刘邦,最后却取得了天下,其原因就在于其善于借助下属的势与力。刘邦能知人善用,将子房谋略之才、萧何安民之德、韩信带兵之能引为己用,化下属之所长为己之所以能,从而建立大汉江山,成就千秋伟业。这便是借了下属的"力",从而实现目标。

作为领导者,不仅要善于借助下属和同事的力量,使其为我所用,更要善于借助上级的力量,寻求上级领导的支持和理解,为了作开展创造适合的物质条件和舆论保障。正如王建所言,"用兵者不倚天子之重,则众心易离",凡事如果没有上级领导的理解和支持,则名不正,言不顺,因此仍需借助上级乃至天子之力,如东汉末年曹操的"挟天子以令诸侯",便是其中典型。所以,作为领导而言,不仅要借下属的力,而且还应善于借上级领导的力,不仅让上级为自己指明方向,提供方式方法的指导,也为自己提供各种物质、技术和人员保证,提供舆论引导和支持。

除了借力,领导者还需借势。所谓势,即情势。在井陉之战中,韩信领汉军三万新兵远行千里,攻打号称二十万之巨的赵军,无论从兵力、战力,还是从地域环境上讲都对汉军十分不利。在这种情况下,韩信却背水陈兵,将将士置之死地,使其退无可退,誓死一战。在战争过程中,韩信一方面佯装丢旗弃鼓,诱敌出击,另一方面却派出二千骑兵迂回赵军大营,拔掉赵旗,换上汉军赤色旗帜。当赵军久攻不下,撤退回营时,发现满营汉旗,以为军营被攻破,于是军心崩溃,四处逃散,难挽颓势。这便是韩信的过人之处,其借势造势水平已臻化境。因此,作为领导不仅善于借势,而且要懂得把握借势的时机、方式和技巧,创造出适合自己需要的势,以期实现目标。

258. 君臣之间的经济账

先是,克用遣韩归范归朝,附表讼冤,言:"臣父子三代,受恩四朝,破庞勋,翦黄巢,黜襄王,存易定,致陛下今日冠通天之冠,佩白玉之玺,未必非臣之力也!"

——《资治通鉴》卷二五八·《唐纪》七四

【译文】

在此之前,李克用放韩归范回到朝廷,附带表章诉冤,说:"我家父子三代人,蒙受武宗、宣宗、懿宗、僖宗四朝皇帝的恩德,攻破庞勋叛逆,翦除黄巢贼寇,废黜襄王李,保存易州定州,使得陛下现在头戴帝王的冠冕,身佩洁白的玉玺,这不能说没有我的功劳!"

自古以来,功高盖主、势大压主、才大欺主是为人臣三大忌,文武百官只不过是皇帝的管家和护院的家丁而已。在朝廷危难之时,李克用"破庞勋,翦黄巢,黜襄王,存易定,致陛下今日冠通天之冠,佩白玉之玺",父子三代屡建奇功。可当天下一统,百姓得以安定,李克用就失去了原先利用价值,正如奏本所言,"且朝廷当阽危之时,则誉臣为韩、彭、伊、吕;及既安之后,则骂臣为戎、羯、胡、夷"。面对朝廷责难,李克用似乎颇觉委屈而忿忿不平,但他大概也很清楚:他的存在是对帝位的严重威胁。

人与人交往也包括人生价值互相实现,很多情形下,只有对双方产生"效益",双方关系才能延续下去。最好的驾驭者会时时保持价值的对等,让它处在巅峰的状态,以保证自身的利益持久获得。功臣与皇帝间的利益关系,可以利用经济学的原理加以解释,尽管这不是唯一的解释。

借用经济学理论,可将皇帝与臣子间的关系看作是一种委托代理关系。皇帝作为帝国的所有者,控制着帝国的产权,但他不可能直接治理国家,必须委托一个或数个代理人来帮助他管理国家。在这样一个委托代理关系下,皇帝给臣子们高官厚禄,对他们的要求是勤奋工作,为皇帝效命。不过皇帝最主要、最关心的还是要求臣子们不得造反。

对任何一个皇帝来说,确保江山万代是至关重要的。因此,臣子们是否会造反就顺理成章地成为皇帝们绞尽脑汁来解决的问题。而解决臣子们造不造反的关键在于识别到底谁会造反。但这又是一个信息不对称的格局:臣子们知道自己造不造反,皇帝却难以确知谁是奸臣、谁是忠臣。

对造反者来说,当皇帝的吸引力是如此之高,以至于投入多少都不足为惜。只要有些风险偏好,又有可能造反成功,难保有人不起歹心。面对近乎有无限吸引力的皇帝宝座来说,风险爱好者在有机会时总是偏爱冒险尝试一下的。

每个皇帝都面临着这样的困境:他很难从臣僚集团中分离出忠臣和奸臣,但他又必须想尽办法保证自己的儿孙能顺利继承皇位。为此,皇帝们必须将可能造反的人清除出去,确保江山永固。"宁可错杀三千,不可放过一个",在不能辨别忠奸时,对于皇帝来说,只要把有能力造反的杀掉,剩下的人即使有造反之心,也无造反之力了。

在这种情形下,臣子们仅仅作出不造反的承诺是不够的。为了使自己的承诺可信,臣子们应该交出兵权,使自己丧失造反的能力,但对一个掌握过权力的人来说,选择这种政治生命的自杀却不是一件容易的事情。而且,对那些有极高威望的开国功臣来说,只是交出兵权仍然不能够让皇帝放心,因为功臣们交出了兵权,但还有威望、才干、人际关系和势力集团等无法一起上交。因此,如何面对这样的功臣,依然是帝王们费心的事情。

259. 门第之累

　　以渝州刺史柳玭为泸州刺史。……玭尝戒其子弟曰:"凡门第高,可畏不可恃也。立身行己,一事有失,则得罪重于他人,死无以见先人于地下,此其所以可畏也。门高则骄心易生,族盛则为人所嫉;懿行实才,人未之信,小有玼颣,众皆指之:此其所以不可恃也。故膏粱子弟,学宜加勤,行宜加励,仅得比它人耳!"

　　　　　　　　　　——《资治通鉴》卷二五九·《唐纪》七五

【译文】

　　朝廷任命渝州刺史柳玭为泸州刺史。……柳玭曾经告诫他家中的子弟说:"门第地位高贵,是可怕而不是可以自恃的事。这些人为人处事,如果一件事上出现失误,招来的罪过就会比别人严重得多,死后也没有脸面见地下祖先,这是其所以可怕的原因。门第高就容易产生骄矜之心,家族昌盛就要被人嫉妒;他们的美德善行、真才实学,人们未必相信,而稍微有一点美中不足,大家都会去指责他们,这是其所以不可自恃的原因。因此,高贵人家的子弟,学习应当更加勤奋,行为应当再接再厉,这样也仅仅是能和其他普通人相比而已!"

　　遇罗克在他的《出身论》中说过:"家庭出身问题是长期以来严重的社会问题。"出身问题历为世人所重视。出身于高门第,往往使他们拥有良好的家庭环境,从小就能接受良好的教育,从而一开始就站在比别人更高的起点上。同时,在父辈的熏陶教育下,他们可能超越父辈的才能和素质。在将来的社会生活中,倚仗父辈的威望、地位以及良好的人脉关系,他就是"将门虎子"。高门第本是一种良好的资源,但泸州刺史柳氏尝戒其子弟曰:"凡门第高,可畏不可恃也。"原因何在?

因为门第高,他们会被社会各界格外地关注,他们必须按前人的模式生活,不能离经叛道。换句话说,他们前人的成功与辉煌,也决定了他们这一生必须成功,必须超越他们的前人,否则就是有辱家声,愧对祖先。

我们且不说"一事有失,则得罪重于他人,死无以见先人于地下","门高则骄心易生,族盛则为人所嫉;懿行实才,人未之信,小有玷颣,众皆指之:此其所以不可恃也"。其实柳氏子弟的压力不仅来自外界,也来自柳氏家族。柳玭的一席话,道出了柳家对孩子的期望,也道出了千千万万父母的心声,"学宜加勤,行宜加励",而这才"仅得比他人耳"。天下父母都希望自己的孩子比别人更出色。可是,无论是来自外界的期望,还是父母的期望,过高的期望值都会给孩子造成一种很大的心理压力,时常担心自己是否会达到父辈的要求,对于自己的失败和挫折往往充满失望、愧疚和恐惧。过高的期望往往会使孩子终日生活在对失败的恐惧当中,而一旦面对失败,他们更可能会自我否定,甚至自暴自弃。高期望在不可避免地给孩子带来沉重负担的同时,又进一步加深了他们对失败的恐惧与愧疚,使其逐渐丧失了生活的乐趣。

我们反观这种期望,它在很大程度上是父母或他人对于成功的一种价值认同,是他们心目中所谓的"好"。但这种认同,一方面不可能体现孩子将来生活时代关于成功的价值认同;另一方面这种方向性的限定,在一定程度上脱离了孩子的实际情况,既难以与孩子内心的价值需求相呼应,又违背了他们身心成长的基本规律,必然会对其身心的发展造成负面的影响。

当然,对于孩子的期望无可厚非,适当的期望会给孩子带来前进的动力,但期望过高往往会适得其反。其实"儿孙自有儿孙福",顺其个性,任其发展。一个按自己意愿真实活着的人,一个个性完满的人,才是一个健全、完整的人。

260. 君臣关系

　　李克用遣掌书记李袭吉入谢恩,密言于上曰:"比年以来,关辅①不宁,乘此胜势,遂取凤翔,一劳永逸,时不可失。臣屯军渭北,专俟进止。"

——《资治通鉴》卷二六〇·《唐纪》七六

【译文】

　　李克用派遣军府的掌书记李袭吉进入京师向朝廷谢恩,秘密对唐昭宗说:"近些年来,关辅不得安宁,现在乘着朝廷取胜的优势,应一举攻克凤翔,一劳永逸,时机不可丧失。我正在渭水北部驻扎,专门等候朝廷的命令以便行动。"

【注释】

　　①关辅:指关中及三辅地区。

　　从古代至今,为君者不容易,为臣者也不容易,君臣关系历来难处,尤其是功臣、重臣、权臣与君主的关系。

　　对臣而言,为君者昏庸不行,太英明也不好;对君而言,为臣者不能干不行,太能干也不行。因此,君臣相处总要不断地调整自己,既要互信,又要互防,个中的分寸不易把握。唐昭宗时,李克用经过战争壮大了自身的实力,却引起了朝廷的警惕和担忧。朝廷上下担心"茂贞复灭,则沙陀大盛",从而导致"朝廷危矣",因此下诏"休兵息民",既暂时安抚了茂贞、韩建,又对李克用进行了一定的牵制。

　　自古以来,权臣、重臣往往是朝廷的心腹大患,功高盖主者必诛之,权倾朝野者必杀之。对朝廷而言,不能坐视臣下势力壮大,危及自己的统治。因此"飞鸟尽,良弓藏"的悲剧注定一幕幕上演,甚至"飞鸟不尽",就要考虑"良弓藏"。因此越是劳苦功高,越是屡立战功,越是不得朝廷信任,越是难免因功被贬,甚至难逃一死。李克用何尝不明其中的道理,他虽然希望壮大自己的实力,却总要担心自己成为朝廷的心腹大患,惹来杀身之祸。对于朝廷的做法,他深解其意,他说:"观朝廷之意,似疑克用有异心也。"而对于朝廷"诏免克用入朝",克用表称:"臣总帅大军,不敢径入朝觐,且惧部落士卒侵扰渭北居人。"其实李克用心里明白,如果强要入朝便是挑战天子权威,给了朝廷一个剪除自己的机会,识时务者为俊杰,李克用"屯军渭北,专俟进止",自己给自己找了个理由。

可见君臣之间也是一场博弈。权力争夺并不仅限于臣臣之间、皇室之间,君臣之间的争权是每个皇帝都无法避开的。如何处理好君臣关系,是君臣间永恒的话题。臣子对君王的顺从程度,决定了君臣关系融洽的程度。正常的君臣联系就是臣子对君主的绝对服从。在帝王眼里,人只有两种,一种是绝对顺从的工具,一种是不能顺从的敌人。在封建社会,一个人要想发挥自身才干,就必须把才能和奴性很好地结合起来。没有奴性的人才,和没有才能的奴才,同样都不可大用。

261. 严于律己

丁丑，李克用至安塞军，辛巳，攻之。幽州将单可及引骑兵至，克用方饮酒，前锋白："贼至矣。"克用醉，曰："仁恭何在？"对曰："但见可及辈。"克用瞋目曰："可及辈何足为敌！"亟命击之。是日大雾，不辨人物，幽州将杨师侃伏兵于木瓜涧，河东兵大败，失亡大半。会大风雨震电，幽州兵解去。克用醒而后知败，责大将李存信等曰："吾以醉废事，汝曹何不力争！"

——《资治通鉴》卷二六一·《唐纪》七七

【译文】

丁丑（初五），李克用率领人马到达安塞军，辛巳（初九），李克用攻打安塞军。幽州的将领单可及带领骑兵赶到这里，李克用正在喝酒，前锋将士报信说："贼寇来到了！"李克用喝得大醉，说："刘仁恭在哪里？"手下人回答他说："只看到单可及一伙人。"李克用瞪着眼说："单可及这伙人哪里是我的对手！"当即下令向幽州军队发动进攻。这一天大雾弥漫，分辨不清人和物，幽州将领杨师侃在木瓜涧埋伏下军队，李克用的河东军队在交战中大败，丧失人马超过多半。适逢狂风暴雨电闪雷鸣，幽州军队于是解围离去。李克用醒酒后知道自己的人马吃了败仗，便责怪大将李存信等人说："我因为喝醉酒而耽误大事，你们为什么不极力劝阻！"

"设而不犯，犯而必罚"历来是治军的主要原则。治军的关键是"明赏罚"，有功者必赏，有过者必罚，赏罚不逾日，因为一支纪律严明的军队才能有战斗力。要想"明赏罚"，以法治军，治军者首先要先"正其身"，自己带头遵守，不能自己搞特权，以权免责，甚至将责任推给他人。李克用醉中用兵导致大败，酒醒后非但不自责，反将责任推给大将李存信，斥责诸将"不力争"。身为统帅，不带头执行纪律，对自己所犯的错误文过饰非、诿过于人，如此言行，很易使将帅离心；将帅不合，则军心涣散；军心涣散，战则必败。

三国曹操因马受惊，践踏庄稼，请主簿军法从事。见主簿不敢为，便自拔佩剑，意欲当众自刎。众将惊慌不已，纷纷跪下求道："曹公，您身为全军之首，宏图未展，壮志未酬，怎能轻生？若将你斩首，全军将士何人统帅？当今天下何人统一？"操听了众将劝慰，深深地叹了一口气，恳切地说："我虽不能斩首，但一定要加刑。"说着，又夺回利剑，"唰"地一声将自己的头发割下一大把，掷在地上，以代斩首。接着又传谕三军：统帅战马践踏麦苗，本当斩首，众将不允，遂割发代首，务望全军将士严守军法。曹操的做法树立了遵纪守法的好榜样，赢得了三军将士的敬佩，军心大振。正是由于曹操严明军纪，使他能够做到"指挥三军之众若使一人"。纪律严明是曹操取得军事上辉煌胜利的基本保证。面对践踏庄稼这件事，曹操借机玩了一把心跳，在逃避罪责的同时，又使将士对自己的依法治军有了更深的体会，使得将士上下齐心，更加令行禁止。而李克用放着如此好的治军机会，本也可以借诸如"断发"等方式表示对这次失利的痛心疾首，承担失利的责任，并借机"杀一杀"军中醉酒乱纪之风，进一步提高军队战斗力。将领要治军就应明纪律，就要对违反军令者给予严厉处罚。而将自己排除于纪律、军令之外，是对军纪最大的挑战和威胁。

无组织、无纪律的军队是一群乌合之众，是没有战斗力的。党有党纪，政有政纲，军有军威。没有纪律的约束，一盘散沙，什么事情也干不成。违反纪律必须受到处分，该追究什么责任就追究什么责任，任何姑息养奸、下不为例，都是对违纪行为的包庇和纵容。而有令不行，有禁不止，有法不依，违法不究，破坏纪律，都将损害团队的战斗力。因此，纪律建设就要动真格，对于违法乱纪的人，坚决绳之以纪，绳之以法，绝不手软。而领导者本身更要严于律己，以身作则，有错必罚，有过必改。惟此，方能服众。

262. 处世贵智谋

（江西节度史钟）传少时尝猎，醉遇虎，与斗，虎搏其肩，而传亦持虎腰不置，旁人共杀虎，乃得免。既贵，悔之，常戒诸子曰："士处世贵智谋，勿效吾暴虎也。"

——《资治通鉴》卷二六二·《唐纪》七八

【译文】

江西节度使钟传年轻时曾经打猎，有一次醉后遇见老虎，与之搏斗，老虎扑击他的肩膀，他也抱住老虎的腰不放，旁人共同把老虎杀死，才幸免于难。钟传显贵之后，对这件事很悔恨，经常教戒诸子说："士人处世以智谋为贵，不要效法我空手与老虎搏斗啊。"

成年得贵的钟传还是不能忘记自己青少年时代"暴"的思想和行为，并以此告诫后人，"勿效吾暴虎"，可谓明智。人生活在世界上都是不容易的，可都有自己的生存之道，普通的百姓也是如此。但是处世水平的高低，却因人的处世哲学的不同而大相径庭。

孟子曾对人做了区分，一种是劳力人，一种是劳心人。受古代传统统治思维的影响，大多统治者对民众是鄙视的，并认为智谋这种东西是劳心者们的专利。这是从阶级属性上分析的。

撇开阶级的视角，回到自然辩证的立场，我们可以发现，智谋在处世中是至关重要的。人的认识是由理性认识和感性认识组成的，而决定人的行为多是理性思维，这些都需要智谋加以引导。没有智谋的引导，仅仅依靠感性的判断，对准确认知事物是极为不利的，只有利用智谋才能在错综复杂中拨开"迷雾",找到解决问题的钥匙,所以说处世中的智谋是相当重要的。当然,我们也不否定感性在处世中的特殊作用,特别是直觉的作用。

智谋固然重要,但智谋从何而来?如果我们将伟人的智谋都归于学习的结果,大概是没有人会相信的,因为很多人都认为伟人有独特的感知和判断。同样,对于普通人来说,智谋也不都是由学习而来的。主要有几种获取的途径:一就是学习,这是人获得智谋最为基础性的途径,没有学习,不具备一些基本的知识和素养,很难有新的拓展,很难有比较宽阔的视野,此其一。二是自身实践,书本学习的东西毕竟是历史经验和教训的总结,必须将它放到实践中进行验证。由于人们实践的条件、方式等不一样,对事物的认知不一样,也就会形成不同的智谋。三是感悟,这种感悟是无法通过学习获得的,书本上难以传授。感悟可以将许多相关的事物联系起来,融会贯通,在很短的时间内,抓住事情的本质,找到解决问题的方法。所以,对于智谋的培养,各种途径都同样重要。

263. 丢车保帅应得法

戊申，李茂贞独见上，中尉韩全诲、张彦弘、枢密使袁易简、周敬容皆不得对。茂贞请诛全诲等，与朱全忠和解，奉车架还京。上喜，即遣内养帅凤翔卒四十人收全诲等，斩之。

——《资治通鉴》卷二六三·《唐纪》七九

【译文】

戊申（初六），李茂贞单独进见昭宗，中尉韩全诲、张彦弘，枢密使袁易简、周敬容都不能进对。李茂贞请求杀死韩全诲等，与朱全忠和好，护送昭宗回长安。昭宗听后非常高兴，立即派遣宦官率领凤翔兵卒四十人拘捕韩全诲等，将他们斩首。

李茂贞为摆脱围城困境，与帝谋，以杀韩全诲等人的方式讨好朱全忠（即朱温），但是朱温并不领情，结果是"赔了夫人折了兵"。

在象棋中，我们经常会迫不得已地要舍去"车"，以保证"帅"的安全。丢失了"车"固然可惜，但是为了大局必须丢"车"。李茂贞"活学活用"这一"高招"，企图以他人的人头换取与对手和解，以保证"帅"的安全，却不仅丢了"车"，而且丢了面子，最后将唐昭宗也丢给朱温了。

"丢车保帅"的前提是情势紧迫，非此不可，不是迫不得已，一般不出此下策。李茂贞的做法也算符合这一条，兵困被围，弹尽粮绝，他也实在想不出更好的办法。但重要的是，丢"车"之后，还要有后续的克敌制胜的方法和手段。单靠弃子，而没有其他的应对方略，"老帅"最终也是保不住的。

所以说，迫不得已丢"车"也要讲求时机、方式，也要讲求后发制人。错误的时机，错误的方式，最终将丢车、丢人、丢命。对统治者而言，还会丢了政权。

264. 人主为奴

　　初，翰林学士承旨韩偓之登进士第也，御史大夫赵崇知贡举。上返自凤翔，欲用偓为相，偓荐崇及兵部侍郎王赞自代。上欲从之，崔胤恶其分己权，使朱全忠入争之。全忠见上曰："赵崇轻薄之魁，王赞无才用，韩偓何得妄荐为相！"上见全忠怒甚，不得已，癸未，贬偓濮州司马。上密与偓泣别，偓曰："是人非复前来之比，臣得远贬及死乃幸耳，不忍见篡弑之辱！"

　　　　　　　　　　——《资治通鉴》卷二六四·《唐纪》八〇

【译文】

　　当初，翰林院学士承旨韩偓考中进士的时候，御史大夫赵崇任主考官。昭宗自凤翔返回后，想要用韩偓任宰相，韩偓推荐赵崇及兵部侍郎王赞出任。昭宗也想听从韩偓的建议，但崔胤恨他们分享自己的权力，就让朱全忠入宫争辩反对。朱全忠进见昭宗说："赵崇是轻佻浮薄之首，王赞没有才能，韩偓怎么能随便保荐他们做宰相！"昭宗见朱全忠愤怒得很，无可奈何，于癸未（十二日）将韩偓贬为濮州司马。昭宗秘密地与韩偓哭着告别，韩偓说："这个人不能再与从前相比了，我能够被贬往远离京师的地方任职到死就是幸运了，不忍心看见篡位杀君的屈辱！"

　　作为帝王，连人事都大权旁落，为帝何为，诚视之为奴，悲哉。战争时代，军事压倒一切，军队成为维护国家安定和政权稳定的根本，因此在国家机器之中，军队的地位最为显赫，实权亦最大，国家各方面的工作必须配合他们，目的只为战争的需要。正是在这种背景下，使得有军队指挥权的各路诸侯多出现权力割据,并反过来挟持朝廷和皇帝,因此会出现引文中"帝不得已"、"与偓泣别"的尴尬场面。而导致这一局面的根本原因是帝王对于国家的控制力下降,特别是对军队的控制能力下降;一旦对军队的控制权力削弱,那么帝王的权威将下降。

所以对最高统治者而言,对军队的控制在任何时期都是至关重要的,而控制军队的两把利剑一是统一思想,一是掌握财政。培养军队官兵忠于国家而不是忠于某个人的思想,其效力具长期性和稳定性;而财政权是控制军队最有力的方式,一旦控制了军队财政便控制了军队的生命线。在封建时代,帝王对军队的控制出现问题多出于此。例如,军队与地方的关系过于紧密,军队长官往往也是地方行政长官,军队财政来源有所保证。而随着财权的独立,地方军队便随着势力增大而脱离中央的控制,并反过来威胁中央的统治。

"上密与偓泣别"也说明另一政治问题:虽然封建时代儒家思想在不断教化,皇帝作为天子权威无限,但随着实际控制力的削弱,这种神话不断被打破。因此,只有当实权足够威慑之时,这种教育的作用才能充分体现。从权臣角度上看,当他们还无能力控制国家时,也只能在帝王的旗帜下,不断侵蚀帝王权力,使人主沦为奴,最终形成君臣权力倒置的局面。

265. 以才为先

戊戌,以安南节度使、同平章事朱全昱为太师,致仕。全昱,全
忠之兄也,戆朴无能,先领安南,全忠自请罢之。

——《资治通鉴》卷二六五·《唐纪》八一

【译文】

戊戌（初九）,朝廷任命安南节度使、同平章事朱全昱为太师,不久后
便退休。朱全昱是朱全忠的哥哥,憨厚朴实却没有能力,先兼任安南,朱全
忠自己请求罢免他。

在中国历史上,对于人才的认识一直存在着德与才的矛盾,司马光
对此有精辟的阐述,肯定了德的重要性。我们也认为德是相当是重要的,
但才是根本。朱全昱以其弟之权势得节度使、同平章事之职,但"戆朴无
能",最后也只得"致仕"退休。无才而任官职者只能害人害己。没有才
能为官,地方的治理难有成效,对于一方的民众而言是误人之举,而自己也
只能是疲于应付,却难有成就。

才对战争而言具有绝对意义,有才者,易得胜。而"胜者王,败者寇",
以才智胜人是王者,他们控制话语权后都会把自己宣传为有德之人。

在和平时代,国家也需要有德才之人治国。对于最高统治者而言,有
德无才,有才无德,始终是一个择人、用人的矛盾。只有德才兼备,才有利
于政权稳固,临民施政,而这又显然不是一件简单易行、信手拈来的事情。

266. 釜底抽薪

丙戌，（杨）渥晨视事，颢、温帅牙兵二百，露刃直入庭中，（杨）渥曰："尔果欲杀我邪？"对曰："非敢然也，欲诛王左右乱政者耳！"因数渥所亲信十余人之罪，曳下，以铁挝杀之，谓之"兵谏"。诸将不与之同者，颢、温臣稍以法诛之，于是军政悉归二人，渥不能制。
——《资治通鉴》卷二六六·《后梁纪》一

【译文】

丙戌（初九），杨渥早晨处理事务，张颢、徐温率领二百牙兵，手执刀剑直入庭中，杨渥说："你们真的要杀我吗？"张颢、徐温回答说："不敢这样做，想要杀您左右扰乱政事的人罢了！"于是数落杨渥的亲信十余人的罪状，拖下去，用铁打死。称之为"兵谏"。诸将当中不与张颢、徐温同心合力的，二人逐渐设法将其处死，于是军政大权全归二人，杨渥不能控制。

颢、温以兵谏之方式夺取兵权，此乃釜底抽薪之计。颢、温并没有直接打击杨渥本人，而是采用突袭的方式打击杨渥之亲信，以迅雷不及掩耳之势将杨渥的"左膀右臂"砍断，使之成为真正的孤家寡人，并最终使大权旁落他二人之手。

兵谏是下级进谏上级较为极端的一种方式，其因多有两类：一类是部下尽力进谏，可上级仍无所动。另一类是部下企图夺取权力，但又不从肉体上消灭领导者，而是采用软禁方式，保留其表面上的权威，以形成自己对权力的实际控制。颢、温"釜底抽薪"的政治夺权方式，后世也屡试不爽。权力争斗，不同时代有不同的方式，但终究是以保住现有权势或谋取更大权势为目的的。

267. 贪廉之辨

蜀州刺使王宗弁称疾,罢归成都,杜门不山。蜀主疑其矜功怨望,加检校太保,固辞不受,谓人曰:"廉者足而不忧,贪者忧而不足。吾小人,致位至此足矣,岂可求进不已乎!"蜀主嘉其志而许之,赐与有加。

——《资治通鉴》卷二六七·《后梁纪》二

【译文】

蜀国蜀州刺史王宗弁声称有病,罢官回到成都,闭门不出。蜀主王建怀疑他居功自傲心怀怨恨,给他加官检校太保,他坚决推辞不接受,对别人说:"廉洁的人知足而没有忧愁,贪婪的人忧愁而不知足。我是个小人物,官位到此就满足了,哪里能要求提升不止呢!"王建赞许他的志向并应允了他,大大赏赐。

王宗弁的贪廉之说,实际上映衬了古中国知足常乐与欲壑难填之争。"廉者足而不忧,贪者忧而不足",为人廉正者知足常乐,而贪念不已者欲壑难填。

长期以来,知足常乐成为人们的养生之道,他们认为:人生有限,但财富无限、权势无边。人们的欲望再大,也不能占尽天下所有财富,也不能独掌世间一切权力。以有限追求无限,不仅无有可能,反而徒增烦恼。更何况以贪腐等非正当手段敛财谋权,不仅会有鸡飞蛋打的可能,甚至有人财两空的风险。因而,知足常乐不仅是一种进退自如的人生理念,也是一种待人处事的人生方式。

欲壑难填,这是相对于知足常乐而言,是指一部分人对金钱、权势等方面不合理而又过分贪恋和追求的思想状态。应该说,人们对财、权的追求当适可而止,对精神修养的追求应永不停歇。贪图财、权,终日惴惴不安;廉正自持,自是心安理得。两种人生境况,孰优孰劣,孰高孰下,当为浊者自醒,识者自辨。

268. 念旧情怀

戊子,龙骧将校见均王,泣请可生之路,王曰:"先帝与汝辈三十余年征战,经营王业。今先帝尚为人所弑,汝辈安所逃死乎!"因出太祖画像示之而泣曰:"汝能自趣洛阳雪仇耻,则转祸为福矣。"众皆踊跃呼万岁,请兵仗,王给之。

——《资治通鉴》卷二六八·《后梁纪》三

【译文】

戊子(十五日),龙骧军将校进见均王,流着泪请求指示生存的道路,均王说:"先帝与你们三十余年南征北战,筹划经营帝王事业。现在先帝尚且被人杀死,你们到何处能够逃脱死亡呢!"于是拿出后梁太祖的画像给他们看,并且流着泪说:"你们能够自己奔赴洛阳报仇雪耻,就转祸为福了。"龙骧军兵众跳跃高呼万岁,请求发给兵器,均王发给了他们。

这是古人运用怀旧心理来激励军心的一个例子,实为无奈之举。中国传统的社会里,民众有着浓厚的乡土情愫。这源于农耕社会中人们对土地的依赖和对宗族的依附。这在人际关系上则往往表现为"亲不亲,故乡人"以及对主人的忠诚。

但是,这种以念旧收拢军心的做法,并非都是无往不利。且随着战争深入,死亡人数增加,军队的整编使得血缘、地缘的因素逐渐被打破,兵源多是来自四面八方。另一方面,利用地域关系或不同地域的矛盾,往往也是敌对双方分化、瓦解、拉拢打击对方的方式之一。

269. 面相误人

康王友敬,目重瞳子,自谓当为天子,遂谋作乱。冬,十月,辛亥夜,德妃将出葬,友敬使腹心数人匿于寝殿。帝觉之,跣足逾垣而出,召宿卫兵索殿中,得而手刃之。壬子,捕友敬,诛之。

——《资治通鉴》卷二六九·《后梁纪》四

【译文】

康王朱友敬,眼睛里有两个瞳子,自认为可以当天子,于是阴谋发动叛乱。冬季,十月,辛亥(二十四日)夜晚,德妃将要出葬,朱友敬派了几个心腹偷偷藏在寝殿。后梁帝发现后,光着脚翻墙逃了出去。召集宿卫兵在寝殿里搜查,只要抓住叛乱的人就马上杀死。壬子(二十五日),抓获了朱友敬,并把他杀死。

康王友敬以面相之"福"而贻笑后人,且终被诛杀,此皆面相害人。在传统中国社会,很多人将个人命运的乖舛顺遂归之于天命,相信上天决定人的命运,因而相面、相命之术大行其道。当今官场,也有不少人将运势寄托在命相风水上,弄出许多贻笑大方的事情。

相命者相信命运是上天赋予的,一切是上天安排的;而唯物论者相信机遇是垂青有准备的人的。相命者凡事听天由命,只是被动地听从安排;而唯物论者则强调人为努力。努力了,不一定成功,但成功一定要努力。相信命运,实际上也是相信谋事在人、成事在天。

在当前社会,一味地强调上天已作安排,哪个人将何由进步,社会将何由发展,人类的历史岂非是要停滞不前了吗?

270. 警枕

（吴越王）镠自少在军中，夜未尝寐，倦极则就圆本小枕，或枕大铃，寐熟辄欹而寤，名曰："警枕"。

——《资治通鉴》卷二七〇·《后梁纪》五

【译文】

钱镠从小就在军队中，夜里从未安睡过，困倦极了便枕上一个圆木，或枕上一个大铃休息一下。一睡着，小木枕或大铃便会歪斜，他就会醒来。钱镠把这种枕头叫做"警枕"。

看到"警枕"，想到了《资治通鉴》的编撰者司马光，据说他也是用圆木当枕头，因为圆木容易滑落且久睡生疼，这样不要别人叫就可以醒来，以继续浩大的史书工程。这是先人给我们后人树立的珍惜光阴、节省时间的榜样。

古今中外，多少领袖、名人都是时间管理的大师。周恩来一生为国家和人民作出了巨大贡献，而他自己的睡眠时间有时不超过两个小时，大部分时间都用于国事上，可谓"鞠躬尽瘁，死而后已"。时间管理成就领袖功业，值得后人学习。

实际上，我们可以将一个人要办的事情分成不同类别，在做事之前先要想好，这样诸多问题可以根据轻重缓急的先后排序得到有效解决，否则，眉毛胡子一把抓，最终将是捡了芝麻丢了西瓜。

人和时间是奴隶和主人的关系。混沌式地利用时间，必然成为时间的奴隶，时时都围着时间在转；只有有序管理时间，才能真正掌控时间，成为时间的主人。古人的"警枕"实际上是对时间管理的示范性的方式，走在时间前面，让事情牵着时间的"鼻子"走，这样生活、工作，也才能从容不迫。

271. 公私兼顾

　　高季昌遣都指挥使倪可福以卒万人修江陵外郭，季昌行视，责工程之慢，杖之。季昌女为可福子知进妇，季昌谓其女曰："归语汝舅：吾欲威众办事耳。"以白金数百两遗之。

　　——《资治通鉴》卷二七一·《后梁纪》六

【译文】

　　高季昌派都指挥使倪可福带领一万多士卒修筑江陵的外城，高季昌巡察时，指责工程进展太慢，用棍杖打了倪可福。高季昌的女儿是倪可福的儿子倪知进的妻子，高季昌对他的女儿说："回去告诉你公公说，我打算威慑众人让他们办事罢了。"并送他数百两白金。

　　高季昌此招不可谓不妙，公私兼顾取得良好效果。

　　一是外严内松。面对着亲家在工程建设进程中速度过慢，为了加速进度，公事公办，严肃地处理了亲家，在外人看来，是在公正执法。同时，又通过其女告知可福，如此处理主要是"威众办事"，"杖之"是给外人看的。从私人角度"捡回脸面"，有台阶下，符合中国人际关系的差序格局，毕竟是亲家关系，不能与外人一概而论。但内外有别，外严内松。

　　二是公私分明。亲家主持的工程进度偏慢，可高季昌不因其为亲家而有所宽宥，法不因私而有所偏废，成为执法公正的典范，是值得称道的。

272. 宠信奸佞，以至于亡

　　梁主为人温恭俭约，无荒淫之失；但宠信赵、张，使擅威福，疏弃敬、李旧臣，不用其言，以至于亡。

　　　　　　　　——《资治通鉴》卷二七二·《后唐纪》一

【译文】

　　梁主为人温和、恭敬、简朴，没有纵情享乐。只是特别宠信赵岩、张汉杰，使他们独断专行，作威作福，丢弃和疏远了敬翔、李振等旧臣，不听他们的意见，所以最终导致灭亡。

　　梁主"以至于亡"不是因奢侈，在其他篇章里，我们多次谈及奢侈乃国亡之道，但梁主却非因此而亡，而是因为用人不当。

　　为人温恭俭约，对一般的百姓而言，也是相对较为容易做到的，因为他们经济能力弱、社会地位低，很多情形下，也不得不"温恭俭约"。但是作为帝王，权力极大，诱惑极多，确不太容易。但是这只能保证帝国不会迅速衰败，并不能保证帝国长久强盛。

　　而如何用人则是一个国家强盛与衰落的重要因素。国家方方面面的运作靠的是人，关键在于选对人、用对人。梁主用佞臣，去旧臣，亲佞远贤，何患不亡？

　　领导者们应加强自身修养，同时提高识人、用人的能力，以兼济天下为理政之信念，以独善其身为做人之根本。

273. 利进难止

冬,十日,排陈斩斫使李绍琛与李严将骁骑三千、步兵万人为前锋,招讨判官陈乂至宝鸡,称疾乞留。李愚厉声曰:"陈乂见利则进,惧难则止。今大军涉险,人心易摇,宜斩以徇!"由是军中无敢顾望者。

——《资治通鉴》卷二七三·《后唐纪》二

【译文】

冬季,十月,排陈斩斫使李绍琛和李严率领勇敢善战的三千骑兵、一万步兵为前锋,招讨判官陈乂到了宝鸡说身体有病,请求留在那里。李愚生气地说:"陈乂见到利益就前进,害怕困难便停止。大军进入险要境地,人心很容易动摇,应当杀掉他示众!"因此军中再没有敢踌躇不前进的。

李愚可谓一语道破陈乂内心世界,但未完全理解其内心的复杂性。"利"与"进"虽然相关联,但未必是正关联。"利"是人前进的动力源泉,但是"利"与"进"二者之间是倒 U 型关系。当"利"不断增强时,"进"的可能性也不断地增强。而在"利"刚刚产生之时,则"进"可能处于萌芽之中,因这样的"利"未必能让人觉着有"进"的必要。经过权衡,"利"的效益小于预期,则是难以"进"的。而当"利"不断增大到心理的最高限额,此时"进"的动力最大。

"惧难"是普通人的共性,但是"惧难则止"亦未必。关键在于难易程度与自身的匹配程度,因此难易是相对的,每个人有不同判断并做出不同应对。

274. 救国无言

同光三年十一月;丙申,蜀主至成都,百官及后宫迎于七里亭。蜀主入妃嫔中作回鹘队入宫。丁酉,出见群臣于文明殿,泣下沾襟,君臣相视,竟无一言以救国患。

——《资治通鉴》卷二七四·《后唐纪》三

【译文】

后唐同光三年十一月,丙申(初七),前蜀主回到成都,朝廷百官和宫中妃嫔们到七里亭迎接。前蜀主走到妃嫔的中间效仿回纥人排的队回到宫中。丁酉(初八),前蜀主在文明殿会见群臣,泪水沾湿了衣襟,君臣相视,竟没有一个人说一句解救国难的话。

国家危难,君臣相顾,不知所措,竟无一言,此诚为国之悲怆也。

撇开蜀主不说,作为臣子,国事为重、力争强谏为人臣之本,特别是关键时刻,更应挺身而出。国家危难之时,臣子们应积极主动地谋划筹措应对之方,但仍无一言,实在有失臣子本分。

臣不进言,固臣之过,但更为帝王之过,帝王对于进言的态度决定了臣子进言的表现。帝王不开明,臣子不敢进言,所以国家危亡,帝王与臣子一损俱损,也就不足为奇了。

帝王之过不仅在于对待进言的态度,也在于如何用人。没有宽松的政治氛围,政治上的开明是"难以为能"的。常态之下,也许不能暴露其问题,一旦危机四起,后果可能就是不堪设想,就如引文"无一言以救国"。

275. 欺人终欺己

门下侍郎、同平章事豆卢革、韦说奏事帝前，或时礼貌不尽恭；百官俸钱皆折估，而革父子独受实钱；百官自五月给，而革父子自正月给；由是众论沸腾。说以孙为子，奏官；受选人王修赂，除近官。中旨以库部郎中萧希甫为谏议大夫，革、说覆奏。希甫恨之，上疏言"革、说不忠前朝，阿谀取容"；因诬"革强夺民田，纵田客杀人；说夺邻家井，取缩藏物"。制贬革辰州刺史，说溆州刺史。

——《资治通鉴》卷二七五·《后唐纪》四

【译文】

门下侍郎、同平章事豆卢革、韦说在后唐帝面前奏请事情时，有时很不恭敬。百官的俸禄都折价放发，只有豆卢革父子的俸禄拿实际钱数。百官的俸禄从五月开始给，而豆卢革父子的俸禄从正月给。因此大家议论纷纷。韦说把孙子当作儿子，上奏求官。候选官员王行贿赂，被任命为京畿附近的州县官。按照后唐帝的旨意，任命库部郎中萧希甫为谏议大夫，豆卢革、韦说令重新上奏。萧希甫很恨他们，于是给后唐帝上疏说"豆卢革、韦说不忠于前朝，看脸色阿谀奉承"，因此又诬陷他们说："豆卢革强夺民田，指使佃农杀人；韦说强夺邻家的水井，抢取别人窖藏的东西。"皇帝下令贬豆卢革为辰州刺史，贬韦说为溆州刺史。

豆卢革与韦说于君于人有三宗过：

第一宗过是于君不恭。帝王在封建时代作为国家元首，是国家的象征，是国家一统的标志，理应受到尊敬。臣下不能因一己之利或帝王私人看好而抛弃或忘却了公共权力与私人关系的界线。对帝不恭，是对帝王权威的侵蚀，此为一宗过。

第二宗过是搞特殊化。"百官俸钱皆折估，而革父子独受实钱"，不仅拿的全是真金白银，而且比他人拿得多。不仅如此，"革父子"拿到俸钱的时间还比他人要早近半年。如此特殊化，如此不公平，也难怪会是"众论沸腾"。

第三宗过是"以孙为子"，竟然让孙子也贪占国家便宜。子孙属于自身生命延续，为子孙后代谋利益，对于中国人而言，本亦无可厚非，但是应用一己之公权为子孙谋非法之利则不可取。这种思想有时真是"害人不浅"，似乎没有为子孙后代留点什么是一种罪过。但是积财不应缺德，以财与德并行不悖才好。不然，最终不是为子孙造福，而是造孽。

革、说二人的如此表现自然会招致他人非议。虽然萧希甫的奏疏可能会有诬告的成分，但革、说两人终受降职处分，确属理所应当。

276. 信存于心

丙申,上问赵凤:"帝王赐人铁券,何也?"对曰:"与之立誓,令其子孙长享爵禄耳。"上曰:"先朝受此赐者止三人,崇韬、继麟寻皆族灭,朕得脱如毫厘耳。"因叹息久之。赵凤曰:"帝王心存大信,固不必刻之金石也。"

——《资治通鉴》卷二七六·《后唐纪》五

【译文】

丙申(二十五日),后唐帝问赵凤:"帝王赏赐给人们铁券,这是为什么呢?"赵凤回答说:"与他们立下誓言,让他们的子孙们世世代代享受爵禄。"后唐帝说:"先朝接受这种赐物的只有三个人,郭崇韬、李继麟不久就合家抄斩,朕只差一点点才得以脱险。"说完后他叹息了很长时间。赵凤说:"帝王的心中存有大的信义,本来就不必刻在金石上。"

铁券,实际上是封建帝王给功勋之臣的"免死"牌和"富贵"牌。帝王金口玉言,更何况铸铁为字。所以勋臣子孙应该是"长享爵禄",然而实际未必,郭崇韬、李继麟的下场说明了一切。可问题出在哪里呢?中国人一直强调诚信,多少年来也一直在讨论,而其践行的结果又如何呢?

诚信不在于承诺而在于践行。"一诺千金"是讲信用之人的代名词。但是却有不少承诺仅仅是一种美丽的借口,并以此获取他人的信任,可在达到自己的目的之后,承诺顷刻间化为一张空口支票,毫无实用价值。应该说，承诺还只是一种态度，但要变为现实，还在于兑现，就是落实到行动上。承诺还只是处在诚信、失信的交叉路口上，一旦偏离就是两种不同结果。

也许有人没有对他人作出任何承诺，但是他们在行动上做到了，这种人更难能可贵。而成天承诺但毫无行动之人，往往误人误己。

人的本性在心。所谓信与不信，当然要靠外在的行动来表现，但终究是要受内心的影响。

277. 求退亦需有度

安重诲久专大权,中外恶之者众;王德妃及武德使孟汉琼浸用事,数短重诲于上。重诲内忧惧,表解机务,上曰:"朕无间于卿,诬罔者朕既诛之矣,卿何为尔?"甲戌,重诲复面奏曰:"臣以寒贱,致位至此,忽为人诬以反,非陛下至明,臣无种矣。由臣才薄任重,恐终不能镇浮言,愿赐一镇以全余生。"上不许;重诲求之不已,上怒曰:"听卿去,朕不患无人!"

——《资治通鉴》卷二七七·《后唐纪》六

【译文】

安重诲长期掌握大权,内外怨恨他的人很多;王德妃和武德使孟汉琼渐渐握有势力,几次在明宗面前说他的坏话。安重诲心里担忧害怕,上表要求解除他的枢密机要任务,明宗对他说:"朕和你之间没有隔阂。造谣诬陷你的人,朕已经把他们诛杀了,你还要干什么呢?"甲戌(十四日),安重诲又面奏明宗说:"我出身贫寒卑贱,得到如此高位,现在被人诬告说我要谋反,假若不是陛下极度圣明,我就灭门无后了。由于我才能小责任重,恐怕终究不能压制住流言蜚语,请求陛下赐给我一个外镇使命以保全余生。"明宗没有答应他的请求,安重诲没完没了地反复请求,明宗怒道:"你去吧,朕不愁没有人。"

安重诲可谓参透了权力的本质,深谙进退之妙,急流勇退,以保全名与身,但求退无度,终为人主所怒。

安重海长期执掌国家大权,为同僚所忌,因为权力的平衡被打破了,同时帝王对久居大任之臣亦有所顾忌。安重海可谓"机关算尽",但终有一失,在帝王极力挽留的情况下仍求退不已,反而让帝王觉得很没面子。因为帝王也有其用人习惯,某些老臣、重臣也会成为他的左膀右臂,一时难以替代,他们的进取或隐退不可避免地会形成对政治的冲击。安重海一味求退,为帝王所恨,反而很难明哲保身。

因此,大权在握之人,固然不能久居大任为世人所忌,但急流勇退,也需把握时机,而不是简单地求"退"。国有所用,应鞠躬尽瘁;国无所用,则退而求安。

278. 五不足惧六深惧

壬申,大理少卿康澄上疏曰:"……国家有不足惧者五,有深可畏者六:阴阳不调不足惧,三辰失行不足惧,小人讹言不足惧,山崩川涸不足惧,蠹贼伤稼不足惧;贤人藏匿深可畏,四民迁业深可畏,上下相徇深可畏,廉耻道消深可畏,毁誉乱真深可畏,直言蔑闻深可畏。不足惧者,愿陛下存而勿论;深可畏者,愿陛下修而靡忒。"

——《资治通鉴》卷二七八·《后唐纪》七

【译文】

壬申(二十四日),大理少卿康澄上书启奏:"……国家有不足惧的事情五件,有深可畏的事情六条:阴阳不协调不足惧,三星运行失常不足惧,小人传播讹言不足惧,山崩河涸不足惧,害虫伤害禾稼不足惧;贤人藏匿不出深可畏,四民迁业不安深可畏,上下通同作弊深可畏,廉耻之道消亡深可畏,诋毁赞誉混淆真伪深可畏,正直言论听不到深可畏。不足惧的事情愿陛下任其存在而不必多去计较;深可畏的事情愿陛下修治而不要差失。"

康澄以其正面论证的方式,说明国家有"五不足惧"和"六深惧"之道理,诚为高论。

先说五不足惧。"阴阳不调不足惧","三辰失行不足惧","山崩川涸不足惧",实际上是在论证自然本身所产生的现象与国家之行为无关,劝诫帝王不能将自然现象加附于政治本身,将二者联系起来对国家是不利的,特别是对迷信的帝王更是如此。所以对于自然现象"不足惧"。

"小人讹言不足惧"。帝王不听信"小人之言",须有贤者辅佐,才能剔除小人之言,只有这样,才能不惧。否则,"小人讹言"可能是亡国之音。

再说六深惧。贤人参与国政对国家来说是一种福分。而一旦贤人多隐居山林,庸人或愚人执政,特别是佞臣执政,国家、民众就要受害遭殃。所以,贤人出处关乎国家大事,不可不畏。

"四民迁业",中国是一个由大多数依附于土地的农民构成的农业国家,土地是农民生存之本,也是国家之本。可一旦土地被高度兼并,农民失去土地,无以为生,只能"迁业"。若是形成大量的流民,国家的稳定将受到巨大的威胁。同样道理,士、农、工、商皆不安其位,四散奔流,势必会天下大乱,这确是让人非常担心、忧惧的事情。

"上下相徇","廉耻道消","毁誉乱真","直言蔑闻",最主要是从政治和道德的角度加以论述。若是朝廷之上出现这四种情势,必须进行改革,否则便不可避免出现政治漏洞,长此以往对国家会产生负面影响。

279. 厚赏与法度

夫国之存亡，不专系于厚赏，亦在修法度，立纪纲。

——《资治通鉴》卷二七九·《后唐纪》八

【译文】

国家的存亡，不是专靠厚赏，也在于修治法度，建立纪纲。

国家对待臣民的方式很多，厚赏是其中的一种。在其他篇目中，我们已论述了厚赏薄罚的政治理念对执政的意义。但除此之外，更应立纪纲，修法度。每个朝代在建国之初都有其建国理念，都要立纪纲，以成为朝代万世之根本。而所谓"修法度，立纪纲"，也就是要定标准、立规矩、制纲领，也就是要明确国家、社会哪些事情要积极倡导，哪些事情要明令禁止，并明确国家、社会努力发展的目标和方向。

封建时代确也有不少的法律制度规定，可为什么那么严整的纪纲和法度最终还是不能挽救朝代的灭亡？

先朝的政治制度出现了与时代不符的情况，不断的变革又使原有的政治制度不断被歪曲（虽然也有完善，但以歪曲为多），且随着时代的不断发展，终致无力回天，走上自我灭亡之路。当然，"国之存亡"也一定还有其他更为复杂的诸多因素。

280. 国有安危可托谁

久之，帝以其谋告枢密直学士薛文遇，文遇对曰："以天子之尊，屈身奉夷狄，不亦辱乎！又，虏若循故事求尚公主，何以拒之？"因诵戎昱《昭君诗》曰："安危托妇人。"帝意遂变。

——《资治通鉴》卷二八〇·《后晋纪》一

【译文】

过了些时候，末帝把他们的谋略告诉了枢密直学士薛文遇，薛文遇回答说："以天子的尊崇，屈身来侍奉夷狄野人，不是太耻辱了吗！再者，如果那胡虏按照过去的做法来谋求迎娶公主去和亲，用什么来拒绝他？"接着就诵读戎昱的《昭君诗》说："安危托妇人。"末帝的想法就改变了。

封建社会是一个男权社会，男性在社会上的地位远远高于女性，成为社会的主宰者。同时他们也担负着与他们身份相符合的社会责任，从一定意义上讲，也是责、权、利的统一。

由于时代的差异性，各朝代国力不尽相同，在处理与外敌或外国关系问题上，联姻成为一种政治外交方式。而在封建时代，这又是一件颇损天朝颜面的事情。但"安危托妇人"，也实属情不得已。

弱国无外交。唯有国强，才不至出现"安危托妇人"的境况，这也是无数的历史经验反复证明了的。时代不同了，国家强盛与否，男性、女性不分彼此都有同等责任。国家安危托于某一个人或托于某一类人的情形，都已成为历史的陈迹。

281. 平衡思维

　　凤翔节度使李从曦,厚文士而薄武人,爱农民而严士卒,由是将士怨之。会发兵戍西边,既出郊,作乱,突门入城,剽掠于市。从曦发帐下兵击之,乱兵败,东走,欲自诉于朝廷,至华州,镇国节度使张彦泽邀击,尽诛之。

　　　　　　　　　　——《资治通鉴》卷二八一·《后晋纪》二

【译文】

　　凤翔节度使李从曦,对文士厚重而对武人轻薄,对农民爱惜而对士兵严厉,因此,将士怨恨他。有一天,发兵戍守西部边界,刚开出郊外,发生动乱,冲破门卫入城,在市街上大事劫掠。李从曦发动帐下兵众攻击他们,乱兵失败,向东遁走,想到东京去向后晋朝廷申诉,到达华州时,镇国节度使张彦泽进行阻击,把他们都杀了。

　　李从曦为何有此下场,除其他因素影响之外,其中最为主要的一条便是:缺乏平衡的思维。作为地方军政长官,厚待文人本无可厚非,但不可由此轻薄武人。体恤农民,因此得到农民的支持、民众的拥护,也是好事。但是对军中将士严而不爱,这是统兵的大忌,由此必然招致将士的抱怨引来杀身之祸。

　　平衡在中国政治发展史上是极其重要的。在封建社会的中国,儒家学说逐步成为社会的正统,成为人思维和行为的"导航器",其中中庸思想是一个重要组成部分。中庸思想强调适度原则,人们在实践中也理解为不有所偏好,追求平衡。百姓用平衡的思想指导自己的生活,统治集团也应该用平衡思维,才能保持统治的稳定性。

　　作为领导者,应善于平衡各方力量,善于协调各种关系,善于处理各种矛盾,而平衡实在是一个很重要的原则,也是一门很高超的领导艺术。

282. "六不"必亡论

卢损至福州,闽主称疾不见,命弟继恭主之。遣其礼部员外郎郑元弼奉继恭表随损入贡。闽主不礼于损,有士人林省邹私谓损曰:"吾主不事其君,不爱其亲,不恤其民,不敬其神,不睦其邻,不礼其宾,其能久乎!余将僧服而北逃,会相见于上国耳。"

——《资治通鉴》卷二八二·《后晋纪》三

【译文】

卢损作为后晋朝廷的册礼使到达福州,闽主王昶称说有病,不予接见,命他的弟弟王继恭主持招待晋使。派遣他的礼部员外郎郑元弼带着王继恭的表弟跟随卢损入朝进贡。闽主对卢损不礼貌,有个士人林省邹私下对卢损说:"我的国主不侍奉其君,不爱护其亲,不体恤其民,不崇敬其神,不敦睦其邻,不礼遇其宾,这样的人,他能够持久吗!我将要穿着僧服而向北逃走,以后会同您相见在中原吧。"

独立为王,偏居一隅,"不事其君",其能久乎?"爱其亲"是一个人为人的根本,不"爱其亲",更何谈爱其民。不爱其民,其能久乎?敬神、礼神在古代社会不仅是一种精神需要、心理安慰,也是一种自我约制。无所敬畏,就无所约制;无所约制,就无法无天。无法无天,"不敬其神",其能久乎?闽主并不强大,但和友邦近邻不搞好关系,"不睦其邻",其能久乎?尊重来"宾",就是对来宾国家的尊重,这是国家利益的需要。"不礼其宾",其能久乎?

283. 国之大弊

五月,殷吏部尚书、同平章事潘承祐上书陈十事,大指言:"兄弟相攻,逆伤天理,一也。赋敛烦重,力役无节,二也。发民为兵,羁旅愁怨,三也。杨思恭夺人衣食,使归怨于上,群臣莫敢言,四也。疆土狭隘,多置州县,增吏困民,五也。除道裹粮,将攻临汀,曾不忧金陵、钱塘乘虚相袭,六也。括高赀户,财多者补官,逋负者被刑,七也。延平诸津,征果菜鱼米,获利至微,敛怨甚大,八也。与唐、吴越为邻,即位以来,未尝通使,九也。宫室台榭,崇饰无度,十也。"殷王延政大怒,削承祐官爵,勒归私第。

——《资治通鉴》卷二八三·《后晋纪》四

【译文】

五月,殷国的吏部尚书、同平章事潘承祐上书陈奏十件事,大体上说:"兄弟之间互相攻战,违逆伤残天理,这是一。赋税征敛过于繁重,调用劳役没有节制,这是二。征集百姓服兵役,大家羁留在征途愁怨不尽,这是三。杨思恭掠夺民众衣食,让民众把怨恨归聚于主上,群臣不敢揭发指责,这是四。疆土狭隘,却过多设置州县,增添官吏,困扰百姓,这是五。修治道路,载运粮食,将要攻打汀州,却不考虑金陵的南唐、钱塘的吴越要乘着国家戍守虚乏来袭击,这是六。搜求有钱的人,输财多的补授官职,逃欠征赋的判受刑罚,这是七。延平一带的几条河道,征收果、菜、鱼、米等税,获得的利益很少,而招来怨恨却很大,这是八。我国同南唐、吴越相邻,建国称帝以来,没有通派使者,这是九。宫室台榭,崇建华饰,没有节制,这是十。"殷王延政大怒,削去了潘承祐的官爵,勒令他还归私第。

君暗臣直,则臣就被削官勒归,让人感叹。先撇开君臣关系问题,回到"十事"上来。

第一是兄弟关系的处理问题。兄弟如手足,姊妹一家亲,打虎亲兄弟,上阵父子兵,这是由血脉亲缘关系所决定的,是人伦之大义。但为争夺权力而兄弟相攻,是难以让臣子们认同的。

第二是百姓的负担问题。这几乎是千百年来一直争论不休的问题,究竟百姓的负担到什么程度是合理的。百姓没有负担,不用纳税,那国家机器就不可能运转了,因此税负是一种必然。但是不同历史时期,百姓负担程度不一样,国家税收与民众负担之间始终是一个矛盾。"赋敛繁重,力役无节"势必会加深这种矛盾。一旦民众无力再承受,也势必会反抗。

第三是政治区域划分与政治成本的关系问题。从古到今,很多学者都致力于研究什么样的行政区域划分是合理的,但都没有得到根本性的解决,因为世变势亦变。但总的说来,行政区域的划分应遵循两个原则:一是不增加民众负担,同时这种划分还应便于百姓生产、生活。二是必须符合简政的原则,不能使管理机构交叉重叠,难以区分和运转,并同时保证权力的统一性。

第四涉及帝王生活方式问题。在国家财政困难的情况下,帝王仍极度浪费和奢靡,这是一种亡国的先兆。而且上行下效,奢靡流行,对国家社会民众来说,都是一种不良风气。

历史的经验教训总是值得深思,值得记取。

284. 所以为人

仁讽从容谓继珣曰："人之所以为人，以有忠、信、仁、义也。吾顷尝有功于富沙，中间叛之，非忠也；人以从子托我而与人杀之，非信也；属者与建兵战，所杀皆乡曲故人，非仁也；弃妻子，使人鱼肉之，非义也。此身十沉九浮，死有余愧！"因拊膺恸哭。

——《资治通鉴》卷二八四·《后晋纪》五

【译文】

黄仁讽从容地对陈继说："人之所以为人，是因为有忠、信、仁、义。我以前有功于富沙王，中间叛离了他，这是不忠；人家把侄儿托付给我而同别人一起把他杀了，这是不信；下属们与建州兵作战，所杀的都是同乡故人，这是不仁；抛弃妻子儿女，被人像鱼肉一样对待，这是不义。我这个人十沉九浮，死有余愧啊！"因而捧胸大哭。

人能够认识到成其为人，这是一个很高的境界。古希腊的柏拉图将人视为独立的个体，并开创西方民主传统。但东方强调的是群体，人是群体中的一个个体，所有人都是相互联系而存在的，有着诸多的人伦关系，其中就含有仁讽所说的忠、信、仁、义。儒家学说所强调的也是这些。人只有符合这些道德标准，按照这种思维行事，才能成其为人，不然将出现"人与禽兽几稀"的境况。

不管是东方还是西方，强调人成其为人，都在强调人的特殊性，强调人的独立和尊严，将人作为一种主体来思考，这是共通的。但独立的个体又都具有差异。东方思维强调个体融于群体，突显的是群体的重要；西方思维强调个体独立于群体，突显的是个体的个性。这是东西方文化的一个重要区别。

285. 人鬼远之

　　甲戌,张彦泽迁帝于开封府,顷刻不得留,宫中恸哭。帝与太后、皇后乘肩舆,宫人、宦者十余人步从,见者流涕。帝悉以内库金珠自随。彦泽使人讽之曰:"契丹主至,此物不可匿也。"帝悉归之,亦分以遗彦泽,彦泽择取其奇货,而封其余以待契丹。……帝使取内库帛数段,主者不与,曰:"此非帝物也。"又求酒于李崧,崧亦辞以它故不进。又欲见李彦韬,彦韬亦辞不往。帝惆怅久之。

　　　　　　　　　　——《资治通鉴》卷二八五·《后晋纪》六

【译文】

　　甲戌(十八日),张彦泽把出帝迁往开封府,而且片刻不让停留,宫里大哭。出帝和太后、皇后坐着肩舆,宫人、宦官十几人步行跟随。路上见到的人都流下眼泪。出帝把内库的金银珠宝都随身带走,张彦泽派人规劝他说:"契丹主来时,这些东西无法藏匿。"出帝将这些财宝都放回内库,也分一部分给张彦泽;张彦泽选取其中的奇珍异宝,封存其余留待契丹。……后晋出帝让人取几段内库的丝帛,管库的人不给,说:"这不是你的东西。"又向李崧要酒,李崧也用其他原因推托不送来。他又想见李彦韬,李彦韬也推辞不来,出帝为此惆怅了许久。

　　失去权位,风光不再,东西要不来,酒也不给喝,人也不愿见,帝王落魄了,也是人鬼都远之。人与人之间应是一种对等的交往关系,如果二者的差距太大了,那么交往将出现困难,这是常理。遵循这种交往原则的可说是常态之人,但是社会上非常态之人亦不少。

286. 出师有名

　　丁卯,命武节都指挥使荥泽史弘肇集诸军于球场,告以出师之期。军士皆曰:"今契丹陷京城,执天子,天下无主。主天下者,非我王而谁! 宜先正位号,然后出师。"争呼万岁不已。知远曰:"虏势尚强,吾军威未振,当且建功业。士卒何知!"命左右谒止之。

——《资治通鉴》卷二八六·《后汉纪》一

【译文】

　　丁卯(十一日),命令武节都指挥使荥泽人史弘肇集合各军到场,公布了出兵的日期。军士们都说:"现在契丹攻陷京城,抓走天子,天下已没有君主了。能够做天下君主的,除了我们北平王还有谁! 应该先确定皇帝名号,然后再出兵。"于是争着呼喊"万岁"不止。刘知远说:"胡虏的兵力还强,而我们的军威还不振,应当先建功业。这些事士兵怎能知道呢!"命左右将佐制止士兵的喧哗。

　　刘知远虽然没有马上称帝,但由此也可看出,"出师有名"的思维根深蒂固。战争胜负与否,民众的支持是至关重要的。而民众支持的根本,就是战争到底谁"有理","有理"的一方才能为民众所支持。"出师有名"就是要有根据、有道理、有名义,就是要为出师找到理由。

　　"出师有名"还能使军队上下团结一致,将士们将自身看成是真理和正义的化身,战斗的底气就更足了,无形当中提升了军队战斗力。相对于"出师有名"便是出师无名,出师无名在舆论导向和民众支持方面明显劣于前者,尽管战争的胜负,说到底还是实力的较量,但"出师有名"的作用仍不可小觑。

这里就涉及"有名"和"无名"的论辩。而所谓的"名",具有相对性。"出师有名"之名,更多的目的是要抢占道德制高点,抢占舆论先机,这是战争所必不可少的宣传需要。

因此在古代中国,"名"是维护军队和赢得战争的利剑,任何掌握军队的统治者,都特别重视"名",也正所谓:"名不正,则言不顺;言不顺,则事不成。"

287. 残暴之极

南汉王恐诸弟与其子争国,杀齐王弘弼、贵王弘道、定王弘益、辨王弘济、同王弘简、益王弘建、恩王弘伟、宜王弘照,尽杀其男,纳其女充后宫。作离宫千余间,饰以珠宝,设镬汤、铁床、刳剔等刑,号"生死狱"。尝醉,戏以瓜置乐工之颈试剑,遂断其头。

——《资治通鉴》卷二八七·《后汉纪》二

【译文】

南汉主担心弟弟们和他的儿子争天下,就杀掉齐王刘弘弼、贵王刘弘道、定王刘弘益、辨王刘弘济、同王刘弘简、益王刘弘建、恩王刘弘伟、宜王刘弘照,并杀尽其家中男子,把妇女充入后宫。他还命建造离宫一千多间,装饰上珠宝,设置镬汤、铁床、刳剔等刑具,号称"生地狱"。有一次喝醉了酒,开玩笑地把一个瓜放在乐工的脖子上试剑,于是砍掉了乐工的脑袋。

因为怕兄弟与自己的儿子们争夺帝位,便不仅杀了众多兄弟,而且连他们家所有的男性都不放过,手段之残忍,恐怕历史上没有多少帝王能与之"媲美"。

从表面上看,杀掉兄弟似乎可以一劳永逸地解决了兄弟争权问题,但是实际上这种做法在他的儿子间也会形成一种可怕的阴影。没有称王的儿子们一直会担心:一旦父亲亡故,为王的兄弟会不会学习父亲的方法对待自己。为王的兄弟若是沿用他父亲的做法,这种危害又将是灾难性的。

于是,兄弟之间相互猜忌,彼此提防,紧张矛盾,没有休止。事实上,正是由于刘晟的哥哥刘玢在位时,猜忌诸弟,刘晟杀兄自立。而在他即位后,索性连猜忌怀疑都不用了,直接就是大开杀戒,毫无人道,遑论亲情。

乐工作为宫廷的演艺人员,身份卑微,地位低下。但是对这部分人的态度可以推测出帝王对普通民众的态度。南汉主视乐工头颈如瓜蔓,视生命为草芥,不把人当人,其灭亡之期终不会远。而也许是历史的报应,南汉很快就灭亡了。

288. 归心之道

（郭）威抚养士卒，与同苦乐，小有功辄厚赏之，微有伤常亲视之。士无贤不肖，有所陈启，皆温辞色而受之。违忤不怒，小过不责。由是将卒咸归心于威。

——《资治通鉴》卷二八八·《后汉纪》三

【译文】

郭威抚养士兵，和他们同甘共苦，士兵们稍立军功就受到赏赐，稍有伤就经常亲自看望；谋士中无论是贤者还是没才的，只要有事来陈述的，都和颜悦色地接待他们；违背触犯他不发怒，小的过错不责罚。因此士兵、将领之心都归附于郭威。

郭威带兵，同其苦乐，体恤伤病，态度和蔼，小功即赏，小过不责。除此之外，我们觉得郭威还有一特殊之处：赏多罚少。对于赏罚，我们在其他篇章中多有论述，认为赏罚应得当，然郭威之法还是有其独到之处。

"小有功辄赏之"，这是符合士兵的心理需求的。从人的心理上分析，人们总是希望能得到他人的肯定和赞赏。小有功即得奖赏，会使士兵们很高兴、很满意，而且对他们也是一种很有效的激励，并增强对命令、指示的执行力和对将领的忠诚度。

同样的道理，士兵违纪本当处罚，但是如果适当宽贷，则士兵多会心存感激。郭威多赏少罚的方式收到良好的效果。但以郭威为样本，却不能完全照搬照抄。不论如何赏罚，都要讲求时机、讲求分寸、讲求方式，尤其是要把握公平、公正的原则。否则，不但达不到赏罚目的，反而会适得其反。

289. 集权

戊申,希萼谓将吏曰:"希广懦夫,为左右所制耳,吾欲生之,可乎?"诸将皆不对。朱进忠尝为希广所笞,对曰:"大王三年血战,始得长沙。一国不容二主,它日必悔之。"戊申,赐希广死。

——《资治通鉴》卷二八九·《后汉纪》四

【译文】

戊申(十五日),马希萼对将校官吏说:"马希广是个懦夫,只是被左右小人所控制罢了。我想让他活着,行吗?"众将官都不回答。朱进忠曾经被马希广鞭打过,回答说:"大王经过三年浴血苦战,方才取得长沙。一个国家不能容纳两个君主,如让马希广活的话,到时候必定会后悔。"戊申(十五日),马希萼便命马希广自杀。

集权制是东方专制主义最显著的特征,而集权制最为显著的特征便是权力集于一人,这种政治文化也使历史经历了无数的血雨腥风。

开国之前,为夺取江山,诸家兄弟齐上阵。经历了残酷斗争,他们终于有了掌权之机,但是权力集中制又导致不少帝王对他们的骨肉兄弟开刀。而历史也仿佛一次次证明权力集中的必要性。

对政治而言,权力的分散使得国家难以形成统一的政令,即使形成统一政令,也很难有效推行,难以形成一统的统治。而分散、混乱的政治局面显然不利于国家的稳定。

对民众而言,权力的分散也会使民众处境更为困苦。政出多门,朝令夕改,小民百姓无所适从。这种权力分散所带来的不稳定性,最终导致民众之心亦难以聚拢,受害的终亦是百姓。

　　所以说,集权制有它产生的历史条件和历史原因,在历史发展的过程中,有它的必然性和合理性。而在当今现代社会、现代国家建设的过程中,如何逐步清除封建专制集权主义的影响,仍是一个非常重要的课题。

290. 臣忠将良国之幸

（孙）朗曰："朗在金陵数年，备见其政事，朝无贤臣，军无良将，忠佞无别，赏罚不当，如此，得国存幸矣，何暇兼人！朗请为公前驱，取湖南如拾芥耳！"

——《资治通鉴》卷二九〇·《后周纪》一

【译文】

孙朗说："我在金陵多年，详察南唐的政事，朝廷没有贤臣，军队没有良将，忠诚奸佞不分，赏罚失当。像这样，能保存国家已是万幸了，还有什么闲暇去兼并别人！我请求做您的前锋，夺取湖南就如同捡拾小草！"

对于国家而言，人才应该是难以胜数的，但如何对人才进行有效的配置和使用，却未见得都能做到恰到好处。国无贤臣、军无良将，是政治用人的失当。

如何选取良才，又如何进行组合，不同的政治家有着不同的思维，它直接决定着是否能够真正用良才为贤臣。比如刘邦的人才优化配置观就给后人留下了可资借鉴的经验。

我们现在应用人才一定程度上也存在着不当和浪费的现象。现在的人才数量增加了不少，质量提高了许多，但是如何有效利用这些人才却是一个紧要的问题，人才配置能否达到最大效用，涉及国家机构能否高效运转问题。人才使用不当，配置错位，不仅是教育、人力资源的浪费以及社会成本增加，也必然会影响国家建设和社会发展。

长久以来，用人的习惯性思维是倾向于用亲近和顺从的人，而能力的考察则放在了第二位。长此以往，不可避免地会出现政治上无贤臣、军事上无良将的现象，并使政治上弱化，影响国家发展和社会进步。

291. 智士之选

　　臣光曰:"……臣愚以为忠臣忧公如家,见危致命,君有过则强谏力争,国败亡则竭节致死。智士邦有道则见,邦无道则隐,或灭迹山林,或优游下僚。"

　　　　　　　　　——《资治通鉴》卷二九一·《后周纪》二

【译文】

　　臣司马光认为:忠臣担忧国运如同家运,见到危险敢于献出生命,君主有过失就坚决劝谏、据理力争,国家衰败灭亡就以死恪守节操。智士见国家清明有道就出仕,国家昏庸无道则隐居,或者遁入山林不见踪迹,或者身居小吏悠闲自在。

　　司马光从某个层面剖析了忠臣与智士的致世之道,有一定的合理性,但仍多有欠缺。作为忠臣,以忠字为本,在今天大多人已视之为愚忠。撇开这种观念,就以忠心为国而论,以国为家,抚国为民,这是为人臣的本分。古往今来,大多臣子也多以此为念。忠臣以国为重,不以忤逆君王为意,强谏力争君王过错;在国家败亡之际,不惜"竭节致死"。只是"忠"还需辨析,"忠"于真理,忠于正义,忠于人道,而不是简单地忠于君王,忠于朝廷。这种忠诚节义之精神,应该是令人感佩的。

　　司马光称"智士邦有道则见,无道则隐",以有道、无道作为参政的前提,有政治投机之嫌。在国家兴盛、政治清明时,智士参政、议政,当然可以用一己之智发挥其政治作用,但也更易从中获取个人利益。如若国家无道就隐于山林,置百姓困苦于不睬,置国家沉沦于不顾,置自身责任于不担,那么这样的"智士",或可理解,但不足称道。

292. 君臣分职

河南府推官高锡上书谏，以为："四海之广，万机之众，虽尧、舜不能独治，必择人而任之。今陛下一以身亲之，天下不谓陛下聪明睿智足以兼百官之任，皆言陛下褊迫疑忌举不信群臣也！不若选能知人公正者以为宰相，能爱民听讼者以为守令，能丰财足食者使掌金谷，能原情守法者使掌刑狱，陛下但垂拱明堂，视其功过而赏罚之，天下何忧不治！何必降君尊而代臣职，屈贵位而亲贱事，无乃失为政之本乎！"帝不从。

——《资治通鉴》卷二九二·《后周纪》三

【译文】

河南府推官高锡上书劝谏，认为："天下四海之广大，日常政务之繁多，即使是唐尧、虞舜也不能独自治理，必定要择人任用以治天下。如今陛下却亲自处理天下之事，天下人不会认为陛下聪明睿智，足以兼负百官的重任，都会认为陛下狭隘多疑全不信任群臣啊！不如选择能够知人善任、公正无私的人作为宰相，能够爱护百姓、善理诉讼的人作为州守县令，委派能够增加财富、丰衣足食人掌管金银粮食，委派能够推究实情、遵守法制的人掌管刑法监狱，那么陛下只须在朝廷垂衣拱手，根据他们的功过而进行赏罚，天下何愁不能太平！何必降低国君的尊严而代替臣子的职责，枉屈高贵的地位亲理低贱的事务，不是丢失为政的根本了吗！"世宗没有听从建议。

自古以来，君臣之间的权力如何分职和统一，一直是一个难以厘清的问题。高锡又将这一难题抛出,却为帝王所拒绝。在奏章中,高锡强调帝王不是万能的,即使是尧舜这样的千古大帝,也很难独自掌握整个国家机器的运作。机器的运作必须是由无数个有序的部件组成的。帝王也不能一人独揽所有的权力,需要采用分治的方法,各司其职,各项管理才能有效运作。

高锡强调,如若帝王一人掌全权,必然不为天下人所认同。试可想象,整个国家就一个帝王在忙,人们会疑惑:能忙的过来吗?帝王一个人都忙完了,那还要这些臣僚百官干什么?高锡倒也直率坦言,"陛下一以身亲之",但天下没有谁会相信,"陛下"的"聪明睿智"竟足可以担当"百官之任"。

对此,高锡提出分官职任的办法,宰相、守令、钱谷、刑狱,各承其任,各司各职。对帝王而言,就应是把握国家的大政方针,坐镇中心,操控全盘。臣僚们各安其位,各得其所,各项管理才能有序运行。

其实,高锡所说既是大道理也是常理,并无新意。国家治理也不是分官职任,就可"何忧不治"那样简单。但即使这样,仍是"帝不从"。

293. 便民之举

丙子,上谓侍臣:"近朝征敛谷帛,多不俟收获,纺绩之毕。"乃诏三司,自今夏税以六月,秋税以十月起征,民间便之。

——《资治通鉴》卷二九三·《后周纪》四

【译文】

丙子(十七日),后周世宗对侍从说:"近代各朝征收粮食布帛,大多不等到收获、纺织完毕。"于是诏令三司,从今夏税在六月开始征收,秋税在十月开始征收,乡里民间感到便利。

在中国历史上,相对开明的帝王们似乎不时会给负担繁重的民众"减负",或者"不增负"。这种政策实施的效果,大概就是不扰民,便民,利民。

民是国家得以生存之根本,不扰民,让民众能够专心于生产,才能保证国家有稳定的税收来源。国家与民众间相安无事,政权也才能稳定,社会也才能安定。因此,不扰民,应是为帝王者能够稳坐江山的明智之举。

而不扰民,国家多只能保持现状,多少是有些被动的无为之治。所以,更进一步的就应是主动的便民。改革执政措施,改善管理方式,多为民众提供方便,为民众生产、生活创造条件,将便民成为各级政府、官员明确的责任和义务,也显然是更有利于政权稳定,更有利于国家和社会的发展。

但不管是不扰民也好,便民也好,说到底还是以维护王朝统治为根本目的,虽在客观上于民众百姓有些好处,但在主观上还是为朝廷统治之需,为帝王一己之私。所以说,能有些许利民举措,让利于民,分利于民,对封建统治而言,显然是更高的标准和更高的要求。而要取之不尽,又用之不竭,就需不断积聚,需要不断涵养。只是这个再浅近不过的道理,却成了历史上区分昏君明主的标准,其中的意味也总是让人咀嚼不尽。

294. 真宰相器

上尝问大臣可为相者于兵部尚书张昭,昭荐李涛。上愕然曰:"涛轻薄无大臣体,朕问相而卿首荐之,何也?"对曰:"陛下所责者细行也,臣所举者大节也。昔晋高祖之世,张彦泽虐杀不辜,涛累疏请诛之,以为不杀必为国患;汉隐帝之世,涛亦上疏请解先帝兵权。夫国家安危未到而能见之,此真宰相器也,臣是以荐之。"

——《资治通鉴》卷二九四·《后周纪》五

【译文】

世宗曾经问兵部尚书张昭,大臣中何人可为宰相,张昭举荐李涛。世宗惊愕地说:"李涛为人举止随意,没有大臣的风度,我问宰相人选,而爱卿首先荐举他,这是为什么?"回答说:"陛下所指责的是些小事,而臣下所荐举的是他的大节。从前晋高祖之世,张彦泽滥杀无辜,李涛屡次上疏请求杀他,认为不杀必定成为国家祸患;到汉隐帝之世,李涛也上书请求解除先帝太祖的兵权。国家的安危还没有形成便能预见,这才是真正宰相的人材,臣下因此荐举他。"

大概李涛为人举止随意、不拘小节,所以周世宗认为他没有朝廷大臣端正稳重的样子,并对张昭举荐他为宰相感到很是意外。而张昭认为:李涛"国家安危未形而能见之",对国家未来大势走向有着惊人的预测判断,不是一般的人才,是"真宰相器"。而且李涛还累疏请诛权臣,疏请解先帝兵权,这不仅是大智,更是大勇,就更不是一般人所能比拟的。

品评人才，择选官员，不仅要考察其外在表现，还要考察其素质才能。尤其是宰相之职，最好是特出之才，才堪担此大任。"细行"、小节，当然也全非是无足轻重。朝堂之上，廷议之间，总是嘻嘻哈哈，不多在意，也确是不成体统。"不矜细行，终累大德"，先贤明训，也总归有其道理。只是就临机择取人才而言，确乎是该"不责细行"，"举其大节"，要看其最主要的方面。人都非完人，若要求全责备，几无人才可以备选。

跋

常言道:山不在高,有仙则名;水不在深,有龙则灵。梦得一语悟天地之真谛:山水有灵,人亦如是。长安山,不高,而名以文化圣山、人文圣山,乃福建师范大学灵魂与地标,哺育傍山居读之莘莘学子数十万人。吾亦驻之习之,幸甚,在这百年学府的怀抱里。

莺飞草长的 1977 年 3 月,吾作别上山下乡,起始人生。于闽西北建宁县遁入长安山,结缘文学,实现儿时梦想。1980 年孟春毕业留校部工作,1986 年调入地方任职,整十二载。峰回路转,岁月昭轮,命中注定,复归高校,历任原福州师范高等专科学校党委副书记、校长,闽江学院副院长等职。

人生之路,随缘亦必结缘。从职于长安山,时闻陈征校长之才学,久已仰慕。供职于地方,学习深造之心引吾复归攻读政治经济学硕士学位,拜于陈征恩师门下。"汝,学有余力焉",陈师之鼓励鞭策,使吾决力再攻博士学位,2002 年,业毕。其后,获评研究员、二级教授、硕导、博导,万分感念恩师及郭铁民、李建平教授的大力栽培与悉心帮助。

吾生也有涯,而知也无涯。学习终生,终身学习。自 2003 年始,本书数易其稿,内容已然全非。诚如吾一生工作、求学、探知,每遇心境不顺,总造访恩师,聆听垂教。他老人家常引《资治通鉴》之史例导之话之,使愚生顿时如沐春风,顷刻驶向平静的心灵港湾。三年前,吾冒昧叩拜陈师祈请将其所教所写斧正,携手付梓。师欣然应允,与之书写新领域新篇章,遂有其著,吾辈之幸。

最是难忘长安情。匆匆岁月,又逢戊戌。顿悟此间,时已夕阳黄昏。合眼伫立西湖之畔,风云际会往事如烟。长轴画卷,渐次浮现,情舒久长叹,没齿终难忘。

......

在此,我必须感谢我的硕士和博士研究生洪建设,他为本书的出版所作的努力和贡献将与书共存;感谢闽江学院黄曦硕士和范丽琴博士为原文译注所作工作;我还要衷心感谢人民出版社的詹素娟女士对本书的慧眼识珠,倾力支持。当然,拙荆龚娴博士和儿子赵晟旻的关注与精神动力终玉成了此书,我也要记下这不可磨灭的重重一笔。

谨记

戊戌年仲夏於己得斋

跋